高 校 思 想 政 治 工 作 研 究 文 库

教育部思想政治工作司　组编

高校学生心理危机预防与
干预体系研究

邬小撑　郭文刚 ◎主编

人民出版社

序　言

　　心理健康教育是高校人才培养体系的重要组成部分，也是高校思想政治工作的重要内容，一直以来都受到党和政府的高度重视。党的十八大以来，习近平总书记高度重视大学生心理健康教育工作，多次作出重要论述，提出培育青年学生理性平和的健康心态事关立德树人根本任务的落实，对推动大学生心理健康教育高质量发展具有指导意义。

　　做好心理危机预防与干预工作，是大学生心理健康教育的重要内容，是营造良好育人氛围、促进大学生健康成长的应有之义。2018年7月，中共教育部党组印发的《高等学校学生心理健康教育指导纲要》指出，要"重视心理问题的及时疏导，加强心理危机预防干预，最大限度预防和减少严重心理危机个案的发生"。《中华人民共和国国民经济和社会发展第十四个五年规划和2035年远景目标纲要》也提出，要"健全社会心理服务体系和危机干预机制"。2023年4月，教育部等十七部门印发《全面加强和改进新时代学生心理健康工作专项行动计划（2023—2025年）》，要求"全方位强化学生心理健康教育，健全心理问题预防和监测机制，主动干预，增强学生心理健康工作科学性、针对性和有效性"。

　　高校肩负着"为党育人、为国育才，培养担当民族复兴大任的时代新人，培养德智体美劳全面发展的社会主义建设者和接班人"的崇高使命。高校学生心理危机的及时干预和有效化解，既是维护校园安定团结和社会和谐稳定的迫切需要，也是落实立德树人根本任务的基本要求。随着我国高校心理健康教育工作体系的不断发展和完善，大学生心理危机预防和干预工作已经形成了一些有效的工作机制和工作体系，同时也面临着许多新形势和新问题。

为了凝练总结近年来高校学生心理健康教育工作的有关经验和做法，进一步探索心理危机干预工作的特点和规律，全面改进和优化新时代高校学生心理健康工作，《高校学生心理危机预防与干预体系研究》一书自2020年开始策划编写，于2023年形成初稿。本书从高校学生心理危机的基本概念、发生发展和演进机制出发，围绕高校学生常见心理危机的发生情境、求助机制、危机预防与干预体系构建等方面展开。同时，编委会成员结合多年学生心理健康教育工作经验，遴选了有关心理危机预防和干预的相关案例，包括知识普及、体系建设、预警机制、专业服务四个板块，从理论和实务两个方面探讨了高校学生心理危机预防和干预体系的系统性构建。

本书编委会由高校一线心理健康专职教师和思想政治教育工作者组成，邬小撑、郭文刚任主编，十余位成员认真参与了书稿编写。其中，第一章由邵瑾负责，第二章、第三章由黄皓明负责，第四章由奚婉、吴艳虹、俞滨负责，第五章由黄皓明、邵瑾、奚婉、杜亚男负责，第六章由任思丹、王琳妤负责，第七章由陈南菲、潘临灵、曹野负责。全书由潘贤林、陈南菲、潘临灵统稿。

本书即将付梓出版，前期得到了教育部思想政治工作司的大力支持，我们对此致以深深敬意！期望此书能不断促进与国内兄弟院校、社会同行的交流互鉴，有效提升高校思想政治教育工作队伍心理危机干预水平，进一步健全高校心理问题预防监测和危机干预机制，为构建健康教育、监测预警、咨询服务、干预处置"四位一体"的高校学生心理健康工作体系尽一份绵薄之力。

编　者
2023 年 7 月

目 录

| 第一章 |

高校学生的心理危机及其演进机制

第一节　高校学生心理危机的概念

一、心理危机的含义

小林（化名）的案例是大学生中一个典型的心理危机案例。

小林是一个文静的女生，在中学时期成绩很不错，是父母和老师眼里的好学生、同学心中的好榜样。进入大学后，由于不太适应大学的学习方式，她的成绩不再像以前那样名列前茅，甚至有一门课程出现了不及格。这对于小林来说是一个巨大的打击，她觉得自己在同学面前抬不起头来，也不敢告诉父母，担心受到父母的批评。她花费了很多时间闷头学习，不参加课外活动，与同学的交流也越来越少，但学习成绩越发不理想。后来她慢慢发展成几乎每天失眠，无法集中注意力学习，精神萎靡，烦躁不安。在又一次考试失利后，她情绪崩溃，产生了轻生的念头。在同学的鼓励下，小林找到学校心理中心的老师寻求帮助……

何谓心理危机？首先要从危机的概念说起。表1-1列举了各个学者对于危机的定义。纵观这些定义可以发现，危机这一概念被用于描述个体对于各种不良事件、环境、问题的不良反应。不同的学者虽然都使用了危机这一术语，但是所指的却是不同的内容。为了更清晰地阐释心理危机的概念，笔者将危机事件和心理危机加以区分来进行辨析。

表 1-1　危机的定义①

学者	定义
Caplan	危机是指重要的人生目标受到障碍时的状态，这里所谓障碍，是指在短时间内无法用常规手段解决困难。在多次解决问题失败的时间段内，会造成持续的混乱和崩溃
Sani	危机是由意外的、不可控的创伤事件引起的。来访者的行为无法改变事实。事件的性质往往会改变来访者的价值观和优先目标，实际上，会改变一切
Carkhuff，Berenson	危机是人们知道自己对某种状况无能为力时的状态
Belkin	危机是一种难以改变的困难或者状况，使人们无法采取行动，无法自主控制自己的生活
Brammer	危机是指当重要人生目标遭到挫折，或者生活方式和应对压力的手段失效时陷入的混乱状况。危机更多的是指来访者因困难而感受到的恐惧、惊慌和压力，而非困难本身
Poland，McCormick	危机是指个人应对能力的短暂缺失，希望落空、愤怒、焦虑、内疚、悲伤等情绪浮现，之前的问题和失败会被回忆起来。事件的严重性、持续时间和突发性也会影响危机反应的严重程度
Kleespies	危机是一种心理平衡的短暂失调，或者一种包括抑郁和焦虑等状况的情绪不稳定，通常是由来访者无法应对的意外事件引起
Hoff，Hallisey	临床背景下的危机是指一种突发的情绪紊乱，通常是由超出来访者应对能力的环境、发展或者社会文化方面的问题引发的，导致来访者暂时失去正常的问题解决能力
Golan	危机可以由灾难性事件或者一系列生活压力的快速累积引发，来访者的自我平衡被打破，变得脆弱。如果来访者不能解决或避免这个事件，或者改变对这个事件的观念，其自我恢复能力就无法发挥作用，进而陷入心理失衡之中

（一）危机事件

危机事件是指个体或群体无法利用现有的资源或应对策略加以处理的事

---

① 根据《危机干预策略》（中国轻工业出版社 2017 年版）整理。

件或遭遇，通常具有重大、突发、意外、紧急等特点。这些事件或境遇通常超出了人们惯常的应对能力，从而导致了个体或群体产生一系列的不良反应。若危机事件一直无法有效应对或解决，可能会导致更严重的负面影响，如严重心理障碍、自伤或伤人等危及生命安全的后果。

美国精神病学家霍尔姆斯等编制了"社会再适应量表"（Social Readjustment Rating Scale，SRRS)[1]，列出了43种生活事件，并对不同的生活事件进行评分，来表示不同生活事件所引发的精神压力。我国于20世纪80年代初引进"社会再适应量表"，使用者们根据我国的实际情况对生活事件的某些条目进行了修订或增删。生活事件包括家庭有关的问题（恋爱，父母不和，家庭经济困难，家庭成员重病或重伤、死亡，等等）、工作学习中的问题（就业，学习压力，与老师同学关系不和，等等）、社交与其他问题（好友重病或重伤、死亡，被人误会、错怪、诬告、议论，意外惊吓，发生事故，自然灾害，等等）。表1-2选取了"社会再适应量表"中一些与大学生较为相关的生活事件，并标明了相应的压力评分。

表1-2 生活事件量表（部分）

题项	生活事件	评分	题项	生活事件	评分
5	直系亲属死亡	63	25	取得杰出成绩	28
6	受伤或生病	53	27	开始或结束学校教育	26
7	结婚	50	28	生活条件的改变	25
11	家庭成员发生健康问题	44	29	改变个人习惯	24
12	怀孕	40	34	娱乐方式的改变	19
17	亲友去世	37	36	社会活动的改变	18
19	一般家庭纠纷	35	38	改变睡眠习惯	16
20	借贷大笔款项	31	40	饮食习惯的改变	15

[1] Holmes T. H.，et al，"The Social Readjustment Rating Scale"，Oxford：*Journal of Psychosomatic Research*，1967.

上表是直接根据事件来评定心理压力是否存在问题。但是，有学者发现并不是所有的危机事件都会产生不良的反应，而且对同一危机事件，个体所产生的主观反应也是不同的。例如，同样是考试挂科，有的学生能够冷静面对，调整心态，理性分析考试失败的成因，及时调整学习策略，减少了由考试挂科所引发的不良反应；有的学生却一蹶不振，悲观消极，无法面对考试失利的事实，由一门课程的挂科进而怀疑自身学习能力甚至自我价值，严重者甚至会有轻生的念头。从广义上讲，任何生活事件都可能导致心理危机。例如，有一名女学生被陌生男性突然拍了一下肩膀，之后出现了失眠、食欲不振、焦躁不安等反应，精神科医生认为这可能是创伤后应激障碍，因为该女生曾遭遇过性侵害。对于普通人而言可能是无关痛痒的一个事件，对于该女生来说则是触发创伤的事件。因此，同一事件对人的影响不同，简单地从客观的危机事件来判断个体或群体是否在经历危机并不准确。有学者认为，只有当人们觉察到危机存在才能算是危机，即强调主观感受在评定危机中的重要性。

（二）心理危机

美国心理学家凯普兰首次提出心理危机理论，认为当个体面临重大或突发的生活困境时，现有的资源、支持系统、应对策略无法帮助其应对或解决目前的困境，即面临的困境超过了其应对的能力时，个体会产生暂时的心理失衡状态，这种心理失衡状态就是心理危机。[1] 如果这种状态持续得不到缓解，有可能会引发严重的问题，如生理、情绪、认知、行为方面的障碍，甚至是危害自己或他人生命安全的行为。

心理危机可以从静态和动态两个层面来看待。[2]

静态强调心理危机是一种状态，是个体现有的应对资源无法处理当前困

---

① Caplian, G., *Principles of Preventive Psychiatry*, New York: Basic Books, 1964.

② 参见顾瑜琦、孙宏伟：《心理危机干预》，人民卫生出版社 2013 年版。

境时的一种失衡的心理状态。这一状态可能由重大或突发的生活事件引发，也可能由慢性、长期的压力导致。危机状态下，个体会出现一系列不良的反应，包括生理、情绪、认知、行为等，严重者可能会发展为精神障碍，或发生危及自身或他人生命安全的行为。

动态强调心理危机是一种心理过程，包括了危机事件的发生，个体应对资源的无效，心理失衡状态的产生等，是原有的平衡被打破，新的平衡还未建立的过程。帕拉德等学者认为危机包含了以下四个过程：（1）一件具体的有特征的可识别的持续事件；（2）对事件的认知是有意义和危险的；（3）压力事件会导致个体混乱和失衡的反应；（4）解决过程中包括可能适应或者不适应的应对及干预性任务。

美国心理学家卡奈尔认为，无论是哪种定义，心理危机实质上包括三个方面的内容：（1）危机事件的发生；（2）对危机事件的感知导致个体的主观痛苦；（3）惯常的应对策略无效，导致个体生理、心理、情感和行为等方面的功能水平下降。

综上所述，从狭义上讲，心理危机是指当个体面临突发、重大的生活困境时，个体的资源和应对机制无法有效应对时的心理失衡状态。从广义上讲，心理危机是一种心理过程（图1-1），包括：（1）危机事件的发生，任何生活事件都有可能成为危机事件，因人而异；（2）危机事件引发个体的主观痛苦；（3）个体现有的资源或惯常的应对策略无法有效应对；（4）个体出现不良的危机反应，包括生理、心理、情感、行为等方面的功能水平下降或紊乱，严重者甚至会出现精神障碍、危及自身或他人生命安全的风险或行为。

图1-1 心理危机过程

我们可以通过小孙（化名）的案例来理解心理危机的发生过程。

小孙是一名直博生。在本科阶段，他曾出现过抑郁症状，当时经过药物治疗，状态得以好转。进入博士研究生阶段学习后，由于跟实验室其他同学的科研基础差距较大，小孙在开展研究的过程中发现进度跟不上，但因为担心被同学和老师看不起，不敢表露自己遇到的困难。他希望通过自己的努力独立解决问题，于是从早到晚泡在实验室，埋头苦读研究文献，自己摸索研究方法，与别人的交流也很少。渐渐地，小孙发现自己特别容易疲惫，注意力也难以集中，开始经常性失眠，吃饭没有胃口。一开始，他认为是自己太疲惫了，所以尝试着多休息来自我调节，但是症状并没有改善。后来，他发现可能是抑郁发作，因为在本科时曾经出现过抑郁的症状，目前的状态与当时非常相像。于是，他意识到目前的状态已经无法通过自我调节来好转了，需要借助外部的力量，寻求医生的帮助。在室友的陪伴下，小孙来到心理门诊，医生诊断为中度抑郁。在医生的建议下，他开始服用抗抑郁的药物，注意保持规律的作息和运动，同时在室友的鼓励下，主动向实验室的老师和同学请教问题。在药物治疗、自我调节、社会支持的多重努力下，小孙慢慢地开始适应博士研究生阶段的学习和生活，抑郁的症状也缓和了。

从这个案例中我们可以发现，当进入博士研究生阶段，学业上的困难（危机事件）引起小孙出现心理压力（主观痛苦）。小孙尝试着用惯常的应对策略来进行应对，希望通过刻苦努力学习来改善这一状况，在出现不适后，又通过增加休息时间加以调整。但是这些应对策略都无效，于是他开始出现比较明显的抑郁症状（危机反应）。好在小孙及时意识到了自己的危机反应，并积极借助外界的力量来帮助自己应对，最终顺利度过了危机。

二、心理危机的特征

任何生活事件都可能导致心理危机，心理危机的诱发因素和影响因素多样，个体在不同时期、不同情境下会面临不同的心理危机，不同群体间的心理危机也可能存在共性及其差异性，每个人所产生的危机反应和危机发展过程也不尽相同。不同的心理学家对于心理危机的特征有着不同的观点。

（一）危险与机遇并存

"危机=危险+机遇"。中国有句古话"祸兮福所倚，福兮祸所伏"，指的是福与祸相互依存，会互相转化，比喻坏事可以引发出好结果，好事也可以引发出坏结果。危机也是如此。心理危机是个体的心理失衡状态，个体会产生主观的痛苦以及一系列的不良反应和消极后果，通常被视为一种危险。但是如果危险能够有效地应对，则会给个体带来自我成长的机遇，所谓"吃一堑，长一智"。个体可以在这个过程中提升自己应对复杂事务的能力和处理困难问题的水平，发掘更多的有效资源，建立更牢固的社会支持网络，从而以后能够更好地应对类似的困境。

以上文小孙的经历为例，在进入博士研究生阶段后，因为学习方式上的不适应，加上自己人际交往方面的困难，小孙无法依靠原本的学习策略来帮助其顺利进入科学研究的轨道。从而引发了其陷入抑郁状态，是一种"危险"。但是正是这样的一个困境，使得小孙意识到了自己学习方法的不足，意识到科研工作不再是以前的孤军奋战，而是需要团结合作的，学会了善用周围的资源，主动利用社会支持来帮助自己渡过难关。这种新的应对策略的习得对于小孙而言是一种"机遇"，提升了自身的人际交往能力，可以帮助他更好地应对以后可能发生的困难。

（二）心理危机的共性

个体的成长总是伴随着变化、意外、失衡，因此几乎每个成长中的个体都会经历心理危机，没人能够幸免，只是危机反应的严重程度不同。埃里克森指出人格发展的每个阶段都存在一种冲突，从而构成危机，这是每个人发展阶段中都会面临的，是人格发展中的重要转折点。危机的积极解决能够使人格得到健全发展，促进个体对环境的适应；而无法有效解决危机则会导致人格的不健全，阻碍个体对环境的适应。这类危机也称为发展性危机，即个体在正常成长和发展过程中，对急剧的变化或转变所产生的异常反应。这也提示高校心理工作者不能忽视任何人都可能遭遇心理危机的事实。

对于大学生而言，通常面临的是自我同一性危机和亲密—孤独的危机。比如几乎每个大学生在进入大学后，都会经过一段迷茫期。原先对自己而言最为重要的是高考，而当缺少了高考这一指挥棒之后，很多学生突然不知道自己应该追求什么，应该制定怎样的目标。大学看似选择很多，有丰富的社团活动，有多样的专业课程，但学生可能不知道该如何选择。因为在中学时期，他们没有机会去充分了解自己，探索自己的喜好、特长、兴趣等。而如果在进入大学后，依然没有尝试自我探索，增进对自己的了解和对环境的认识，那么很可能无法适应大学生的生活，得过且过，或是碌碌无为。另一个比较常见的危机与人际关系有关。在中学时期，学生主要的关注点在于学习，学生的交际圈相对固定，因此人际交往较为简单。即便一些学生在人际关系上存在困扰，但因为有学习的任务当前，人际交往上的问题也并不会引起学生足够的重视。但是当进入大学后，学生的人际关系出现了很多变化。首先，人际交往的圈子变得复杂。既有班级，也有宿舍、社团、各类组织等，学生需要与不同的人打交道。此外，建立亲密关系较不容易。原先的同学、朋友可能已不在身边，而新的朋友则需要长时间的交往、频繁的互动才能促进彼此的了解和熟悉。这就需要个体有较强的建立关系的能力。而对于以往在人际方面比较被动的学生，可能会因此无法融入新的集体，难以与周围人建立比较紧密的关系。这两个危机的有效应对能够帮助大学生建立稳定的自我认同感和健康的亲密关系；而若无法顺利应对，则可能会导致自我混乱，亲密关系的缺乏和孤独感。

（三）心理危机的差异性

心理危机的差异性在于即便是同一危机事件，由于个体对事件的感知不同、人格、个体所处环境等因素的差异，其所引发的危机反应也因人而异，所产生的结果也不同，即便都是负面的影响，其严重程度也存在差异。如上文提到的考试挂科，同样是面临考试失利这一危机事件，有的学生所产生的反应较小，主观痛苦程度较低，可能会经历短暂的情绪低落、自我怀疑，睡眠和饮食混乱，但是通过自我调节，能够成功应对，之后又投入到正常的生活、学习中；而有的学生会因此产生较大的危机反应，如情绪崩溃、抑郁不振、对自我的能力产生否定，甚至因此不愿意与人交流，回避任何与学习相关的事情，长期如此，最终发展为精神障碍。之所以同一危机事件会产生不同的反应是因为危机反应取决于不同的影响因素。有的影响因素是危险性因素，会引起心理危机、阻碍心理危机的应对、加重心理危机；而有的因素则是保护性因素，可以保护个体免于心理危机，或帮助个体从心理危机中走出来。总的来说，影响心理危机的原因包括内部因素和外部因素两个方面。内部因素是与个体自身有关的原因，包括躯体、情感、认知、行为、人格等方面；外部因素则是个体外部的因素，如家庭、学校、社会等方面的因素。具体可参见本节第三条。

个体面临心理危机的差异性还体现在诱发因素的不同上。心理危机的诱发因素是指引发心理危机的导火索。它不是心理危机产生的决定性因素，但是触发心理危机的因素。一般来说，诱发心理危机的因素是那些个体自己的资源和应对策略无法解决的事件或境遇，包括发展性诱因、境遇性诱因、存在性诱因和生态系统诱因四种。本节第三条对此进行了详细的阐述。

（四）心理危机的不可预测性

虽然有很多诱发因素和影响因素会导致心理危机，但是我们依然无法对其进行准确预测。目前为止，没有一个理论模型可以准确地预测在何种人群、何种时期、何种情境下及面临何种危机事件时会发生心理危机。危机事件的重大程度也不一定与危机反应的严重程度成正比。例如，一个经历丧亲的学生可能在经历一段正常的哀伤期后能够重新投入生活和学习，但是当他面临失恋时，反而产生了更大的应激反应，难以从失恋的痛苦中走出来。原因可能在于虽然他之前经历了丧亲，但女友可能是其重要的支持关系，帮助他度过了哀伤的阶段。而当他失去这段重要的关系时，可能触发了他之前经历丧亲的创伤，同时因为缺乏其他的社会支持关系而陷入痛苦，无法度过危机。因此，我们难以准确指出在何种时候，何种情境下，何种人一定会出现某种危机，而只能提出发生心理危机的可能性。另一方面有些危机信号可能很隐蔽。例如，"微笑抑郁症"是抑郁症的一种可能的表现。这类群体在人前大多数时间都面带微笑，接触过他们的人会觉得他们非常和善、阳光，甚至很优秀，因为他们很少在外人面前表露消极的情绪，也不会呈现自己表现不好的一面。但这种"微笑"通常是出于"面子的需要""礼节的需要""自尊的需要"，而不是其内心深处真实的感受。久而久之，这种对消极情绪的压抑便会成为一种负担，他们在生活、学业上所遇到的压力、烦恼也无法得到一个出口，最终患上抑郁。有些学生出现心理危机后，周围的人会觉得不可思议、难以置信，觉得跟他们所认识的人差别很大。那是因为这些学生不向其他人袒露自己的困难，不求助。这也对心理危机的预防和干预提出了挑战。因此，在对心理危机进行预防和干预的工作中，需要加强对心理危机的宣传，对心理危机的预警信号进行持续监测和评估，以便对危机加以预防和及时应对。

（五）心理危机的复杂性

心理危机是复杂的，造成危机的原因也是复杂的，可能是生理、心理或社会的。此外，心理危机的反应也是复杂的，有的个体能够有效应对危机，从危机中获得成长；有的个体虽然暂时度过了危机，但是并没有真正解决问题，在以后遭遇类似的问题时，可能还会再一次经历心理危机，存在反复性；而有的个体则无法有效地应对危机，一直处在心理失衡的状态，出现各种不良的反应，且可能会扩散至生活的其他方面。例如，有的学生由于考试失利而产生对自己学习能力的否定，若没有得到很好的调整，可能会发展为自我的否定，并在人际上产生回避。

正是由于心理危机的复杂性，当个体处在心理危机状态时，个体自身的资源以及应对机制已经无法有效应对当下的危机，因此一般需要外界的支持资源来重建新的平衡。这一过程缺乏万能、快速、通用的解决方法，需要运用专业的危机干预技术和方法，基于个体的特殊情况进行针对性的工作。而且顺利度过危机一般都需要经历一段过程，欲速则不达。例如，常见的哀伤反应会经历否认、愤怒、讨价还价、消沉、接受五个阶段，针对这类危机的处理就需要意识到这些必经的心理过程，并非马上跳到接受的阶段；而对于某些严重的危机反应，如创伤后应激障碍，可能需要长达数年的心理干预。

三、心理危机的类型

美国心理学家布拉默从危机源的角度将心理危机分为发展性危机、情境性危机和存在性危机三种。[1] 这是目前分类较全面、获得认可较多的一种分类。理查德·詹姆斯在此基础上提出了生态系统危机。[2] 虽然其他的学者也提出了不同的分类，但基本上可以囊括到这四类中，因此本书重点介绍这四种类别。

（一）发展性危机

发展性危机指个体在正常成长和发展过程中，对急剧的变化或转变所产生的异常反应。发展性危机可能源于生理或心理的变化，生物性转变与角色

---

[1] Brammer, L. M., *The Helping Relationship: Process and Skills* (3rd ed), Upper Saddle River, NJ: Prentice Hall, 1985.

[2] James, R. K., Cogdal, P., Gilliland, B. E., "An ecological theory of crisis intervention", Kansas City, MO: *Paper presented at the American Counseling Association convention*, 2003, April.

变迁等因素。埃里克森认为人的一生由一系列连续的发展阶段构成，每个阶段有其特定的发展任务。[①] 在不同阶段的转换期，原有的能力不足以完成新的发展任务，新的行为和能力尚未建立，个体容易陷入混乱无序的状态，若没有顺利度过，就会导致心理危机。对于大学生而言，青春期身心发育的急剧变化、新的社会要求会导致自我认同混乱，从而产生自我同一性危机。成年早期则会面临建立亲密关系的人生课题，而这个阶段若无法建立亲密感，则会产生孤独感。在之后还将面临毕业、就业、婚姻、子女养育、父母赡养/离世、退休、衰老、疾病等变化。如果个体没有为新的发展阶段、角色变化培养新的资源和应对方式，一系列人生问题都可能导致发展性危机。发展性危机通常是可以预期的、正常发生的，如果个体能够为发展性的转变及时作出适应性的调整，就会减少这一危机所带来的消极影响。反之，若个体对这类危机没有充分的准备，仍然沿用旧有的应对方式，则可能会受到该类危机所带来的冲击。

（二）境遇性危机

境遇性危机是指外部事件引起的心理危机，是罕见的、超常的、个人无法预测和控制的事件引起的危机。其具有随机性、突然性、意外性、震撼性、强烈性和灾难性的特点。凯普兰进一步将境遇性危机分为三类：（1）基本需求的丧失，个体丧失了可以满足某方面或多个方面的基本需求的资源。具体形式的丧失包括亲人去世、失恋、疾病导致身体的残障等；抽象形式的丧失包括失去尊严、失去归属感、失去特定身份等。（2）存在丧失满足基本需要资源的可能性，如得知自己可能会被退学、亲人患病等。（3）生活变化对个体提出更高的挑战，如个体地位、身份、社会角色的转变所带来的挑战超出了原有的能力等。

---

① Erikson, E., *Childhood and society* (2nd ed.), New York: Norton, 1963.

（三）存在性危机

存在性危机指伴随着重要的人生问题，导致的个人内心的冲突和焦虑，如关于人生目的、人生价值、责任、独立性、自由与承诺等问题。例如，一生没有做出有影响的事情或产生独特的影响；觉得生活没有意义，空虚感永远无法用有意义的东西来弥补。徐凯文曾提出"空心病"的概念，症状为觉得人生毫无意义，对生活感到十分迷茫，不知道自己想要什么。对于一些重点学校的学生而言，他们从小是最好、最乖的学生和最听话的孩子，他们按照老师、家长既定的路线努力学习，获得认可和赞赏。但是他们却有着强烈的自杀意念，他们不是痛苦到想死，而是不知道为什么活下去，活下去的意义和价值是什么。所以徐凯文认为"空心病"的核心问题就是缺乏支撑其意义感和存在感的价值观。也就是回到终极的问题，人为什么要活着？人生的意义是什么？对于我们来说最重要的东西是什么？目前网络流行语"佛系""躺平""内卷"体现了有的学生对于生存意义的迷茫和内心价值感的缺失。这些都是存在性危机的体现。

（四）生态系统危机

通常是某些自然或人为灾难，个体并无过错，但因为置身于受到此类事件影响的环境中而受到影响，包括自然现象引发的，如洪水、地震、泥石流、干旱、火灾等灾难。例如，2008年的汶川大地震给灾民们带来了巨大的心理冲击，许多灾民流离失所，失去了亲人，承受了巨大的悲痛。灾难事件所带来的巨大冲击可能会给当事人留下深刻的记忆，之后当类似的情境再次出现时，大脑会唤起这个记忆，产生与当时类似的应激反应。又如，曾被困在废墟中最后获救的人，当他以后再次处在狭小黑暗的空间时，可能会被唤起在废墟里时的反应，出现惊恐、痛苦等强烈的反应，这就是创伤后应激障碍。生态系统危机还包括人为因素产生的灾难，如石油泄漏等。例如，切尔诺贝利事故被认为是历史上最严重的核泄漏事故，乌克兰普里皮亚季城因此被废。

事故导致 31 人当场死亡，200 多人受到严重的放射性辐射，之后 15 年内有 6
万~8 万人死亡，13.4 万人遭受各种程度的辐射疾病折磨，方圆 30 千米地区
的 11.5 万多民众被迫疏散。事故发生后，污染区精神分裂症患者首次发病时
的心理紊乱程度比事故前更为明显。调查表明，当地只有 5.3% 的人没有任何
心理不适的症状。此外，迁居所带来的对新居住地的不习惯，起居饮食带来
的不便，邻里环境的生疏等，都给迁居者的心理造成不同程度的压力，因而
有害于身心健康。① 生态系统危机也可能是政治性的事件，如战争、严重经济
衰退等。例如，经济萧条或金融危机发生时，人们抑郁症的发生率会显著升
高。因为经济萧条会对就业产生直接、强烈且持久的负面影响，人们的生活
质量降低，压力增大，产生更多的抑郁情绪，甚至可能导致较高的自杀率。

第二节　高校学生心理危机的演进机制

第一节对什么是心理危机，心理危机有哪些类型，以及心理危机的四种
可能的发展路径进行了介绍。为了做好高校心理危机的预防、预警及干预工
作，还需要了解心理危机是如何发生发展的，有哪些诱发因素和影响因素。
不同的学者对于心理危机是如何产生的有不同的理论假设，本节从环境视
角、个人视角、系统视角介绍常见的心理危机理论，并基于理论总结归纳心
理危机的诱发因素及影响因素。

一、心理危机的理论

（一）环境视角的心理危机理论

环境视角的心理危机理论认为心理危机主要受环境因素的影响，比较经

---

① 李素云：《浅谈切尔诺贝利核事故后白俄罗斯居民的心理状态》，《辐射防护通讯》
1996 年第 4 期。

典的是能力—环境压力理论。

前文所述，霍尔姆斯把人类社会生活中遭受的生活危机归纳为 43 种生活事件，并划分等级，进行评分，编制了一张生活再适应量表，得分越高对健康的影响越大。他发现，伴有心理上丧失感的心理刺激对于健康的危害最大，如亲人的去世、工作的失败等。其中，尤以亲人去世的影响最大。但是单从生活事件来评估个体的心理危机程度过于片面，因为实际经验发现，同一危机事件，不同个体的反应不同。对某个个体而言是危机，但另一个个体却可以有效应对，因此后来有学者提出了更为丰富的心理危机理论。

（二）个人视角的心理危机理论

个人视角的心理危机理论则认为心理危机主要受个人因素的影响，如精神分析理论认为早期生活经验是产生危机的主要原因。危机人格论认为个体的人格特征会导致某类群体更容易陷入危机。认知理论强调人的认知评价在危机中的作用，发展理论则认为危机与人的发展任务有关。

1. 精神分析理论

精神分析理论认为早期经验决定了人们当前的行为。[①] 这些早期经验会引起个体的焦虑，因此个体会压抑这些会引起痛苦的事件，无意识中将这些不愿面对和处理的事件及回忆隐藏起来。而随后发生的一些事件可能会触发个体隐藏的想法和感受。因此，该理论认为目前产生危机的原因在于早期的经验、思维方式、情感和行为。通过了解个体的无意识和早期的经验，可以理解个体为什么会发生危机，可以帮助我们理解个体行为背后的动力和原因。例如，一名早年丧亲的学生，当她遭遇失恋后，陷入了重度抑郁，其失恋的反应远比一般的学生大。原因在于失恋这一事件激发了早年丧亲的创伤，她感受到了再一次被抛弃，又一次经历丧失，导致她出现抑郁的症状。

---

① Fine, R., Psychoanalysis, In R. J. Corsini（Ed）, *Current Psychotherapies*, Itasca, IL: F. E. Peacock, 1973.

2. 认知理论

南非心理学家阿诺德·拉扎勒斯认为，个体是否将某个事件定义为危机取决于个体的认知评价，一是对事件本身的评价；二是对自身应激能力的评估，而不是受到个体或环境某个单一因素的影响。[①] 当个体评估应激源超过了个体的应对能力时，心理危机才会发生。因此，该理论强调了人的认知在危机事件和危机反应中的作用。美国心理学家阿尔伯特·埃利斯认为，不合理的信念会导致心理危机的发生和持续。[②] 例如，灾难化思维、非黑即白等，这些不合理的信念会导致个体在评定应激源和自身应对能力时产生歪曲的知觉，从而更容易产生不良的身心反应，如遭遇考试失利的学生，如果他将这一次的失败视作一辈子都完了，再也没有前途了，那么这种灾难化的思维会让他出现过激反应。不过在严重的紧急情况下，认知功能通常会受到损害，一些应激反应会自发地产生，比如会出现麻木、呆滞的情况，认知评价很难起到作用。

3. 危机人格论

布罗克普对个体人格特征对心理危机的影响进行了系统的研究，认为具有以下特点的人更可能陷入危机：（1）应对困难情境时只关注表面问题，而不考虑其背后更深层次的原因和实质；（2）过分内向，沉默寡言，过度自省，在遇到问题时瞻前顾后，容易将事情往消极的方向想；（3）情绪不稳定，自信心低，独立处理问题的能力差，过于依赖他人的帮助；（4）采取行动时不假思索，较为冲动，会频繁出现没有效果的反应性行为。[③]

4. 发展理论

许多危机与个体的发展阶段有关。不同发展阶段之间的过渡非常关键。当个体无法应对新的阶段的任务、期望时，可能会出现潜在的危机。

---

① Lazarus, A., *The Practice of Multimodal Thepray*, Baltimore：Johns Hopkins University Press, 1989

② Ellis, A. E., *Reason and Emotion in Psychotherapy*, New York：Lyle Stuart, 1962.

③ 参见顾瑜琦、孙宏伟：《心理危机干预》，人民卫生出版社2013年版。

适应理论认为，适应不良的行为，消极思想和不成熟的防御机制会对个体的危机起维持作用。当面临新的发展任务时，个体需要改变这些旧有的适应不良的因素，形成具有适应性的行为、认知和防御机制，从而更好地应对危机。

艾里克森认为人格发展的每个阶段都存在一种冲突或两极对立，构成一种危机。这里的危机实质上是人格发展的重要里程碑。对于个体而言是危险和机遇并存。如果能够顺利度过，则个体得到发展，人格进一步健全，适应新的发展阶段；如果无法顺利度过，则个体的发展进入停滞，人格不健全，难以适应新的环境。

（三）系统视角的心理危机理论

单从个体或环境因素来解释心理危机都不够全面，因此有学者从系统的交互作用的角度来解释心理危机的产生。

1. 素质—应激互动模型

素质—应激互动模型区分了两种导致危机的因素：易感因素和促发因素。[1] 易感因素属于个体因素，受遗传影响，包括需要、认知评价、人格特点、经历与适应性、心理防御机制的运用和应对方式、功能状态、遗传基础等。促发因素属于环境因素，即应激源，如灾难、丧失、失败等。有些促发因素是轻微的、短暂的，有些促发因素则是强烈而且持久的。

大多数人都能通过一定的应对策略来解决这些危机，而是否会引发身心的不良反应，则取决于应激源是否超过了个人本身的承受力。个体的易感性越低，促发因素越少，则越不容易产生心理危机，反之则更易产生心理危机。

---

① Brodsky, B. S., Malone, K. M., Ellis, S. P., Dulit, R. A., & Mann, J. J., "Characteristics of Borderline Personality Disorder Associated with Suicidal Behavior", *The American Journal of Psychiatry*, 1997, pp. 154, 1715–1719.

2. 生态系统理论

生态系统理论认为在一个系统中，所有的要素是相互关联的。[1] 人与人之间、人与事件之间会相互影响，任何一个因素的变化会导致整个系统的改变，牵一发而动全身。这一系统不仅包括了家庭和社团这样的微观系统，还包括社会、国家这样的宏观系统。例如，有研究者发现危机的顺利解决与个体的主客观社会支持有密切关系。社会支持可以缓冲危机事件对个体的破坏作用；良好的社会支持可以帮助个体更好地应对危机事件，缓解个体的消极情绪，降低心身疾病的发病率。研究还发现，缺乏社会支持是导致创伤后应激障碍和其他心身疾病的一个重要因素。良好的社会支持网络有利于危机的应对。

需要注意的是，我们不要把心理危机简单化，我们很难用一个统一的理论去解释心理危机，各个理论都从某个角度解释了心理危机是如何产生的，受到了哪些因素的影响。我们可以综合地运用这些理论帮助我们去理解心理危机。

二、心理危机的发展过程

虽然心理危机具有特殊性，引发个体心理危机的事件不同，其产生的后果也因人而异。但心理危机的发展过程具有普遍的规律，即不同的心理危机其发展过程是类似的。

（一）危机的生命周期

斯蒂文·芬克最先提出了危机生命周期理论，认为危机从其发生到消失一共经历四个阶段：酝酿期、爆发期、扩散期、解决期。[2]（图1-2）

---

[1] Bronfenbrenner, U., Developmental ecology through space and time: A future perspective, In P. Moen, G. H. Elder, Jr., & K. Luscher（Eds）, *Examing lives in context: Perspectives on the ecology of human development*, Washiongton, DC: American Psychological Association, 1995.

[2] Steve Fink., *Crisis Management: Planning for the Invisible*, New York: American Management Association, 1986.

图1-2　危机的生命周期

大多数危机不是一蹴而就的，是各个因素逐渐积累的结果。酝酿期是指危机并未真正发生，但有一些征兆预示着危机的来临。因此，如果在危机爆发之前，能够对这些征兆加以识别、尽早采取措施进行干预，将危机扼杀在萌芽阶段，则可以避免严重的后果。如果未及时干预，当积累到一定程度，危机就会爆发，即进入爆发期。此时个体、组织、社会会遭受危险、伤害，导致诸多的不良后果发生。如果没有立即处理好危机，危机可能进一步影响更大的范围，其强度也会进一步增加，从而爆发更严重的危机。在解决期，危机事态得到控制，危机爆发后所引发的各种问题得到解决，个体、组织、社会所受的影响减少，逐渐恢复。

以上是危机的四个发展阶段，但并不是所有危机都会经历这四个阶段。有的危机可能在酝酿期就被遏制住了，而有的危机则可能无法得到解决，进入不了解决期。上述是对危机发展周期的说明，那么个体或群体在这些危机发展阶段会有怎样的心理反应，是否会有一定的规律？下面将从个体和群体两个视角来阐述心理危机的发展过程。

（二）个人层面的心理危机发展过程

从个人的角度而言，斯旺森和卡班的危机发生模型将危机的发展过程简单分为了三个阶段：危机前的平衡状态、危机活动期、危机后平衡状态的变化。[1]

危机前的平衡状态指个体能够应用惯常的应对策略来应对日常的事务，可以维持心理的平衡状态；而当面临困境或无法解决的问题时，个体会处于心理失衡的状态，处于危机活动期，在这个阶段个体往往会出现紧张、焦

———————

[1]　参见顾瑜琦、孙宏伟：《心理危机干预》，人民卫生出版社2013年版。

虑、情绪崩溃等状况，这一阶段一般不超过4—6周。在经历危机后，心理状态可能恢复到危机前的水平，也可能高于或低于危机前的水平。

泰斯特对危机活动期进行了更细致的划分，包括作用阶段、退却阶段和创伤后阶段。作用阶段是指危机事件发生期间，最初会对个体产生明显、直接的影响，表现为恐惧、激动、悲伤等，如果是极度的应激反应，个体甚至会出现惊呆、木然的状态。当危机事件过去后，进入退却阶段。此时虽然危机事件已过去，但个体仍表现出原有的应对方式及自我防御方式，如依赖、软弱等行为，与其年龄、文化程度、角色等不匹配。最后是创伤后阶段，个体对自身的反应方式有所觉察，并开始关注之后的打算，但仍需借助社会支持或资源。后面两个阶段是危机处理的积极阶段，个体可以在这两个阶段学习新的知识和技能，学习新的应对策略和解决问题的方法，来更好地应对危机。

首次提出心理危机理论的凯普兰也提出了情绪危机模型[①]，将危机的发展过程划分为四个阶段。第一阶段，危机事件使个体的焦虑水平升高，并影响到日常的基本功能，于是个体会试图使用常用的应对策略来缓解焦虑及其他不适的感觉，以恢复原先的心理平衡状态。当常用的应对策略无效时，则进入了第二阶段，问题没有得到解决，由此产生的不良反应持续存在，生理和心理方面的症状持续并恶化，其基本功能进一步受损。之后进入第三阶段，生理和心理的强烈不适感促使个体尽可能地去解决问题，来缓解心理危机和情绪困扰，其中包括借助外界的社会支持和专业帮助等。若这一阶段仍无法有效应对危机，则到达第四阶段——活动的危机状态。个体可能由于缺乏社会支持，采用了不恰当的应对策略、心理防御机制等，使得问题长期存在，无法得到有效解决，个体可能会出现严重的身心反应，如精神障碍或危及自身和他人生命安全的自伤/杀，甚至更严重的伤/杀人等犯罪行为。

---

① Caplian, G., *Principles of Preventive Psychiatry*, New York: Basic Books, 1964.

（三）群体层面的心理危机发展过程

上述是从个人的角度来阐述心理危机的发展过程。而从群体的角度来看，当面临重大危机，如灾难时，其发展过程更为复杂，通常包括冲击期、英雄期、缓冲期、蜜月期、回避期、幻灭期、调整期、重建期等几个阶段。[①]

在冲击期，人们可能会被突然的灾难暂时击垮或产生迷惑，在这一时期会出现恐惧、震惊、无助、迷茫等情绪。例如，新冠疫情刚开始的时候，人们由于对此种疾病缺乏认知，出现恐慌、不安等情绪，而随着对疾病的认识加深，防疫措施的加强，情绪逐渐得到缓解。

在经历了前面的阶段后，人们开始为抵抗灾难而积极行动，帮助他人，尽可能地拯救生命，以恢复正常生活，进入了英雄期。在新冠疫情中体现为举国上下募集医疗物资，成立志愿团队，为抗疫奉献自己的绵薄之力。

缓冲期，在冲击期和英雄期之间会有一段缓冲期，人们对当下情境进行评估，并计划下一步的计划。

蜜月期一般出现在灾难后的一周到三个月之间，社会会形成一种强有力的凝聚力，大家一起想办法尽快恢复正常生活，同时也为自己从灾难中幸存下来而感到感激、幸运。

随着度过危机后的几周后，会进入回避阶段，人们不再谈论危机事件，但是危机事件的画面和想法仍然会占据主体。

之后进入幻想破灭期，出现在灾难冲击后的几天或几周内甚至有可能持续数年。持续的身心应激状态使个体在身体和精神上出现疲劳，各种延缓恢复的事情也会造成幻灭感。心理问题也开始出现，如创伤后应激障碍、抑郁、焦虑、自杀等问题。

调整期，事件的一周年通常是一个转折点，如果个体已经将创伤置于身

---

① 参见曾红：《应急与危机心理干预》，人民卫生出版社 2012 年版。

后，对丧失进行了哀悼，并开始重建生活，则会往健康的状态发展。反之，若个体仍沉溺于过去的事件，则向病态发展，出现诸多躯体或心理问题。

重建期，随着时间流逝，个体决定是否重新开始生活，这不仅涉及物质层面的重建，也包括了情绪和社会自我的重塑。数月或数年后，个体终将稳定下来，过上一种新的生活。

（四）小结

基于上述的总结，心理危机一般包括以下几个发展阶段。

1. 冲击期

在危机事件的发生初期，个体会因为事件的强烈冲击而在躯体、情感、认知、行为等方面出现一系列的变化，出现心理失衡的状态，如感到震惊、恐慌、不知所措。如果刺激过强，可能会出现呆板、麻木、意识不清等状态。例如，当听到亲人离世的消息后，可能会出现发呆、头脑空白、不发一语的现象。这些心理失衡的状态会进一步影响个体的日常功能。

2. 应变期

在危机事件的应变期，个体为了尽快恢复心理平衡和日常功能，会采取一系列的应对策略、利用各种资源来应对危机。其中既包括了原有的、惯常的应对策略和资源，也包括新的解决问题的方法和社会支持资源。例如，失恋的学生可能会选择倾诉、转移注意力、放松等方式让自己平复悲伤、难过的心情；考试失利的学生可能会通过分析失利原因、调整学习方式、寻求他人的帮助等方式来改变现状。有的应对策略是积极、有效的，如合理的宣泄、放松等；但有的应对策略则是消极、无效的，如回避、否认、酗酒、沉迷电子游戏等。

这一阶段应对危机的有效性会影响个体后续的反应。如果应对有效，个体可能从危机中走出来，还可能获得成长；若应对无效，个体可能会受到更深远的影响，使得反应恶化。

3. 解决期

危机事件得以化解，个体顺利度过危机，可能在这个过程中获得成长，自我更加成熟、拥有新的问题解决技能、建立了更牢固或更广泛的社会支持网络等。此外，还有一种可能是危机得到暂时解决，当下的负面情绪得到缓解，但之后可能依然会激发出来，那么就会再重复上述的过程。

4. 危机后期

危机事件后期主要是指个体在危机事件结束之后的状态。当顺利度过危机后，个体会恢复到之前的正常状态，甚至比原先的状态更好。但也有少数人因为没有处理好危机，或只是暂时处理了危机，而产生不良的身心反应，基本的功能受损，持续的话会有导致精神障碍、危及自身和他人生命安全的危险。

对于大多数人来说，危机反应无论是从程度上还是持续时间上，都不会带来极端、永久的影响，可以从危机中恢复。但是极少数人会因为没有找到有效的应对方式，缺乏有力的支持和资源，而无法度过危机，长此以往，出现不良的身心反应，对个人的生活、学习、人际交往等带来破坏性的后果，并可能进一步影响到家庭、所在的组织、学校或社会。

三、心理危机的诱发因素

心理危机的诱发因素是指引发心理危机的导火索。它不是心理危机产生的决定性因素，与心理危机的产生不是因果关系，也就是说不是因为诱发因素的存在导致了心理危机的产生，而是触发心理危机的因素。例如，一名学生刚得知自己考试没有通过，考试失利并不必然导致心理危机的产生，但是如果这名学生本身自尊心较弱，人际关系差，除了学习之外没有什么能够获得价值感的方面，那么当他遭遇考试失利时，这个唯一令其有价值感的地方也消失了，那么可能会导致个体自我价值感的崩坍，从而引发心理危机，这里考试失利只是一个诱发因素。诱发因素往往是某些生活事件，并非严重或突发的负性生活事件才会引发心理危机，而是取决于个体对这一事件的认知评价。一般来说，诱发心理危机的因素是那些个体认为自己的资源和应对策略无法解决当下的事件或境遇。本书根据危机源的类型，将诱发因素分为发展性诱因、境遇性诱因、存在性诱因和生态系统诱因四种。

（一）发展性诱因

发展性诱因指个体在正常成长和发展过程中的变化或转变。这是绝大多数人都会经历的变化。艾里克森认为，人的一生由一系列连续的发展阶段构成，每个阶段都有不同的发展任务。个体经历的发展阶段变化就是发展性诱因。

对于大学生而言，首先是刚步入大学校园所面临的各种变化，如生活环境、学习方式、人际关系等方面的转变，如果在面临这些转变时无法顺利应对，就会出现适应问题。

其次是面临毕业时的转换阶段。有的学生会选择就业，步入社会，这是一个巨大的转变，个体需要从学生身份转换为职场人士，开始真正意义上的独立生活；有的学生会选择继续学习，虽然依然在学校的环境中，但是进入研究生阶段，又会面临的新的人际、学业、生活等方面的变化。这一阶段也会容易诱发心理危机。尤其在这一转换期面临多重的变化时，诱发心理危机的可能性更高。

再者是婚姻和生育子女的问题。组建家庭也是人生发展的重要阶段。对于本科生而言，面临这一阶段的是少数。而对于研究生，尤其是博士生群体，则有部分人开始面临这些问题。婚姻和生育子女也会带来很多的变化和挑战，对于经济尚未完全独立，同时还面临学业、生活压力的学生而言，这两件人生大事也会诱发心理危机。

（二）境遇性诱因

境遇性诱因是指引发心理危机的外部事件，一般是突发的、个人无法预测的事件。与发展性诱因的区别在于，它不是绝大多数人都必然会经历的。境遇性诱因包括了大学生常见的困难，包括学业、就业、恋爱、同辈及师生关系、原生家庭等方面。

1. 学业问题

学习是大学生生活中最主要的内容、最重要的任务，因学业问题产生困扰的大学生不在少数。有些学生可能因为大学的学习方式变化而无法适应，有些学生可能因为对专业不满意而对学习失去兴趣，有些学生可能因为繁重的学习任务而无法胜任，有些学生可能因为不能像中学时期出类拔萃而产生落差。这些都可能会诱发心理危机。

2. 就业问题

就业问题也是大学生常见的困扰。尤其对于即将毕业找工作的学生而言，会对此焦虑、恐慌。就业市场竞争激烈、对综合能力的要求高、学生专业不对口、缺乏实习经验、实习与学业的冲突等都是加剧就业压力的因素。对于冷门专业的学生、学习成绩不好的学生，对就业更是感到苦恼、悲观。就业问题往往与学业问题联系在一起，会共同诱发心理危机。例如，某硕士生在研究生阶段因为科研压力较大，没有精力和时间去实习，在找工作时觉得自己因为缺乏实习经验而处于劣势，对能否找到一个理想的工作感到焦虑。同时，因为需要完成毕业课题也倍感压力，担心会因为毕业课题不符合要求而延期毕业，即便找到了工作也无法顺利入职。对于毕业和就业的双重不确定，加大了学生的压力，从而诱发心理危机。

3. 恋爱问题

大学生进入大学后的一个重要人生发展课题是发展亲密关系。虽然他们在生理上已经完全发育成熟，但是对于恋爱、婚姻、家庭的认识普遍比较粗浅，相应的经验也比较少。有人提出"恋爱是大学的一门必修课"，但是这门"必修课"却很难修满满分。恋爱是甜蜜幸福的，但同时也会带来苦涩和痛苦。表白失败、恋爱中的冲突、失恋、出轨、性等问题都会引发学生的心理冲击，若没有合适的应对，可能会触发心理危机。

4. 同辈与师生关系问题

大学以前，学生以学习为主，即便人际上可能存在问题，但是还不会凸显出来。而进入大学阶段后，评价体系更加丰富多样，已经不是学习成绩是一切的环境了，社团工作、学生工作、实习等也是重要的组成部分。学习不再是以个人为主，需要团队合作。这些都涉及人际关系。一是同伴关系，如室友、同班同学、学长/姐、学弟/妹、社团或组织的同学等，这些同伴来自五湖四海，生活习惯、价值观等都可能存在差异。不少学生不知道如何建立新的关系、处理关系中的冲突和破裂、关系的分离等。二是师生关系，如班主任、辅导员、院系教师、导师等，与中学相比，大学的师生关系更加自主，教师的管理和主动指导更少，需要学生积极主动地与教师沟通交流，而这也会导致学生的不适应。有些学生惧怕权威，不敢与之交往；有些学生对于权威不信任，带有敌意，会对抗或回避教师。所有这些人际关系上的问题都可能引发心理危机。

5. 原生家庭问题

虽然进入大学后，大学生与原生家庭的联系不如以往密切，距离更远了，但是家庭依然是大学生生命中非常重要的一个部分。有数据表明原生家庭关系的疏离和对抗是危机学生相较于非危机学生的区别。此外，家庭变故，如经济危机、父母离异、亲人患病或发生意外事故、亲人去世等也会给学生带来压力，从而引发心理危机。

（三）存在性诱因

学生对生死的价值观念和态度是诱发心理危机的因素之一。杨德森提出，对自杀的认知、已有的价值观念和人生态度是自杀的原因之一。一些大学生对生命缺乏足够的反省，无法正确理解生命的意义及价值，无法建立积极的人生态度，从而让他们选择放弃生命。比如一个视学习成绩高于一切的学生，当成绩不及格时，可能会难以接受事实而采取自杀行为；一个对人生态度消极悲观的大学生容易在发生挫折之后一蹶不振，对未来绝望，从而走上绝路；一个对未来充满迷茫，没有目标，不知道人生有何意义的学生可能做什么都提不起兴趣，活着或死去都无所谓，这种长期的空虚感也可能会让他自暴自弃，甚至放弃生命；还有些学生在目睹或听闻其他人自杀的事件后，会对自己的生死观产生冲击，认为自杀也是一种解决问题的方式，从而出现模仿行为。因此，学校要加强社会主义核心价值观的教育，促进学生对人生意义的思索和追求。

（四）生态系统诱因

生态系统诱因包括几个方面，一是自然灾害，如洪水、地震、干旱、火灾等，这些具有突发性，非人为可控制。例如，2008 年的汶川大地震，造成 69227 人遇难、17923 人失踪、374643 人不同程度受伤、1993.03 万人失去住所，受灾总人口达 4625.6 万人，给灾民们带来了巨大的心理冲击。二是人为因素产生的灾难或政治性的灾难，如战争、严重经济衰退等。经济萧条或金融危机发生时，人们抑郁症的发生率会显著升高，甚至可能导致更高的自杀率。三是生物衍生的灾害，如切尔诺贝利事故发生后，污染区精神分裂症首次发病时的心理紊乱程度比事故前更为明显。这些无论是自然还是人为的灾难，影响范围极大，严重程度高，持续时间长，会引发生活、学习方式的巨大转变，从而导致各种身心反应。而且，因为其影响力、严重程度和持续时间，对于后续的危机干预工作也带来了巨大的挑战和困难。

四、心理危机的影响因素

心理危机除了诱发因素外，还有其他影响因素，有的影响因素是危险性因素，个体会更容易产生心理危机、阻碍心理危机的应对、加重心理危机，而有的影响因素则是保护性因素，可以保护个体免于心理危机，或帮助个体从心理危机中走出来。总的来说，影响心理危机的因素包括内部因素和外部因素两个方面。内部因素是与个体自身有关的因素，包括躯体、情感、认知、行为、人格等方面；外部因素则是个体外部的因素，如家庭、学校、社会等方面的因素。下文将分别从内部和外部因素两个方面，危险性和保护性两个层面来阐述心理危机的影响因素。

（一）内部因素

1. 生理或心理疾病

一般来说，生理健康状况较差的人对危机事件的承受力较弱，更容易增加危机的发生率。例如，长期生病或病情严重的学生，一方面需要应对疾病所带来的压力和痛苦，另一方面还需要应对因疾病对生活、学习、人际等产生的影响，这些都可能导致在面临危机时更加脆弱。若久治不愈，身体状况恶化，还可能产生无望感，采取轻生行为。而身体状况好、精力旺盛的人则具有较强的应对危机情境的能力。

此外，一些有精神障碍个体也有生理的基础以及生理症状。精神障碍患者在面临危机时更加容易受到影响，加重病情。严重的心理障碍是导致许多心理危机发生的内部动因。如果个体能够积极主动求医，配合医生的医疗方案，定期复诊，则可以较好地恢复。

2. 认知

拉扎勒斯认为个体是否将某个事件定义为危机取决于个体的认知评价[1]，当个体评估应激源超过了个体的应对能力时，心理危机才会发生。认知心理学家埃利斯认为不合理的信念会导致心理危机的发生和持续。同样的危机事件，不同的人反应不同，有的人发生了心理危机，有的人则不会。同样是发生了心理危机，不同的人其严重程度也不同。原因之一就在于个体的认知评价。

---

[1] Lazarus, A., *The Practice of Multimodal Thepray*, Baltimore: Johns Hopkins University Press, 1989.

当个体存在不合理信念时容易产生心理危机。典型的不合理信念包括过度概念化、糟糕至极、非黑即白等。例如，当学生面临挂科时，可能会产生一连串不合理的想法：这门考试没及格，会影响自己的绩点，如果绩点受影响，就没办法保研，保不上研就意味着没办法找到一个好的工作，这样自己的一生就"完蛋"了。这种不合理的想法会使个体因为某一次的考试失利而产生过激的心理反应，从而导致心理危机。而有的学生在遭遇考试失利时，想的是：虽然这次考试没有及格，但是还有补考的机会，之前没考好是因为自己没有认真复习，也让自己发现了知识点薄弱的地方，要好好抓住补考的机会，认真复习，遇到不懂的问题向别人请教。显然，这类学生能更客观、积极地看待考试失利，并有意识地进行建设性的思考，发现问题的原因，寻找解决方案。因此，这类学生就不容易产生心理危机。

3. 应对方式

应对方式，也称为应对策略，是个体在处理应激情境、保持心理平衡状态的一种手段，由心理学家拉扎勒斯等人于 20 世纪 60 年代中期首次提出。[1] 有研究者将应对方式分为积极和消极两种。积极的应对方式包括问题解决、寻求支持、调节认知等，而消极的应对方式包括自责、幻想和逃避等，应对策略的区别将会影响个体心理危机的发展过程。面对同样的困难，有的学生能够应对自如，有的学生却深陷其中，缘于他们的应对策略不同。廖友国对中国人应对方式和心理健康关系的元分析发现应对方式与心理健康存在密切关系。[2] 积极应对方式与心理症状呈负相关，而消极应对方式与心理症状呈正相关。一项针对 13512 名青少年学生的研究显示，积极应对在生活压力事件和抑郁、焦虑等情绪的关系中起调节作用，属于心理健康的保护性因子。（表 1-3）

---

[1] Lazarus, A., *The Practice of Multimodal Thepray*, Baltimore: Johns Hopkins University Press, 1989.

[2] 廖友国：《中国人应对方式与心理健康关系的元分析》，《中国临床心理学杂志》2014 年第 5 期。

表1-3　积极应对和消极应对方式

积极应对	消极应对
1. 通过工作学习或一些其他活动解脱	1. 试图休息或休假，暂时把问题（烦恼）抛开
2. 与人交谈，倾诉内心烦恼	2. 通过吸烟、喝酒、服药和吃东西来解除烦恼
3. 尽量看到事物好的一面	3. 认为时间会改变现状，唯一要做的便是等待
4. 改变自己的想法，重新发现生活中什么重要	4. 试图忘记整个事情
5. 不把问题看得太严重	5. 依靠别人解决问题
6. 坚持自己的立场，为自己想得到的斗争	6. 接受现实，因为没有其他办法
7. 找出几种不同的解决问题的方法	7. 幻想可能会发生某种奇迹改变现状
8. 向亲戚朋友或同学寻求建议	8. 自己安慰自己
9. 改变原来的一些做法或自己的一些问题	
10. 借鉴他人处理类似困难情景的办法	
11. 寻求业余爱好，积极参加文体活动	
12. 尽量克制自己的失望、悔恨、悲伤和愤怒感情	

4. 人格

人格是在遗传素质的基础上通过与环境、教育的相互作用而逐渐形成、发展起来的，具有相对稳定性的个体心理特征。危机人格论认为容易陷入危机状态的个体在人格上有一定的特异性。包括应对困难情境时只关注表面问题；过分内向，沉默寡言，过度自省；情绪不稳定，自信心低，独立处理问题的能力差，过于依赖他人的帮助；采取行动时不假思索，较为冲动等特点。霍尔姆斯发现 A 型性格的人容易处在危机状态，他们经常会有紧迫感，强烈的成就动机，过度的敌意和竞争意识，更可能患有心身疾病。对大学生自杀者的调查研究发现具有类似的人格缺陷，如敏感多疑、内向退缩、自卑抑郁、依赖性强、自我中心、易走极端或过分好胜要强、期望过高等。相反，有一些人格特质则能够帮助个体更好地应对危机事件，如坚忍性、乐观、内控。坚忍的人吃苦、耐劳、勇敢、果断，追求人生的意义感，相信自己有能力影响事情的发展，视挑战为生活的常态，具有较强的抗压性，能够减少危机事件对人的负面影响。具有乐观气质的个体更加灵活，更能采取聚焦问题的应对方式。内控的个体，即那些相信自己能掌握自己的命运，相信事情的成败是自己能够控制的人，可以从危机中获得成长。

5. 个人经历

个人经历主要是指过去经历的挫折、创伤或其他重大生活事件。根据精神分析理论，早期经验决定了个体当前的行为。产生危机的原因在于早期的经验、思维方式、情感和行为。如果个体之前经历过类似的危机但并没有顺利解决，或只是表面上得以缓解，那么之后再发生类似的事件时可能会触发之前未解决的想法和感受，引发心理危机。反之，如果个体从以往危机应对的过程中吸取了经验，提升了自身的应对能力，那么再遇到类似问题时就能够做好心理上的准备，妥善地处理危机。

（二）外部因素

1. 危机事件

危机事件本身的性质是影响心理危机的因素之一，包括危机事件的强度、持续时间、发生的方式等。一般而言，危机事件的强度越大，持续时间越长，发生时越突然，对个体的心理冲击越大，其心理危机的严重程度也越高。比如，同样是考试失利，但一次课程的小测验和期末考试，对人的影响是不同的；同样是家庭冲突，偶尔的几次争吵和长年累月的矛盾的影响也不同；亲人因长期患病或衰老的去世，还是因意外去世对人的心理冲击也不同。但是需要注意的是，不能单一地基于危机事件本身来对心理危机的严重程度进行判断，因为人的主观因素也存在较大的影响。

2. 环境因素

环境因素包括家庭、学校和社会环境因素。家庭方面较为常见的是家庭的变故，如父母离异、亲人去世、家人关系紧张、家庭经济危机等。学校方面主要是学业和人际关系，以及转换阶段的适应问题，如学习、考试、升学、就业压力和同学、老师之间的关系等。社会环境方面包括自然灾害、公共危机事件等，如地震、台风、疫情等。

虽然家庭、学校和社会环境等问题会导致心理危机，但是如果能够拥有比较好的社会支持系统则可以帮助个体更好地度过危机。社会支持系统是指个体的家庭、亲友、同学、组织、学校等所给予的精神与物质上的帮助和支援，是心理危机应对过程中可利用的外部资源。社会支持包括尊重支持、情感支持、工具支持、信息支持。尊重支持指对个人的认可、重视、鼓励，与他人做积极的比较，能有效减少心理应激反应。情感支持指对个人表示理解、关心、帮助，能够为个人提供安慰、依靠，令其有爱和归属的感觉。工具支持指提供钱物、劳动、服务等物质资源的支持。这类支持往往客观可见，能够帮助其从生活困境中解脱出来。信息支持指提供信息、意见、指导、建议、反馈，帮助个体获得解决问题的方法。良好的支持系统可以使危机事件的负面影响相对降低，而缺乏社会支持系统则会产生相反的作用。

第三节　高校学生心理危机后的
身心发展路径

正如上文提到，"危机＝危险＋机遇"，因此心理危机并不必然意味着会对个体或群体带来负面的影响。一般而言，心理危机后存在四种可能的发展路径（图1-3）。

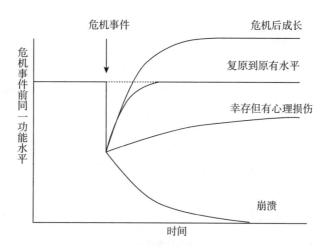

图 1-3　危机后身心发展的可能性①

一、危机后成长

危机后成长是发生心理危机后的理想状态。个体能够有效地应对危机，并且在这一过程中获得更多解决问题的方法和经验，锻炼自身的能力和心态，自我得到成长。

与之相关的一个概念是创伤后成长，又被称为应激相关性成长（PTG），由美国心理学家理查德·泰代斯基和劳伦斯·卡尔霍恩提出，指的是创伤事件有时会带来积极正向的改变，包括促使个体的心理成长、改善自我意识、获得新的应对方式、提升人际关系、促使个体正确看待生命价值、重新设定人生发展目标等。② 创伤后成长指的是创伤事件之后的正向改变，属于危机事件的一种，是较为严重的危机事件，我们可以借鉴该模型认识危机后的成长。

---

① Carver, C. S., "Resilience and Thriving: Issues, Models, and Linkages", *The Journal of Social Issues*, Vol. 54, No. 2, 1998, pp. 245-266.

② Calhoun, L. G., Tedeschi, R. G., Posttraumatic growth: Future directions, In R. G. Tedeschi, C. L. Park, L. G. Calhoun (Eds.), *Posttraumatic Growth: Positive Change in the Aftermath of Crisis*. Mahwah, NJ: Lawrence Erlbaum Associates, Inc. 1998, pp. 215-238.

在遭遇创伤事件后，个体会面临多重挑战，包括对情绪困扰的管理，基本图式、信念、目标的改变、生活叙事的重构等。这些挑战会引发反复的沉思，早期的沉思是自动的、侵入性的，不受个体控制，表现为对创伤相关问题的反复思考，通过沉思、自我表露和社会支持，情绪困扰逐渐减轻，沉思也更可控，转变为更有意识的思考，在这个过程中，认知图示发生改变，生活叙事得到发展，最终实现创伤后成长。（图1-4）在PTG模型中，有意识的沉思在个体成长中起到了关键作用。此外，创伤前的个体变量、社会支持和持续的困扰也会影响创伤后成长的出现。

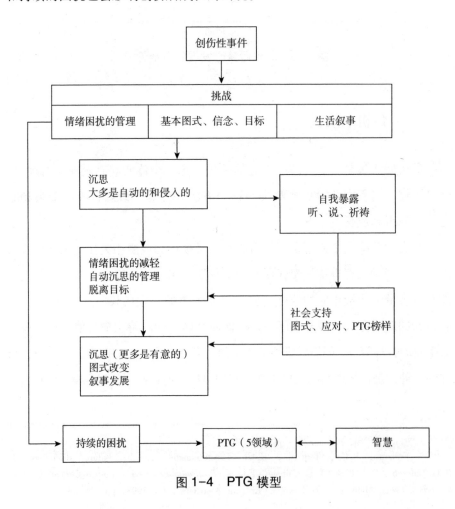

图1-4 PTG 模型

汪亚珉参考国外学者的观点与现有研究进展，总结了以下八种创伤后成长的影响因素。[①]

（1）积极的再评价与意义寻求。研究表明，积极的再评价与意义追求与创伤后成长呈显著的正相关，这两者被认为是个体获得创伤后成长的最重要途径。

（2）坚忍性与一致感。坚忍性是个体的人格特点，是指个体可以根据自己的主观态度和目标追求生活的意义感，坚忍的人追求人生的意义感，相信自己有能力影响事情的发展，视挑战为生活的常态，并能从中获得成长。一致感是指世界是可理解的、可管理的、有意义的。研究表明坚忍性、一致感与创伤后出现较高的正性改变相关联，是创伤后成长的重要预测指标。

（3）乐观气质。研究表明，具有乐观气质的个体更加灵活，更能采取聚焦问题的应对方式，乐观气质能较好地预测创伤后成长。

（4）人格的内外控。研究表明，创伤后成长与内外控之间显著相关。内控者，即那些相信自己能掌握自己的命运，相信事情的成败是自己能够控制的人，表现出从创伤中获得成长。

（5）沉思。沉思是指个体创伤后自动或有意识地进行建设性的思考。在 PTG 模型中，有意识的沉思在个体成长中起到了关键作用。但需要注意的是这里特指的是后期有意识的沉思，而非早期自动化的沉思。

（6）经验开放度。经验开放度主要是用来衡量当个体面对新异的刺激时，能否主动改变自己已有的认知结构来顺应新的刺激。开放度高的人对待新刺激时更能主动积极地去适应，而经验开放度低的人则多采取自我固化的防御策略，无法实现真正的自我成长。

（7）接受。接受不能改变的事情对于适应不可控或无法改变的危机事

---

① 汪亚珉：《创伤后成长：灾难与进步相伴而行》，《首都师范大学学报（社会科学版）》2009 年第 4 期。

件来说是关键的，是导向个人成长的一个重要因素。帕克等学者的研究也证明创伤后成长与接受之间显著正相关。① 创伤后成长的个体更容易面对现实的挑战，实现自我的成长。

（8）社会支持。除了个体的人格因素、认知特点外，社会支持同样重要。良好的社会支持与创伤后成长之间密切关联。产生心理危机的一个关键原因是个体无法利用现有的资源和应对策略进行应对，因此寻求社会支持是一个非常重要的因素，也是帮助个体从危机中成长的条件。

这些影响创伤后成长的因素同样可以为我们应对危机，从危机中成长提供借鉴，为危机预防和干预提供参考。

二、复原到原有水平

一般来说，当个体遭遇危机后，个体身心会做出一些本能反应，包括：（1）战斗——个体不甘示弱，处于准备搏斗的状况；（2）逃跑——个体准备逃离危机现场，回避应激刺激；（3）冻结——个体估计自己处于弱势地位，又无法逃脱，只好保持完全静止的状态或处于假死状态。这些不同的反应都具有自我保护的功能，避免或减少伤害。同时，个体还具有自我痊愈的功能。研究表明在经历了创伤性事件后，虽然个体会有不同程度的反应，但随着时间的推移，有70%—75%的人会自动恢复。一般来说，危机是有时限的，通常持续6—8周，在这个过程中，个体会自我调节，之后主观不适感会逐渐消失。②

例如，一般的哀伤反应通常有五个阶段：否认、愤怒、讨价还价、沮丧、接受。在否认阶段，个体会不愿意相信或拒绝承认已经发生的事实，会试图告诉自己已经去世的人并没有离开，生活没有改变。在度过了"否认"

---

① Park, C. L., Cohen, L. H., Murch, R. L., "Assessment and Prediction of Stress-related Growth", *Journal of Personality*, 1996, pp. 64, 71—105.

② 参见鸿钟：《应激与心理危机干预》，暨南大学出版社 2008 年版。

这个阶段后，会进入"愤怒"阶段，这个愤怒可能会指向别人，认为别人应该为这个人的离世负责，也可能指向自己，认为亲人的离世跟自己有关，甚至会指向已经离世的人，认为离世的人为什么要抛下自己。人的情绪容易变得激动。在之后会进入"讨价还价"的阶段，希望自己可以奉献一些东西来改变已经发生的事实，会祈求、许愿他/她的回来。然后是"沮丧"阶段。这个阶段个体会情绪低落、疲惫、无力、失去动力、无法感到快乐和满足。最后是"接受"阶段。意识到生活还要继续，开始接受失去亲人的事实，为未来的目标而努力。

因此，大多数的个体能够顺利度过危机，回归到原先正常的状态。心理干预者一方面需要了解心理危机的发展过程，不要操之过急，也可以向学生进行心理教育，很多危机反应是对危机事件的正常反应。

三、幸存但有心理损伤

一般而言，危机是有一定时限的，持续6—8周，之后负面影响会逐渐减少直至消失。但是也有研究者发现危机的影响可能会持续更长时间，甚至持续一生。尽管个体认为问题已经得到了解决，但是当新的应激源出现时，个体可能又会回到危机状态。例如，早年父母离异，母亲离开了家庭的学生，在当时面对父母离异这一事实时可能并没有表现出很多负面的感觉，表面上看起来身心健康，照常学习、生活，但他在后来建立亲密关系的过程中，可能伴有较多的冲突，甚至可能表现为对异性的回避、排斥、厌恶。这种表现其实是危机转移状态。因为在当时他通过压抑、隔离的方式防御了悲伤、愤怒、怨恨等情绪，使自己的情绪状态得到缓解。但最初的创伤依然还在，没有得到解决。他可能没有意识到这种对异性的负面感觉其实是早期对母亲离开的怨恨。所以当他接触其他的异性，要建立亲密关系时，这种对母亲的怨恨转移到了异性身上，危机的状态又回来了。从心理动力学的角度来讲，这是一种压抑的防御机制。

弗洛伊德认为当面临危机时，个体会无意识地应用自我防御机制来保护自己，防止受到伤害以及产生焦虑。无意识会储存那些在意识层面不愿面对和处理的事件、不愿回忆的地方，尤其是会引起个体巨大痛苦的事件。然而，之后发生的一些事件可能会激发个体无意识中的想法和感受，并将这些带到意识层面来，从而产生新的危机。个体可能会以一些不恰当的行为方式来应对当下的情境，但实际上这种应对方式很可能是早期被压抑事件的延迟反应，是无效的。理解个体当前如何对危机进行反应，需要和过去的经验结合在一起。个体的防御机制类型通常会在个体应对威胁情境，以及在压力状态下如何与他人发生联系时表现出来。个体会通过他过去的真实经历和他潜意识的心理表现，阐释和理解当下的危机。

当个体面对危机时会产生大量的焦虑，而自我防御机制可以缓解焦虑。一些防御机制相对其他而言更加成熟，也更有效果，如利他、幽默、压制、升华、计划等。越成熟的防御机制越能帮助个体应对当下的困难情境。随着时间的推移，可以解决危机，并可能在危机中成长。但越不成熟的防御机制看似缓解了个体的焦虑，但实质上只是压抑和回避了危机，并没有真正解决，会在以后遇到类似的应激源时重新激发危机状态；如否认、投射、退行等。

四、无法度过危机

无法度过危机，即崩溃，指个体无法有效地利用现有的资源或应对策略来处理或解决危机事件，而且也无法得到及时、有效的帮助或干预，会产生一系列不同程度的身心反应，主要表现在生理、情绪、认知、行为四个方面。若影响持续，可能会发展为精神障碍，如抑郁障碍、焦虑障碍、创伤后应激障碍等，严重者可能会出现自伤/杀，甚至伤/杀人等危及生命安全的犯罪行为。

（一）生理方面

身心是密不可分的，因此当个体面临危机事件时，除了在心理上受到创伤外，生理也会产生很多负面的影响。而且躯体症状往往会比心理症状更容易得到个体或他人的关注和重视。

坎农的应激实验发现，当个体遭遇威胁时，交感—肾上腺髓质系统会被激活，去甲肾上腺素、肾上腺素的分泌量将大大增加。这两种神经递质作用于中枢神经系统，提高机体的兴奋度，使个体处于警觉状态。在这种状态下，个体的反应会更加灵敏；呼吸加强加快，使机体获得充足的氧气；心跳加快、心脏收缩力增强，血压升高，血液循环加快，内脏血管收缩，四肢骨骼肌血管舒张同时血流量增多，使重要器官得到更多的血液供应；血糖升高，脂肪分解加快，葡萄糖与脂肪酸氧化过程增强，以适应在应激情况下对能量的需要。

因此，在面临危机事件时，个体会出现血压升高、心跳加快、呼吸急促、血糖增高等反应。短暂的这种身体反应是为了让个体应对紧急状况。但长此以往，则会对生理产生较大的负面影响，如食欲下降、睡眠差、头颈背疼痛、紧张、疲劳、过度警觉、呼吸困难、肠胃不适等。同时这些应激反应也容易导致个体免疫功能下降，引起内分泌紊乱，增加了个体患病的危险性。

（二）情绪方面

遭受危机的个体会有很多的负面感受，包括惊恐、害怕、焦虑、怀疑、悲伤、沮丧、无助、绝望、麻木、孤独、紧张、烦躁、易怒、自责、担忧等。较为常见的有以下几种情绪。

抑郁是最常见的一种情绪反应。危机事件可能会对个体的学习、生活、人际，甚至生命安全都造成影响，个体因为无力应对而容易变得悲观、低落、消极、对任何事情都提不起兴趣、自我评价低、对未来丧失信心、感到绝望、不愿交流、孤立无援等。如果不能从这种情绪中走出来，抑郁情绪可能会越发严重，最终发展为抑郁障碍。

焦虑也是常见的一种情绪反应，表现为过度担心、紧张、不安、恐慌。此外，焦虑多伴有躯体症状，如肌肉紧张、出汗、坐立不安、脉搏加快、血压上升等。个体往往会高估危机事件所带来的消极影响，过于敏感和关注。但焦虑情绪本身并非全是负面影响，焦虑可以促使个体调动资源来应对危机事件，能够激发个体的潜能。但是若焦虑情绪的强度和持续时间超过一定范围，反而会阻碍个体有效应对危机，甚至影响其基本的功能，严重者可能会发展为焦虑障碍。

恐惧是个体在受到威胁或面临可能的威胁时最易诱发的一种情绪。恐惧是个体缺乏安全感的表现，会使人产生逃避的念头，因无力摆脱而陷入痛苦。与适度焦虑的作用相似的是，适度的恐惧可以启动个体的防御机制，提高警惕，从而达到自我保护的目的。但是过度的恐惧和回避行为则可能产生一些心理障碍或精神病理现象。

（三）认知方面

个体在认知方面会出现不同的反应，感知觉、思维、注意力、记忆力等都可能发生改变。

感知觉上个体可能会对危机情境相关的声音、图像、气味等过分敏感或警觉，或者表现出麻木、反应迟钝。例如，自杀者的好友可能在刚得知消息后处于木讷的状态，头脑空白，无法进行交流。

思维上表现为思维迟钝、强迫性或重复性回忆、健忘、效率降低，对自己、他人和未来感到悲观、多疑。例如，对于丧亲的学生，可能会反复回想过往与已故亲人的对话、发生的事情等，自我责备当初没有做好。

注意力上表现为无法集中注意力，或无法把注意力从危机事件中转移开来。例如，刚失恋的学生可能会过度关注前任的消息，回想以往的经历，无法将注意力放在学习生活上。

（四）行为方面

处于危机状态中的个体在行为上会出现各种退缩、敌对、失控，甚至是自我伤害或伤害他人的表现，包括以下三种反应。

（1）退缩性的反应。例如，逃避与回避，个体可能会努力逃避与创伤有关的思想、感觉或谈话，逃避会勾起创伤回忆的活动、地方或人，不愿主动求助；或是退化与依赖，变得软弱无能，功能退化，不愿参加社交活动，不敢出门和见人，长时间呆坐或卧床不起，对事物无主见，丧失信心，依赖性增强。

（2）敌对性的反应。例如，敌对与攻击，对周围的人群和社会充满敌意和怀疑，易激怒，认为别人要害他，责怪他人，将问题都归咎在他人身上，产生冲动性的攻击行为，如破坏物品、伤害他人。

（3）伤害性的反应。例如，物质滥用，通过暴饮暴食、抽烟酗酒来麻醉自己；做一些风险性高的事情；伤害自己，甚至采取自杀行为。

| 第二章 |

高校学生常见心理危机的情境

第一节　高校学生的适应性心理危机

一、新入学学生的心理危机主题分析

大学新生群体可能遭遇到的心理危机，之所以可以被归纳出某个特定危机主题，是因为他们中绝大多数成员所遭遇的引发心理危机的外部环境因素往往同时具备以下几种共同的特征印记：（1）生活情境在外在环境与内在逻辑上遭遇重大且陌生的变化，使得自己一时间很难适应与熟悉这种新的生活情境；（2）在人际社交场景中感受到前所未有的孤立与疏离，使得学生难以迅速融入新的社交群体，与现实生活中的其他个体建立稳定安全的支持性人际关系；（3）以往惯常熟悉的学习方式与策略不再适用，对大学课程的学习方式难以适应，使得学生出现学习效率降低、学习动机减弱、自我效能感下降等状况。

以上三点概括来说，就是大学新生入学后普遍可能遭遇的心理危机，即适应性危机。适应性（adaption）这个词本来是一个生物学上的概念。它指的是，当有机体在自身构造、结构甚至功能上，与外部自然环境反复互动乃

至抗争的过程中，会不断朝着自身的生存与繁殖更加适应外部自然环境的方向而发展的动态变化过程。适应性的概念后来被心理学家引入对个体在环境适应过程中的心理感受与认知变化过程的描述与分析之中。每当个体进入新的生活环境中时，都可能会遭遇陌生的情景与挑战，是自己以往熟悉的应对方式难以奏效的。因此，许多人会在一段时间内出现种种情绪、认知与行为困扰的状况。而部分学生因为自身某些心理特质与外部因素的特殊性，可能会很长一段时间内都无法消除这些情绪、认知与行为困扰，进而演变成为心理危机。

大学校园对于绝大多数新生来说都是陌生的环境，这种陌生主要表现在三个维度：一是外部生活环境，二是人际社交环境，三是课程学习环境。而这正与前文提到的大学新生常遭遇的心理危机内容特征相对应。所以下文将就此三方面具体分析大学新生可能遭遇的适应性心理危机。

（一）大学新生的生活环境适应问题

对于大多数新生来说，大学校园的生活环境，其陌生性在于：异地求学，当地的气候、水土、饮食环境与家乡差异很大；第一次离家独居，不习惯完全独立的自我管理与自我照顾；第一次经济独立，对如何保持收支平衡缺乏经验。而新生对于这种陌生生活环境的不适应，可能会引发一些适应不良的心理行为，主要包括思乡孤独、水土不服、不注意个人卫生、作息不规律、饮食不规律、经济上收支失衡、身体健康素质下降等。

（1）从客观环境因素来看。北方学生来到南方上学，在冬季常常会不适应无暖气的室内环境，进而可能导致在宿舍空调使用问题上与其他室友的分歧；来自不同地域的学生在饮食上对于米面的主食选择、甜辣的口味偏好存在差异，也容易导致其无法适应学校餐厅的伙食。而这些对生活环境的不适应有可能会导致学生身体健康水平下降，进而引起学生的悲观情绪与消极心理状态。

（2）从自我照顾因素来看。许多新生都存在一个共性，即在中学阶段，家长都要求他们集中精力于学业，并承担了生活照顾中的绝大部分职能，致使许多新生不仅缺乏自我照料的生活经验（如洗衣、打扫卫生、整理换季衣物等），而且缺乏生活中自我管理的意识。例如，一些学生在家中习惯了父母按时叮嘱其洗漱沐浴，甚至按时督促其入睡起床。因此，当他们进入大学独立生活中，可能一时无法适应无人叮嘱督促的状态，使得其无法保持以往的生活与作息规律，进而影响到其身心状态与人际关系。

（3）从经济独立因素来看。缺乏自主管理个人财务经验的学生，可能会出现两种截然相反的行为特征。一种是不懂得量入为出，开支无度，花钱大手大脚。出于为满足过往被家长抑制的消费欲望或其他心理动因，可能会出现与自身经济条件不符的奢侈消费、炫耀消费等行为。特别是在缺乏监管的网络金融逐渐渗透进校园的时代背景下，这部分学生更易陷入校园贷或网络诈骗的泥潭中，进而酝酿出更为严重的心理危机。另一种学生则恰恰相反，由于先前少有自主消费维持个人生活的经验，加之受家庭或外部社会价值观熏陶而成的谨慎消费的思维习惯，可能会在基本生活支出上（如伙食搭配、衣物添置、水电费用、社交消费）过度节省，以致影响到其人际社交状态和自我形象，进而导致其出现情绪及心理困扰。

（二）大学新生的人际社交适应问题

正如上文提到的那样，新生对大学校园许多生活环境不适应的问题很容易延伸至对其人际社交状态的影响。而更为重要的是，抛开客观环境因素不谈，大学新生群体本身就面临着人际社交形态与自我感知发生剧变的发展性成长危机，因此更易出现社交适应问题。

大学新生的年龄一般在 18 岁左右，按照埃里克森的心理社会发展理论的描述，正处于自我同一性危机阶段。这个时期的大学生，刚刚迈入成年阶段，开始自己的独立生活，又进入了全新的人际环境，往往很在意他人对自身的评价，同时渴望获得他人认可，以期建立良好的自我形象。而从国内的实际情况来看，学生在中学阶段大部分精力主要用于应付繁重的课业任务，因此人际社交方面的困扰尚不突出。进入大学后，与人交往的需要在日常生活中的重要性显著增加，人际交往方面的问题凸显。

大学新生面对的人际情境与中学时代有很大差异。中学时同班同学往往来自同一城市，拥有相似成长环境背景与文化习惯，加之学校课堂座位相对固定，课堂内外与同学互动机会更易获得，因此学生之间相对容易建立亲近关系。而大学同学来自省内省外、五湖四海，成长环境与文化习俗差异较大。大学校园班级集体氛围较中学弱化，大多数课堂教学往往无固定座位安排，对于部分习惯于被动社交的学生而言，可能很难建立与班级同学的频繁互动与稳定关系。

一般认为，大学阶段学生间频繁互动的主要物理空间从课堂转移到了宿舍。从客观环境上来说，室友之间的互动接触机会更为频繁，理论上应更易建立亲近的社交关系。但从高校实际状况来看，宿舍往往也是最易发生人际矛盾乃至冲突的场合。在工作中，我们接触到许多学生都对自己的宿舍关系感到不满或失望。究其原委，主要有以下三方面的原因：一是宿舍是学生私人生活与休息的主要场景，但许多新生先前没有集体生活的经验，因此对于将自己私生活的诸多面直接向半陌生的室友展开，感到不适与尴尬。二是来自不同家庭背景与地域环境的学生，各方面生活习惯可能存在巨大差异，而在宿舍这一狭小空间内，这些个人习惯的差异可能会对彼此产生较大的影响，如果室友间彼此沟通不良且无法妥协，极可能酝酿矛盾，除了前文提到的冬夏两季的空调纠纷外，作息习惯不同导致的熄灯时间矛盾、噪声矛盾、个人卫生与打扫宿舍任务分配的矛盾等都有可能成为人际冲突的导火索。三是由于宿舍空间紧密，生活互动频繁，因此彼此关系的亲疏远近易发展为小团体，这可能导致个别学生产生被室友疏远、孤立、排挤甚至被霸凌的感受。综上所述，大学新生在住宿生活中往往需要一定的时间才能适应集体生活的社交关系形态，部分学生也可能因长时间无法适应而诱发某些心理危机症状。

除了宿舍集体生活外，大学新生另一个主要社交场景即社团活动与学生组织工作。大多数高校的学生社团与学生组织都会在新生报到不久后开展各类招新与组织活动，为学生发展各类社交关系提供了良好的平台。但并不是所有参加社团组织的学生都能顺利地融入组织内部关系网络中，适应高校中的社团人际关系。因为从组织架构上来看，社团与学生组织都在不同程度上呈现科层制结构形态，高年级学生担任的上层管理者会分配不同任务并赋权至不同的新生，而在此过程中必然会或多或少出现权力与利益分配的博弈。对于大部分新生来说，高校社团是他们第一次亲身体验这种准科层制的组织活动，猝然接触社团内复杂的人际关系，可能会令新生感到困惑与不适，进而出现某些心理危机的身心症状。

（三）大学新生的课程学习适应问题

学习是大学生活的核心议题，也是最易引发学生出现心理困扰乃至危机的因素之一，特别是新生，尤其需要足够的学习适应过程。心理学家曾对学业适应性的概念有过清晰的定义。他们认为学业适应性即学生依据学习内外条件的变化，结合自身需求，以自己的主观能动性调整自身学习动力和学习行为，提高学业水平，取得良好成绩的过程。一般来说，学业适应性有几个重要组成部分，主要包括学生的学习潜力、学习动机、学习目标、为达到学业要求而产生的行为、对学习环境的满意感等五部分。

其中，在学习动机、学习环境、学习方式等方面，许多刚踏入大学校门的新生，很容易出现各种困扰。首先，一些大学新生会对学习动机产生困惑。因为在中学阶段，"努力学习，尽一切可能争取优异成绩，考入更好的大学"这一目标，是从身边同学到老师，乃至家长都一致认可，不言自明的稳固价值观念。因此，无论是为了避免家长或老师的责备批评，还是为了获取长辈乃至同辈群体的认可与赞许，抑或是为了通过自身努力去博取更加光明的未来，不同的心理动机源头最终都可指向同一目标，即努力学习。但进入大学之后，满足以上心理动机的方式变得更为多元化，努力学习的价值唯一性明显减弱，因此部分学生可能会对学习产生懈怠情绪，甚至走向极端，产生厌学逃课行为，进而因成绩波动而产生心理困扰或危机。其次，部分新生会对学习环境难以适应。因为不同于中学阶段的走读居家与固定教室自习，大学阶段一般不会特意安排固定的自习空间，由学生自主选择自习地点，如图书馆、空闲教室、宿舍，乃至咖啡馆等。而部分学校受客观条件所限，在考试周等特殊时期公共自习空间较为拥挤或稀缺，因此许多学生难以适应，在宿舍自习又易受到各种干扰。最后，大学与中学阶段最重要的差异在于授课方式、学习方式的改变。除了课堂教学，大学会留给学生更多自主安排的学习时间，很少会有教师如中学教师般一轮轮地带领学生复习熟悉课程知识，而是需要学生根据自身的特点寻找适合的学习方式，自主建立知识架构。这些对于习惯于跟随教师指导被动学习的新生来说无疑充满了挑战。

此外，有学者发现，部分大学新生在学业上可能会出现某种"伪适应"的特殊现象。[①] 对于理工科专业而言，由于学生第一学期的课程普遍为基础理论及综述概论类课程，课程难度相对较小，课程内容与高中知识的联系相对较大。因此，部分学生虽然已经出现了诸如心理压力增大、学习效率降低等适应性方面的问题，但是也能依靠高中的知识基础和养成的良好学习习惯，在大一学期取得一个相对较好的成绩，致使其已经产生的适应性问题被掩盖，让班主任、辅导员形成一种学生似乎适应了大学生活的观感偏差，即所谓学业"伪适应"现象。"伪适应"现象的出现，使得原有的单纯依靠大一期中或期末成绩进行学生学业适应性判别的方法出现了部分盲区，相当数量出现适应性问题的学生会由于"伪适应"现象而无法得到相应教师的关注，最终错过采取措施的最佳时间，导致学生在大一下学期及大二上学期面对难度较大的课业压力时会集中爆发学业问题。而学业压力的陡然增大以及挂科现象的出现会进一步加重学生的心理压力，导致一系列连锁反应，对学生发展带来严重的负面影响，甚至出现非常严重的后果。

① 王秭程等：《高校新生学业"伪适应"现象探析与应对》，《长江丛刊》2020 年第33 期。

综上所述，大学新生在入学之初，很可能在生活环境、人际社交和学习生活方面感受到前所未有的陌生与压力，进而出现身心不适的状况，如果长期不能得到缓解，则可能酿成心理危机事件。值得注意的是，以上三个主题的分类只是粗略归纳，事实上三个主题往往会彼此联系、相互影响，共同成为新生需要面对的适应性情境困扰。

二、本科新生与研究生新生危机主题差异分析

前文描述的高校新生可能面临的心理危机情境尽管在很大程度上可以涵盖大多数新入学高校学生的主要困扰，但严格说来，前文的描述更贴切本科新生的校园生活情境。事实上，在国内关于高校新生校园生活与学业适应的现有研究中，研究生新生这一群体的适应困境往往是被忽视的。之所以会产生这种关注忽略，其主要原因大概包括两个方面：一是从心理发展的角度看，本科新生往往刚刚年满甚至尚未年满 18 岁，进入成年阶段，各方面心理适应能力或许尚未发育成熟，因此更容易博得家长、教师乃至全社会的担心与关注。二是从实际生活情境的转变角度来看，大多数本科新生都是第一次远离原生家庭，到陌生的城市乃至陌生的省份求学，其中很多学生之前从未有过独立生活和集体生活的经验，所以容易产生适应方面的困扰。而相较于本科新生，研究生新生群体往往已经历过四年的校园生活洗礼，同时年龄普遍在 22 岁左右，从社会期望的角度来看，他们理应掌握独立生活与适应新环境的能力。因此学界对这一群体的实际心理困境相对缺少关注。

但事实上，研究生新生这一群体在对新的学业生活阶段的心理适应这一主题上遇到的困扰，未必少于本科新生。下面我们将依旧以前一条提出的三个主题框架——生活环境、人际社交和学业适应，来具体分析和对比研究生群体所面对的适应性压力。

首先，从生活环境适应的角度来看，尽管研究生新生在大学四年间普遍都对校园集体生活有了丰富经验，其对生活环境与生活方式的适应速度应该

更快，但这种看法忽略了几个因素。一是许多研究生新生考取的可能是遥远异地的学校，因此无论是对校园环境与生活设施的陌生，还是对异地气候水土的适应，仍然需要足够的时间去逐步适应；二是研究生身份本身的特殊性，可能会对新生造成身份认同的困扰，进而影响到他能否顺利适应或建立新的校园生活方式。具体地说，就是对于大多数家庭经济状况尚可的本科生而言，由于自己周围的同龄人基本都处在校园之中，都未迈入社会和经济独立。因此，他们对自身的经济依赖原生家庭的状况相对更易接受。围绕着自己"还是学生，不必急于挣钱"这一核心身份认同而建立起来的校园生活方式，相对更少会给学生带来矛盾与困扰。但研究生群体则有所不同，因为他们的许多同学都已进入职场，经济独立，开启了自己的社会生活状态。有了这么一层对比，加之本身年龄渐长，不少研究生新生会对自己尚无法经济独立、需依赖家庭的状况产生一定的沮丧和焦虑。此外，许多研究生的父母、亲属也可能会对孩子当前的社会身份认知产生分歧。有一些父母会更加急于推动孩子迈向经济独立，或是尽快进入亲密关系，以至于主动为孩子安排相亲，甚至催促订婚等。这些都会在一定程度上影响学生当前的校园生活状态。从现实情况看，研究生新生在校内宿舍的入住率要明显低于本科生。这也说明了研究生新生群体所面临的现实生活环境差异性和复杂性比本科新生都有显著提升。因此所面对的适应性压力也不容高校管理者忽视。

其次，从人际社交适应的角度来看，研究生阶段与本科生阶段所面临的人际环境，包括同辈群体环境也发生了显著变化。其中最突出的表现即为本科生往往以班级为单位展开交际互动，研究生则以课题组/师门为单位互动。而之所以导致这一区别的根本原因在于本科生与研究生的学业重点发生了转移。本科生以课程教育为主，从大一到大四，大多数系内专业课程都以本班级为单位固定展开。因此同班同学中有大量的互动时间和空间，这就使得班级成员内群体感更容易建构。而对于研究生而言，课程教育在学业任务中所占比重明显下降，学生大量的时间和精力都会放置于导师的课题组/师门的研究团体之中。而不同年级阶段的同学所构成的课题组/师门团体，其内部权力模式和关系结构与同年级同学所构成的班级又存在较大的区别，因此研究生新生刚进入课题组/师门的人际环境中，未必都能很快适应这一差别，也容易导致人际适应困难，甚至容易叠加学业压力而产生心理危机。例如，许多课题组内部因为经常需要共同合作完成某些大型研究，且常常会由高年级博士生领衔负责，带领和指导低年级硕士生完成具体研究工作。而在研究成果发表的过程中，低年级硕士生往往在贡献与奖励分配是否公平合理的话语权上处于劣势地位，因此容易产生课题组内部的同学关系矛盾。而这些都是本科生阶段不曾遇到过的人际难题。除了同辈群体环境之外，研究生阶段存在另一个更为重要且互动频繁的人际关系，即导学关系，这也是容易给研究生新生带来困扰的师生关系。此外，由于大学校园中许多学生社团主要面向本科生开放，相比之下，研究生在校内结识更多同学的现实机会要明显少于本科生。加上研究生班级同学互动相对较少，凝聚力不高，许多研究生新生入学后，都曾反应感觉到很孤独，每天固定行走于实验室与宿舍之间，很少能有机会交到朋友。因此从外部人际社交环境的角度来看，研究生新生群体的社交适应压力也不容高校管理者忽视。

最后，从学业适应的角度来看，研究生新生所面对的是与本科阶段截然不同的学业任务与学习方式，而并非所有学生都能在入学后很快适应研究生阶段的学习生活。正如上文所述，与本科阶段注重课程教学不同，研究生阶段课程教学所占比重显著下降，取而代之的是要跟随导师参与进项目研究中，并在此过程中不断提升知识自学与创新研究的能力。这两种截然不同的学业任务类型决定了研究生无法再全盘沿用本科阶段形成的固有学习方式。因为课程教学的根本任务在于要求学生掌握现成的知识概念，通过大量的练习与复习，对教学内容形成合理的学科认知框架，建构相关知识网络。而科研项目的根本任务在于要求学生在熟练掌握特定研究范式与方法基础上，能够快速进行特定研究领域的知识学习与文献梳理，创造性地设计恰当的研究方案，并解决研究过程中遇到的未知困难。而在此过程中，导师往往只能在某些关键点上提供适当指导和建议，而大部分的问题则需要由研究生自己独立面对和解决。所以在这个过程中，研究生新生所面对的情绪压力往往是他们之前难以想象的。因此在真正转变学习思维，形成新的学习方式之前，研究生新生很容易遭遇到学业适应上的心理压力。

所以从新生适应来看，研究生新生同样会在生活环境、人际社交和学业适应三方面遭遇较大的心理压力，只是他们所面对的具体情境与本科生存在很大的差异。从某种角度来看，研究生新生群体面对的实际困境或许更为艰难。而这就在很大程度上对冲了研究生本身心理发展成熟度上的优势。因此，高校管理者要具体分析和了解研究生新生与本科新生在不同学业阶段可能面临的具体适应困境，从而更有针对性地开展新生心理教育活动，帮助他们更好地度过新生适应时期。

第二节　高校学生的生涯性心理危机

一、毕业班学生的心理危机主题分析

相较于高校对于新生情绪状态与心理危机风险的关注程度而言，毕业班学生的心理困扰状况往往被忽略。但在实际工作中，我们发现从不同年级学生所面对的心理压力情境来看，毕业班学生所面对的情绪压力、心理困扰，以及潜在的心理危机风险并不比新生少，只是主题有所不同。如果说高校新生面临的心理危机主题是适应性危机，那么毕业班学生更容易遭遇到的困扰可以被归纳为生涯性危机。

之所以会有生涯性危机的主题归纳，是因为毕业班学生往往都会面临人生第一次职业生涯的重要抉择。在社会竞争压力不断增加的当代，无论毕业班学生选择就业、国内升学抑或出国留学，都会在未来面对较大的不确定性，种种利弊因素使得他们难以权衡。进而言之，单就求职地域选择来说，无论他们决定留在高校所在地、回到家乡，还是前往其他城市，都意味着全

然不同的未来个人生活图景，同时也意味着与身边同学、亲友、家人等所有社会关系的再调整与再建构。这种种变化都足以令他们在毕业后花较长的时间去消化适应，而这些截然不同的对未来生活图景可能性的取舍，又必须在相对短的时间内作出决断，这就极易引起毕业班学生的生涯焦虑与迷茫。如果此时再叠加其他诸如学业、人际或家庭关系的压力，就有可能引发他们的心理与情绪危机。

值得注意的是，尽管生涯性危机在临近毕业的学生群体中展现得最为明显，但生涯困扰及其所连带引发的一系列身心困境也有可能在更早的时期（如大三或研二等年级）发生。随着社会竞争日益激烈，许多大学生生涯选择的窗口期也在客观上被动前置。例如，若想要毕业后在企业里寻得一份理想工作，他们往往需要在大三或研二暑假就先寻找赴优质企业实习的机会，这会成为他在未来求职应聘的简历上值得浓墨重彩书写的一处亮点。而若他已打定主意出国留学深造，那么最迟不应晚于大三或研二暑假完成托福、雅思等英语水平考试并取得理想分数。而选择国内考研的学生则大多会在大三暑假时就开始考研科目的第一轮复习了。由此可见，这短短的两个月假期往往负荷着一名学生铺垫未来生涯选择之重。那么他关于生涯定向的考量，也应在大三学期结束前便初步明确。因此，生涯迷茫的困扰绝不仅仅只在毕业班学生身上才能寻见。

此外一个不可忽视的变化趋势是，当代高校毕业生所遭遇的生涯性危机体验越来越广泛而深刻。为了更好地理解这一点，我们将从以下三重视角，即社会期望、同辈比较和关系丧失，尝试进行进一步解释。

（1）从社会期望的角度来看，国内市场经济 40 多年的高速发展，不仅为年轻人的事业发展奠定了外部环境基础，也导致社会舆论将世俗意义上的经济成功和物质追求，定义为年轻人理所当然奋斗目标的题中应有之义。客观来看，市场化的住房、教育、医疗改革，也的确使得物质财富越来越成为年轻人社会生活中不可或缺的稀缺资源，也就成为大学毕业生自走出校园伊始就不得不面对的社会，乃至家庭期望。值得一提的是，这一社会共识与

20世纪末推行市场化改革之前的社会氛围截然不同。因此，这也使得当代的年轻人与他们父辈的社会体验之间存在一条难以逾越的鸿沟。所以许多学生的父母单从自身年轻时的个人体验出发，是无法真正理解他们的孩子在走出校门后所面对的社会期望压力对他们来说意味着什么。举例来说，许多大学毕业生在走出校门之后，会将30岁定义为下一个标志性的生涯节点。他们通常会将两千年前孔子所设立的"三十而立"定为目标，世俗化地定义为"经济独立，不再依赖原生家庭，在工作地拥有一套自己的住房，同时完成结婚成家的人生大事"。对于即将迈出校门，心气尚高的高校毕业生来说，以上三十而立的目标已属最低要求。而这就使得毕业生们不得不面对一个悖论性的生涯选择困境：单纯从求职和事业发展的角度来看，留在就读高校所在地或邻近省内大城市，会获得更多的优质工作机会，与更为有帮助的大学师友和同学建构社会关系网络。这些都有助于他们在未来取得更高的事业成就。但另一方面，逐年攀升的大城市房价与婚恋、生活成本，使得有志于在30岁前实现经济从原生家庭完全独立，并建构自己的婚姻家庭生活成为他们中大多数人可望而不可即的镜花水月。即使原生家庭有足够的经济实力，可以帮衬子女完成在大城市的置业成家，一些年轻人也需面对没有完成实质上的"三十而立"而导致的自我挫败感和对父母的内疚自责情绪。他们中的大多数人或许会在30岁时完成与自我的和解，安然地接受这一生活现实。但是对即将迈出校门，心气尚高的高校毕业生来说，他们依然抱着"三十而立"的生活期待，却又能看到这种生涯理想的现实困难，所以常常进退维谷，左右为难。

（2）从同辈比较的角度来看，相比于其他年级的高校学生所面对的同辈比较压力，毕业生所面临的同辈比较局面会更为纷繁复杂。这种同辈比较的复杂性表现为三个维度的心理体验，一是时间紧迫感，二是现实落差感，三是信息过载感。具体而言，毕业班学生普遍面临需尽快确定毕业后生涯定向的任务情境，但个人不同的基础背景和生涯选择会导致他们落实毕业去向的具体时间上存在先后之别。而这就会给许多落实去向较晚的毕业生带来不同程度的同辈比较压力。比如同一个班级中希望在国内升学读研的同学中，必然有人能在秋冬学期开始不久后就确定了保研去向，而更多的学生则需要通过 12 月底的考研才能走向读研升学之路。如果已落实保研的同学和正在艰苦备战考研的同学平素关系很近，甚至本身就是室友，考研的同学无疑会平添一份压力。类似的状况还会发生在求职群体之中。获得用人单位录用、落实工作必然会有早有晚。在秋招中一无所获的学生，在满腹无奈与焦虑之中等待春招的机会时，听闻室友和班上同学们一个一个都落实了工作，他的时间紧迫感和生涯焦虑感无疑会深受同辈比较的刺激。而从现实落差感的维度来说，虽然整个大学阶段学生都会充斥于各种人际比较和落差感之中，但是毕业班学生感受到的落差感会更为清晰和强烈，因为这种同辈比较的落差不再只是基于模糊虚幻的分数绩点，而是现实职业生涯的优劣差别。当一名毕业班学生工作尚无着落时，本就会产生对自身生涯发展的忧虑，和对自身能力素质的怀疑与挫败感，而此时发现身边同学面对的烦恼却是在一堆优质录用通知中难以挑选出最适合自己的那个时，他的内心落差所引起的焦虑感和挫败感自然会显著提升。但换一个角度思考，是不是这些手握诸多录用通知的优秀毕业生就不会体验到生涯焦虑和茫然感呢？自然不是，他们的烦恼同样是真实存在的。这就是毕业班学生群体在同辈环境中会感受到的第三种典型体验——信息过载感。只是因为这些学生各方面素质的优秀，也就使得他们相较于他人会获得更多元的生涯选择机会。一些毕业班学生可能手里既拿着本校保研的资格，又握着优质企业录用通知，或者国外名校的录取通知，同时还在积极地备考公务员考试。当条条大路都指向光明时，反倒令他们难以取舍，因为那些被他们放弃的机会本身都是对他人来说珍贵难得的，因此他们做选择时的机会成本比他人更大。而这时由于身边的同学们都面临着相似的生涯选择困境，所以他们会从同辈群体那里获取到海量且多元的庞杂信息。例如，有人会告诉他留在大城市的好处，有人会劝导他回到家乡工作的便利，有人会建议他升学刷学历，有人会劝阻他不要留恋校园的安逸。大多数毕业班学生都是沉浸在这种纷繁复杂，且彼此矛盾的信息海中，不断地进行各种利弊得失的权衡，听取五花八门的意见。这就容易造成他们头脑中信息的过载，进而产生过度焦虑或其他消极情绪症状。因此毕业班学生在同辈群体中所体验到的压力与落差，焦虑与失衡要比其他年级学生更为强烈。

（3）从关系丧失的角度来看，毕业班学生往往会面临很多的重要人际关系改变甚至丧失。这个过程通常都会在一段时间内给学生带来明显的消极情绪体验。特别是当其中一些重要关系的改变是学生自己出于生涯发展的考量，不得不做出的主动取舍时，他们内心则更容易产生自责内疚的感受，甚至陷入自我怀疑的认同性危机之中。首先，从客观来看，毕业通常意味着相处多年的同班同学和室友即将星离云散，各奔前程，因此毕业班学生会被动地面对大量的离别情境和重要关系的丧失，整个班级充斥着离愁别绪。而在此背景下，一些毕业班学生可能还会面对更为纠结的关系取舍考验。例如，当校园情侣在毕业时面临一方出国留学，一方留在国内的生涯选择分歧时，会有许多情侣最终选择分手。甚至不需要如此极端的情景，在高校的实际工作中，我们发现即使是在国内面临毕业后异地的处境，甚至无需异地，毕业后仍在同一城市中生活的背景下，依然会有大量校园情侣在毕业前后选择分手，主动结束关系。因为校园生活环境与毕业后的社会生活处境本身就有着天壤之别。适应校园环境的恋爱互动关系未必能适应毕业后的工作生活环境。加之进入毕业班后，两人都需要进一步规划生涯发展方向，这时就有可能发生自身生涯规划与亲密关系发展难以相融的困境，如果两人情感关系本身建立得不够稳固，则有可能出现难以弥合的矛盾与分歧，最终导致恋爱关系破裂。这种情境又会被学生觉知为为了自己的生涯发展，而放弃了恋爱关系或被对方放弃，进而会产生一系列的消极情绪感受。其次，毕业后是否回乡的选择，会进一步影响到学生与原生家庭之间的关系。因为即使是异地读书，由于学生阶段有寒暑假的存在，每年学生依然可以有大量时间待在原生家庭之中，依然有与父母频繁互动的机会。此外，学生读书阶段，经济上对原生家庭的依赖，以及父母对其毕业后回乡的想象，使得父母倾向于与子女维系原有的亲子互动与情感关系。但是当学生在毕业后真正选择留在外地工作、定居，真正开启了自己的独立生活后，与原生家庭的亲子关系则不可避免地发生某些改变。平心而论，这种亲子关系的改变并不是单维度地从此变得疏离，从某个意义上来说，这是一种当代成年子女与暮年父母亲子关系的再建构。但从主观体验的角度来看，子女和父母都会在相当长的一段时间内体验到孤独与不适。父母所体验到的不适感受又可能会以不同的形式反作用于子女身上，令其感到内疚和矛盾。这些又会在主观上被选择了外地定居的毕业班学生觉知为是为了个人的生涯发展，而舍弃了与父母生活在一起的伦理两难抉择。

因此当这些不同维度、不同层面的关系取舍、关系丧失体验纷至沓来时，许多毕业班学生一时之间可能很难适应，以致产生种种情绪困扰，乃至心理危机。归根结底，这些困扰与危机都是毕业班学生必然会面对的生涯性危机处境中的不同表现。

二、本科毕业生与研究生毕业生危机主题差异分析

正如本科新生与硕博士研究生新生所面对的是截然不同的校园适应情境一样，本科毕业生与硕博士研究生毕业生在学校的最后一年里所面对的典型心理困境也有着相当大的区别。前一条着重描述毕业班学生在面对就业、升学或出国等不同生涯选择时的心理困境相对而言更适合表征本科生群体。因此本条将重点探讨研究生群体在面对毕业时遭遇的心理危机困境，以及这种困境与本科毕业生的具体差别。

在探讨研究生毕业班学生群体的心理困境之前，有必要先梳理清楚，通常意义上的研究生群体相较于本科生而言，其校园生活状态本身的差异。正如前文在描述研究生新生的校园生活适应困境一条中所提到的那样，研究生的学业任务安排不再单纯侧重于专业课程学习，而是紧密围绕导师科研规划及其课题组的研究任务而展开。因此，研究生自身的科研进展是否顺利，导

师分配的科研任务是否完成，以及自己科研成果是否有所产出，这些因素都是研究生整个读研生涯阶段核心关注的学业议题，而且通常也是他们能否达到要求，顺利毕业的重要前提。

所以这里就出现了研究生毕业生与本科毕业生所遭遇毕业困境的第一个重要差别，即在毕业准出标准上的不同。本科生更为关注的是所修读课程获取学分总和是否达到毕业要求，有无必修课程尚未取得学分，即通常所说的挂科。而研究生在课程学分上面对的压力则一般较轻，他们更加关注的是所产出科研成果是否达到学校或院系的基本毕业要求；自己的毕业论文是否合格，能否顺利通过答辩及外审，以及一个带给部分学生强烈心理压力与困扰的隐含条件，即自己在科研工作中的投入是否令导师满意，同意其毕业并申请学位。这就是研究生毕业生的两个心理困扰/危机情境，即毕业难度与导学关系困境。

从毕业难度的角度来看，本科阶段的毕业准出标准，侧重于考查学生对专业课程基础知识的掌握，课程考核大多属于基础知识的"水平性测试"，而非难度更高的"选拔性测试"。即使是本科生的毕业论文或毕业设计答辩，考核侧重重点也在于对学生基础专业知识掌握与基础技能熟悉程度的测试。所以，严格意义上来说，本科生毕业考核的通过率是属于可控，可预测的。但研究生，特别是博士研究生的毕业准出标准则大为不同。因为他们的学业任务是未知领域的探索性研究，面临着更大的不确定性。对于许多专业，特别是理工科专业而言，研究生跟随导师苦心孤诣多年的科学研究未必都能够在预定的时间内取得预期的理想结果。这种对能够顺利通过毕业考核的不确定性，还表现为大多数学分已修满的本科毕业生在大四这一年中几乎不会担心自己无法毕业，可以将更多的精力放在探索未来生涯发展路径上；而许多即使过往学业表现优异的研究生，在完成学位论文送审及答辩前，也常会忐忑于不确定是否能够顺利通过。这种不确定感又会在很大程度上影响他们未来生涯规划的心理状态。因此，研究生毕业的难度和不确定性通常要明显高于本科毕业生，他们承受的情绪压力，乃至心理危机风险也更为突出。

从导学关系困境的视角来看，研究生群体能否顺利毕业，一般取决于能否获得导师认可。从理论上讲，导师判断研究生是否达到毕业要求，主要依据他们对学生科研能力作出的客观评估。但事实上，影响导师判断和决策的依据可能有很多，包括学生是否按质按量完成导师安排的科研工作和课题任务、学生是否有产出令导师满意的高水平学术成果、学生的科研与毕业论文专业方向选择是否符合导师心意，甚至包括导师对学生能力与态度，乃至导学关系的主观感知与评价等。由于这些判断标准受导师的主观因素影响很大，因此经常会令部分学生感到困扰。特别是对于那些原本就存在人际关系敏感，或畏惧权威等心理困扰的学生来说，如何理顺与导师的关系，平衡导师期望与自我规划间的分歧，变得尤为困难。对于他们来说，导学关系的压力或许在整个读研阶段都会不同程度存在。但关系矛盾的最终爆发往往存在于研究生的毕业季期间。这一导学关系困境只存在于研究生群体之中，因此也是与本科毕业生心理危机情境的不同特征之一。

概括地说，无论是从毕业准出的难度，还是导学关系困境来看，研究生群体在考虑毕业后的生涯规划之前，无疑要比大多数本科毕业生多面临一个巨大考验，即自己能否顺利并按时毕业。由于"能否顺利按时毕业"这一现实压力源，在特定时间段内（毕业季期间）给研究生带来的不确定感与时间紧迫感强烈，因此研究生群体在毕业季的情绪与心理健康状态更需要得到高校管理者的关注。

研究生与本科生在毕业季所面临的心理危机情境差异，不仅在于研究生毕业难度和不确定性更高，同时在于两个毕业生群体在面对自身生涯规划时的困惑主题也有所差异。简单而言，就是毕业生学历越高，生涯方向的选择就越少。当然，生涯方向的选择越少未必意味着心理压力和困惑就越大，对于部分学生来说可能恰恰相反。但无论怎样，这确实是不同学历阶段毕业生群体在生涯选择上所面临的不同情境。

具体地说，本科毕业生在考虑生涯发展方向时，除了可以选择就业外，还可以选择继续深造。进而言之，在就业这一大方向上还可以分出不同的求职思路，如是否选择与本专业相关的工作等。而在继续深造的道路上，也可以选择延读本专业，或跨专业考研。而从深造动机上来看，读研/留学的相似选择背后，学生的动机也各不相同。一部分学生的确是出于对专业的热爱，希望可以进入专业更深层、更前沿的领域学习；一部分学生则是考虑到就业形势与压力，而通过读研刷学历提升自己在未来求职市场中的身价。不同的深造动机又会影响本科毕业生对读研学校与专业的选择。总之，本科毕业生的面前有太多的道路可以选择了。但到了硕士研究生阶段，毕业生的生涯选项就少了很多。

首先，最明显的就是继续深造（攻读博士学位）这一选项对大部分硕士生来说变得不再有吸引力。这是因为，一方面，博士生的科研和毕业的压力与风险通常高于硕士生；另一方面，单纯从就业市场的需求来看，绝大多数对特定专业科研要求不高的企业和单位并不愿意为具有博士学位的应聘者支付高额溢价。因此，对于并非想走专业科研道路的大多数硕士研究生来说，深造读博这一选项已无须考虑。其次，单就求职应聘这个方向而言，硕士生也比本科生少了很多选择。其核心原因在于硕士生比本科生多花了两三年在专业学习上。因此在考虑具体就业领域时，这些就成为硕士生不得不考虑的沉没成本。换言之，相较于本科生可以相对更无心理负担地选择与本专业全不相干的工作，研究生则难以舍弃本专业，倾向于选择与本专业相关的工作领域。

不过这里有三点需要强调。一是硕士生的选择更少，并不意味着硕士生可获取的就业机会更少，通常企业和机关事业单位都会为硕士生提供比本科生更有竞争力的薪资待遇与发展机会。二是这里所指的硕士生选择更少，主要指的是工作所处的专业领域背景。硕士生更容易在本专业相关的领域中挑选工作机会，而本科生跨专业求职的心理成本低。事实上，单从就业机会来看，有许多职位可能只会面向硕士生以上学历开放，所以硕士生面对的就业机会绝对数，未必真的比本科生低。三是并非所有硕士生都一定会选择本专业相关的工作。这不仅取决于学生本人的个人因素和意愿，也受不同专业背景影响。例如，通常来说，一些专业门槛较高的理工科硕士生可能会倾向寻找专业相关的工作。而博士毕业生求职时的工作领域选择范围，就变得较为狭窄。对于大多数博士生来说，高校及科研院所是最理所当然的道路。但问题是部分博士生在读博期间，对于科学研究的兴趣和热情或许已经被枯燥繁重的科研生活磨灭掉了。而等到他们好不容易得以顺利毕业时，发现前方似乎只剩留在高校或科研院所做科研这一条康庄大道了，因为其余的职业选项则都意味着之前大量沉没成本的浪费。而这时就极有可能引发这些博士毕业生的生涯焦虑与迷茫。这些消极情绪不加排遣，甚至可能积累酿成心理危机。

此外，研究生毕业生与本科毕业生的年龄差别较大。而不同年龄段的个体进入职场时所面对的生涯发展议题和生涯期待也有较明显的差异。这就意味着不同的毕业生群体在规划自己的生涯发展时考量因素会有较大差别。例如，对于平均年龄 22 岁左右的本科毕业生而言，距离他们"三十而立"这个社会心理发展预期重要节点尚有七八年。因此他们可以相对从容不迫地将更多精力置身于职业发展中，在权衡利弊时更看重有利自身职业生涯发展的因素，而非个人情感与家庭关系因素。他们可能会更倾向于在外乡大城市求职，而非回到家乡，回到父母身边。这就与研究生毕业生群体形成鲜明对比。年龄的增长使得他们能够挥洒在职场基层慢慢历练成长的时间成本变得更为高昂，因此许多研究生毕业生对于职业生涯发展会更为急切，甚至是焦虑。而当他们在考虑就业选择时，也需要更多考虑自身成家或家庭关系因素。因此，会更容易出现为了和恋人共处同一城市，或为了回到父母身边等情感关系因素而做出职业选择。需要权衡的利弊得失因素变得更多，加上自身年龄导致职场发展的时间成本提升，使得研究生群体比本科生普遍面临更复杂和沉重的生涯发展困惑与焦虑，也就更易引起情绪与心理困扰，甚至是心理危机。

综上所述，研究生毕业生所面临的毕业困境与本科生有很大的差别。这种差别表现在研究生通常会承受更大的毕业压力。不同学历阶段的毕业生所面对的就业选择范围也不同，学历越高的毕业生越倾向于寻找本专业相关的工作。研究生群体由于自身年龄偏大，他们在职场发展的时间成本比本科生高，同时需要权衡更多的个人情感与家庭关系因素，因此研究生毕业生普遍面临比本科毕业生更为繁杂沉重的生涯性危机情境。

第三节 高校学生的学业性心理危机

高校学生最核心的任务是在大学里完成学业。因而学业困扰是大学生群体在校园生活中最容易遇到的心理困扰问题之一。但是由于不同学历阶段，以及不同学科专业背景的高校学生，所面对的具体学业任务和困境截然不同，所以我们很难笼统地总结高校学生所面临的学业困扰，将之简单地一概而论。但受篇幅所限，我们也无法针对每一个专业特定的学业要求和困难做具体的特征分析与差异比较。因此，本节将选取相对偏中观的视角，着重辨析人文社科专业学生与理工科专业学生这两大类群体最常遇到的学业困扰情境，并选取医学专业学生，这一相对特殊的专业群体作为代表展开讨论，力求展现不同学科背景高校学生遭遇学业性心理危机的不同面貌和具体困境。

一、人文社科学生与理工科学生的心理危机主题差异分析

首先需要澄清的是，将高校中的大多数专业归入人文社科和理工科两大类中，这在学科分类体系中是极为粗疏与不准确的。根据 2011 年 3 月国务院学位委员会和教育部颁布修订的《学位授予和人才培养学科目录（2011年）》，我国可授予学位的学科门类共有 13 科，分别为哲学、经济学、法学、教育学、文学、历史学、理学、工学、农学、医学、军事学、管理学和

艺术学。① 按照一般通俗理解，哲学、文学与历史学为人文学科，经济学、法学、教育学与管理学科归入社会科学，理学与工学中的诸多专业合称理工科。这两大学科门类中的学生数量最为庞大。除此之外，尚有农学、医学与艺术学等专业相对独立，无法归入人文社科与理工科的类别范畴。这是在开启本节的探讨前需梳理清楚的学科概念类属。

尽管人文社科、理工科这两大门类内部的诸多专业本身差异也非常大，但是从学生专业学习方式与主观感受的视角来看，它们可能存在某些共性的差异。正如前面所述，对基于学科背景的专业学习困扰进行的归纳探讨是较为简单的，它往往忽略了大多数学生在面对自身学业任务时的具体困境。但这种分析和归纳依然有意义，因为它可以提醒高校管理者和教育工作者更好地站在学生的视角去感受学生对自身学业困境的主体性体验。具体地说，下文将从三个方面来探讨人文社科与理工科专业学习困境中存在共性的类别差异，即专业学习的难点、专业研究的难点和对专业价值的认同。

首先，从专业学习的角度来看，人文社科类的学生和理工科学生所面对的是完全不同的学习场景。工作中我们会遇到一些教师和学生，在讨论这种差异时，会简单地断言，理工科学生的学业难度要普遍高于人文社科学生，因此理工科学生的学业压力更大。而事实上，这种论断虽然得到了一定的事实依据支撑，但依然有所偏颇。更准确地说，并不是两类学科专业的难度有高下之别，应该是两类专业的学业难点有所不同。而这种学业难点的不同使得学生的学习体验与客观上的毕业难度有了显著差异。一般来说，理工科专业在知识学习中更加侧重个体的逻辑推理能力、抽象概念的理解速度、数字敏感与分析能力，以及几何/复杂空间想象能力等非常依赖流体智力水平的能力因素。因为流体智力因素一般认为是个体的先天禀赋，后天的练习与知识积累对其影响并不太明显。但是理工科专业知识与演算路径的熟练掌握又

---

① 2021年1月，国务院学位委员会、教育部印发通知，决定设置"交叉学科"门类。"交叉学科"成为我国第14个学科门类。

极大依赖于大量的思维训练。因此，许多理工科学生所面对的典型学习场景即课堂上充斥着大量难以理解和记忆的知识与理论推演过程，需要反复推敲思索才能消化。课堂外又充斥着大量的作业练习，不仅费时费力，而且如果对专业知识理解或掌握不牢，甚至可能无法顺利完成作业。加之理工科许多专业课程的考试难度较高，考核通过率明显低于大多数人文社科类课程。因此，从日常学业难度和课程考核通过率的角度而言，理工科学生的专业学习难度显然更高。当然这并不是说人文社科类专业课程对学生就没有难度，只是难点之处不同。因为许多人文社科类专业，如文学、历史学、社会学等侧重于学生通过获取并记忆大量知识文本信息，学习了解诸多经典理论，进而能在头脑中建构出该学科的基本知识框架，掌握其基本理论范式。进而熟悉其学科特有的专业思维模式，为将来的深入研究打好基础。所以这些学科专业的学习难点在于繁重的知识记忆工作和对大量零散知识信息节点的梳理串联。一些人文学科，如文学专业，甚至需要学生在掌握现有理论的基础上尝试进一步的作品创作，而这就侧重于培养学生的创造性与发散性思维。因此如欲真正扎实掌握一门人文社科类专业学科的基本知识，需要课内课外大量阅读、思考与记忆工作，同样殊为不易。只是在具体课程的考核时，人文社科类专业倾向于知识记忆的检核与对学生主观性论述的评价。因此单纯从考试通过率的视角来看，人文社科类专业课程普遍要比理工科课程难度低。

其次，对于研究生群体而言，学科专业知识的学习已不再是唯一的重点，专业研究能力的锻炼与培养变得更为重要。而在专业研究工作中的难点上，理工科与人文社科类专业学科也有较大差异。当然，学科具体的研究范式差异不仅存在于这两大门类之间，其实不同学科、不同专业方向的研究范式同样天差地别。因此，下文并无意于分析不同学科研究范式的差异，而是会从文理两大类学生在研究工作过程中可能会遇到的一些典型难点差异进行概括性描述。对于理工科学生来说，在专业研究中紧跟本领域当前最新的研究进展是他们在开展研究前期工作，以及进行文献综述时的核心要点之一。而这里的难点在于学生是否熟悉国内外的各类学术网络搜索引擎，是否能及

时跟进本研究领域内国际最前沿的研究动态。而对于许多人文社科专业学生
而言，学界最新研究成果固然很重要，但对本学科历史上的传统经典与权威
理论的熟悉有时会更加重要。因此对于他们而言，在进行文献综述时，除了
要追踪学界前沿动态外，对相关领域基础理论知识的博闻强记和融会贯通则
显得非常关键。除了研究前期学术关注点的差异外，文理两科在研究过程中
的另一个显著差异在于，理工科研究大多依赖于实验实证，因此实验过程中
存在成败风险与不确定性。所以学生常会在实验结果尚不明朗的研究过程
中，体验到强烈的担忧焦虑与心理压力。而与此相对应的是，由于理工科实
验都是基于客观物质世界的规律展开的研究，因此当研究成果顺利成型后，
后续论文写作与答辩工作则会相对轻松一些。因为对物质客观规律得出的科
学结论，其研究价值也是相对容易得到公认的。而一些不使用量化实证研究
方法的人文学科的研究则显现出截然不同的特点。由于人文学科侧重于对某
一人文学术领域及抽象概念展开极具思辨性的探讨与主观分析，所以学生在
研究过程中不太会遇到理工科量化实证研究时那种强烈的不确定性与成败风
险。只要学生的论述逻辑能够自洽且周密，基本不会出现研究失败的情况。
但是更多的压力与不确定性风险则出现在学生的研究完成后的送审和答辩过
程中。由于人文学科的研究强调研究者主体性视角的思辨，因此其研究结论
相对更易产生争议，研究价值是否重要有时也会因人而异。所以部分人文学
科的研究生可能会在此处体验到足以诱发心理危机的消极情绪压力。

　　最后，不同学科的学生对本专业价值的认同程度，可能会受到社会舆论
等外部环境因素的影响。在商品经济时代，社会舆论对某学科专业的价值判
断，会趋向于权衡其在就业市场上经济回报的投入产出比。而从这个视角来
看，虽然传统观点一般认为理工科专业毕业生的就业前景要好于人文社科专
业学生。但实际上同一学科门类内部不同专业的对口就业状况差异也很显
著。例如，理工科内部计算机科学、软件工程等专业和社科类内部经管财会
类专业的市场需求和薪资前景被社会公众普遍看好。而从实际情况来看，修
读这些专业的高校学生的确更少会质疑自己的专业选择和专业价值。这一专

业价值判断的倾向还可以从高校学生转专业的趋势中得以体现。所以也会有许多本科毕业生，通过跨专业考研的方式来趋向他们心目中的高价值专业。但是高校里能够成功转专业的学生毕竟只是少数，所以大部分对本专业价值不认同的学生可能会在很长一段时间内困惑于专业认同的问题。另外，刨除就业前景的因素来看，在专业认同问题上深受困扰的学生群体中还存在一种典型情境，就是专业期待的落差。具体而言，就是一些学生在入学选专业或跨专业时，出于自身对某一领域的兴趣爱好，而对此专业产生许多积极想象，进而选择了这一专业。但是真的入学修读后，发现本专业实际的学习体验和自己先前的期待大相径庭，落差很大。这就会令他们陷入一种对自身选择的懊悔和专业前景的迷茫感。

概括来看，对于本科生来说，理工科学生可能会比人文社科类学生在课程考试与能否顺利毕业上体验到更多的压力与困难；对于研究生而言，两大学科门类的学生会在研究过程的不同阶段中体验到不确定性与压力；高校学生对本专业价值的认同受社会舆论对专业就业前景评价的影响，许多原本对本专业抱有强烈期待的学生可能会在学习过程中的某个阶段体验到期待落差，进而产生专业迷茫的困扰。

二、特殊学科学生的心理危机主题特征分析：以医学生为例

前文提到，将大多数高校学生的专业归入理工科和人文社科两大类是很粗浅的划分方式。事实上有许多专业门类无法纳入这两大类中，如医学类专业和艺术类专业等。这些专业学科的教学方式与过程和传统意义上的理工科专业、人文社科专业有非常明显的差异，因此学生在学习过程中所面临的具体压力情境也大相径庭，前一节对两大类专业学生的学业困境与心理危机主题的分析也就不再适用于这些专业的学生。而一般认为，医学生所面临的学业强度与压力要明显高于艺术类等其他专业门类的学生。因此，本条将具体对医学生这一特殊而又庞大的专业学生群体所面临的具体学业困境展开探

讨，以期帮助高校管理者更好地理解医学生群体普遍的学业压力与心理处境。

根据教育部《普通高等学校本科专业目录（2020年版）》所归纳的专业类别，医学类是十三大学科门类之一。医学类专业主要有临床医学、口腔医学、预防医学、针灸推拿学、基础医学、中医学、药学、药物分析、药物化学、临床药学、医学影像学、医学检验技术、康复治疗学、眼视光学等。其中以临床医学专业的学生群体规模最大。在社会大众的传统认知中，医学类专业与理工类专业更为接近。因为医学专业理论的上游基础学科如生命科学、生物学等专业属理学学位，生物工程等专业属工学学位。而除中医学外的医学类专业在传统高考招生中偏向招收高中理科学生，因此社会大众会对医学专业有此认知。但实际上，尽管医学生在专业学习过程中，的确需要生物学、化学等理科基础知识背景的积累，但与生命科学等理论研究型专业不同，医学专业有非常强的实践属性，在对学生的培养方案中注重锻炼他们的实操动手能力，会在课程设置中大量安排专业实践学习内容。而这就给医学生带来了与一般理工科学生截然不同的学业挑战。另外，与一些人文社科类专业学生相似的学习体验是，医学专业中有大量需要记忆的专业名词和概念体系，需要花费学生大量精力去背诵熟识。而这也与强调对知识进行理解掌握的理工科专业有所区别。因此归总来看，医学类专业课程既强调学生对基础自然科学的理论知识理解掌握，又要求学生对大量专业名词概念进行背诵记忆，同时有很强的专业实践要求。由于在本科阶段大多数临床医学专业对学生专业知识掌握的要求都是通识培养，并不过早地强调具体分科方向，因此学生普遍要学习"内外妇儿"等几乎所有的基础医学门类知识，导致医学生在课程学习中普遍面临很大的学业压力。

而除了医学类专业本身的知识广度和难度对学生造成较大学业性心理压力之外，医学生常见的心理困扰还包括以下三个方面，即生理反应挑战、医患关系挑战和长程学习挑战。

首先，临床医学专业通常会设置动物实验，乃至人体解剖实践等课程，以期让学生更好地了解人体组织结构。此外，在医院轮转实习期间，又常常不可避免地接触到现实病患的血污、分泌物、呕吐物，乃至外科手术中的脏器组织等极易引起自身生理不适的挑战。对于大部分医学生而言，这个生理不适期是可以顺利度过的。但对于一些本身即对血腥、人体内组织或污物有难以克服的过度排斥敏感的学生来说，这些在专业学习中绕不过去的挑战就对他们构成了极大的心理压力。往往他们很难寻求同辈或师长的理解和支持，常常只能获得"习惯就好了"之类的安慰回应。进而言之，这些易引起生理不适的刺激性场景，甚至可能会诱发少数原本就有心理障碍的学生出现强烈的情绪扰动，自我怀疑，乃至心理危机症状。

其次，医学生在大四、大五年级阶段，往往需要经历在医疗机构的专业实习。在此过程中，医学生需要在临床直面真实的病患，在主治医生的指导下，参与对形形色色病患诊断治疗的过程。而在目前阶段国内和大多数三甲医院就诊量巨大，医生工作强度高，病人就诊体验拥挤的现实背景下，医学生往往受到一些病患及家属更多的质疑与挑战。相较于在大学校园中安心读书的大多数专业学生而言，医学生在实习中很早就需要经历复杂的人际关系工作处境。而他们被要求在此过程中不断调整自身情绪与心态，学习妥善处置医患沟通矛盾，这对于本就缺少社会经验的大学生，特别是本身就不善社交，不善与人沟通的学生来说，无疑是很大的心理压力源。加之近年来社会充斥着医患矛盾激烈，伤医杀医案频发的新闻。这除了导致医患之间彼此更难建立信任关系，给医学实习生提出更高的挑战外，还使得许多医学生对于本专业的价值判断和工作前景产生了广泛的质疑和动摇。而这可能会引发部分医学生的生涯性困扰，乃至危机。

最后，与大部分本科专业四年学制不同，临床医学类专业大多都是五年制。且对于高水平大学的医学院而言，医学生本硕连读、硕博连读的情形更为普遍。在学历教育顺利完成之后，大多数医学生在寻求医生的职业化发展道路时，还需经历规培、专培等一系列继续教育的学习要求。因此医学生一般会比其他专业的同学段学生经历更长的学程。这自然是医学工作本身的实践性、专业性与严谨性的体现。但对于寒窗苦读多年的医学生而言，这就意味着他们若想在毕业后从事专业工作，就需要经历更久的学习实习期。在这段时期内他们没有固定的工作职位，收入水平也远低于其他专业就业的同龄同学，甚至经济上依然需要依赖原生家庭。在实习培训的过程中他们还需要经历很多的专业考核，面对较大的生涯不确定风险。因此过长的学程也会给医学生带来较多的不确定与生涯发展性压力。

综上所述，医学专业学生群体普遍处在一个特殊的学业情境中。一方面，他们在专业学习中，既需要掌握生命科学等理工科类基础课程，又需要像人文社科学生一样记忆背诵大量医学名词概念，还需要花很多时间和精力参与到临床实践的学习活动中；另一方面，他们既要经历临床工作中自身生理不适反应的考验、处理复杂医患关系矛盾的难题，又要面对长程学习导致的经济压力和生涯不确定性压力的挑战。这些复杂的因素共同构成了医学专业学生普遍面临的学业性困境，需引起相关专业院系教育工作者和学生管理者的关注和重视。

三、高校学科生态背景下的专业前景差异对学生心理危机的影响分析

拥有一定的优势学科是一所大学的基本载体和重要依托。因此，从高校内部的学科建设与学科生态的角度来看，一所高校的不同专业之间一定存在优势学科与弱势学科的差异。而从更高一层的社会大生态角度来看，普遍意义上的不同学科专业之间似乎也存在以不同价值维度划分的优势与弱势学科差异。举例来说，如果是从本专业就业市场与薪酬待遇回报优劣的角度来分析，金融、商科相关专业与计算机、软件科学等专业都是近年来就业层面的热门选择。这一点从同一高校内不同专业的高考录取分数线差异就可见一斑。而从另一个角度来看，社会大生态背景下的热门专业，与高校内部学科生态背景下的优势学科之间的交叉关系，往往更为复杂。这也使得专业前景

对学生心理危机风险因素的影响需要针对具体情况具体分析。

例如,尽管金融学专业、国际贸易专业等属于社会大生态背景下的就业热门专业,但是一所理工大学的这些专业很可能在学校内部属于弱势学科,因此这些专业的学生就业前景远不如机械工程等本校优势学科的学生光明。这种学科生态优劣的交叉所带来的学生毕业后就业或生涯前景的错配,有时会给一些学生带来困惑与矛盾。如果他们没能清晰地意识到这种错配关系,就很有可能给自己定下不切实际的生涯发展目标与规划。例如,即使是一流大学内部也存在就业冷门专业与就业热门专业的差别。这些专业的毕业生平均薪资水平的差异甚至可能在数倍以上。如果冷门专业的学生事先对此理解不足,就有可能在毕业求职季感受到强烈的心理失衡与自我怀疑情绪。又如,某些高校虽然整体学科建设水平一般,毕业生在企业的求职前景也一般。但是某几个基础学科属于业界公认的优势学科。由于在社会大生态内,大多数基础学科的就业前景本身就不如某些应用类学科。因此如果该校的优势学科本科生如果在不了解这些学科生态背景的情况下,看到校内其他专业的学生与本专业的学生在企业求职时的薪资待遇差不多,都不甚理想时,往往就容易对自己的专业发展前景丧失信心。但实际上,优势基础学科的学生如果选择专业深造,或许就会看到另一番天地。

因此,若欲避免所谓冷门专业或弱势学科的学生因自身所学的专业前景不明而出现生涯性心理危机,学校就需帮助学生更好地了解和思考社会大生态与高校内生态等不同背景、不同维度和不同价值取向上的学科生态差异与专业发展前景问题。

| 第三章 |

高校学生心理求助机制分析

第一节　高校学生心理求助意愿

上一章从心理危机种类与成因的角度分析了国内高校学生的心理困扰与心理危机出现的形态。从理论上说，高校可以此为据创建并推广学生心理健康宣教帮扶与心理危机干预工作。但从实际工作成效的角度来看，仅仅了解学生心理困扰的特点还不够。因为从学校层面出发的心理帮扶工作思路与学生层面的心理求助意愿和需求往往难以恰然匹配。这就容易导致学校心理健康工作事倍功半，难以满足学生真实心理需求。因此，若欲避免这种情况发生，能够精准对接学生的真实心理需求，我们需要细致分析当代大学生的心理求助意愿特点，继而有针对性地建构帮扶策略，这样才能更好地提升工作成效。

一、心理求助与求助意愿的定义

国外有心理学家将心理求助行为定义为一种主动寻求他人帮助的行为，通过与他人交流获得针对困扰和压力的理解、建议、信息、治疗和普遍支持。国内有学者认为，心理求助是当个体遭遇心理困扰或障碍时，向他人寻求帮助以达到解决困扰的目的的过程。所以一般而言，心理求助会被理解为一个行为过程。心理学家江光荣等在对心理求助过程进行研究时，提出了"阶段—决策模型"的理论建构。① 这一理论模型将心理求助视为一个内部决策过程。这个决策过程由一系列先后相继的反应构成。完整的过程可以分为三个阶段，在每个阶段有不同的决策内容。阶段一为"问题知觉阶段"，就是意识到自己的心理可能有了一点问题。阶段二为"自助评估阶段"，其中有几个变量会影响自助评估的结论，一是个体所希望的缓解目标；二是问题严重程度判断；三是个人所具有的应对资源判断。个人应对资源的判断，主要是指当事人对自己解决或应对所遇困难的能力和经验的判断。阶段三为"他助评估阶段"。他助指当事人寻求一切自己之外的力量来帮助自己的行为。

心理求助往往是在个体遇到自己解决不了的问题之时，主动向他人求助的过程。所以，有必要对心理求助阶段—决策模型的第三阶段展开进一步的分析。所谓他助评估阶段，进而言之可再细分为三个过程：过程一是个体判断所拥有的求助资源；过程二是回忆求助经验，包括个人的求助经验和他人的求助经验；过程三是想象求助后的结果，个体会考虑求助之后对自己的生活、工作等是否会带来不良影响。经历完这一系列的评估后，个体才会作出是否求助他人的行为决策。

换言之，心理求助意愿在这个理论模型中，可以被等操作化地理解为，个体在心理求助的决策过程中，在问题知觉、自助评估和他助评估三阶段分别考量的种种内外部因素所共同影响的主体性心理过程。因此，若想探究心理求助意愿，就必然需要归纳并理解个体在三阶段觉察过程中分别会受到哪些因素的影响。从求助阶段—决策模型可以看出，在实际的求助行为发生前对所遭遇的心理困扰进行评估是必不可少的一步。其中，评估可能包括心理

---

① 江光荣、夏勉：《心理求助行为：研究现状及阶段—决策模型》，《心理科学进展》2006 第 6 期。

困扰的类型、问题的严重程度、持续的时间和自我解决的把握等。对问题的觉知程度不同，采取的对策也会不同。并且当事人在决定是否进行求助时，人口学变量、社会文化因素、经济地位，以及当事人的人格特征因素等，这些都会对他们的心理求助意愿起影响作用。

一般认为，心理求助路径包括专业性心理求助和生活性心理求助两种。专业性心理求助指的是求助于专业心理咨询机构、医疗卫生机构或社工组织机构等专业人员。生活性心理求助指个体求助于自身所处生活世界中的社会关系网络及相关人员，如父母妻儿等亲人或师长朋友等熟人。不同的心理求助意愿不仅会影响到他们是否选择心理求助，也会进一步影响到他们具体求助于何种路径。这一部分的内容将在下一节中重点论述。本节关注侧重点为影响个体心理求助意愿的因素分析。

二、高校学生心理求助及求助意愿的特殊性

随着现代社会竞争的日趋激烈，心理健康问题在大学生群体中出现的频率大大增加，很多大学生罹患心理疾病。研究表明，大学生群体已经成为心理问题高发人群，其检出率为20%—30%，而心理障碍发生率则达到10%—30%。因此，如何帮助大学生克服心理困扰、保持心理健康，使他们更好地融入大学生活和学习中已经成为我国高校思想政治教育工作的一项重要内容。为此，我国高校普遍设置了心理咨询机构，并且配备了专门的心理教师，为大学生提供专业的心理咨询。然而，许多流行病学调查显示，大学生在面对心理问题时，很少会选择求助于专业的心理咨询机构和精神科门诊，他们大多数会选择求助亲朋好友。然而，一方面具有心理问题的大学生需要及时专业的心理咨询，另一方面他们却很少主动向专业的心理咨询机构求助，使其不能及时发挥效能。这就是当我们分析当代高校学生心理求助意愿时，需要正视的问题。为了更好地理解这一现象。本条将从以下两个方面来论述高校学生求助意愿的特殊性。

第一，高校学生本身年龄阶段的特殊性，使得他们会面临更多的心理困境，且往往难以及时寻求到除同辈群体外的社会性求助资源的帮助。具体来看，我们说高校学生，特别是大学生的主体人群，即本硕阶段的学生，大多集中在18—25岁的年段阶段。从发展心理学的角度来说，这个年龄段的学生一般会被归入青年早期阶段。按照埃里克森的人格发展八阶段理论来看，这个年龄段的学生正处于自我同一性稳固与成年亲密关系建构的双重发展阶段。因此，高校学生往往会面对恋爱交友情景中的一系列问题，而且这些问题往往会与自我认同危机相联结，构成更复杂的心理困境。例如，大学生群体在面对失恋等亲密关系问题时，很容易将这种恋爱受挫感延伸为对自己内外在价值或能力的怀疑，进而陷入更深的自我认同危机中。

第二，高校学生所处环境的特殊性，使得学生虽然可以更加便捷地获得专业的心理咨询服务，但更倾向于寻求同辈群体的支持。从国内高校学生的实际状况来看，高校学生在步入大学前，刚刚经历了单一任务高强度压力模式的中学学习阶段，很多学生都积累了较大的心理压力，甚至出现心理发展性危机迟滞等状况。甫入象牙塔，内外部环境骤变，更加强调独立生活和自主学习的高校环境，使得他们难免又会遇到诸多心理不适应需逐渐调整。诸多因素叠加起来，高校学生群体往往会面临相对沉重且复杂的心理困境，所以也会出现较多的心理压力。针对这一现状，国家近年来持续加大对高校学生心理健康教育的政策与资源投入，各高校在加强校内心理咨询机构的专业力量建设之外，也通过培养思政教师队伍的心理教育专业化能力等方式，希望通过各渠道来满足学生日益增加的心理求助需求。但现实却是：一方面，各高校校内心理咨询机构的来访学生量的确大幅增长，甚至许多学校的心理咨询机构接待量已日趋饱和，却仍难消化大量学生的心理咨询诉求；另一方面，仍有大量学生对思政教师队伍不够信任，遇到心理困境时更愿意找同辈群体倾诉，而不愿意寻求与思政教师沟通的心理求助渠道。此外，一些真正面临更为严重的心理危机困扰的学生却不会选择寻求专业机构、教师甚至同辈群体的帮助。高校每年发生的完成性危机事件中确实有很大一部分比例的学生从未寻求过心理帮助，且未被院系识别出来。

为什么高校学生的心理求助意愿呈现出如此特点，下一节将细致分析影响学生心理求助意愿的各种因素。

第二节　高校学生心理求助意愿的影响因素

国内对高校学生心理求助意愿展开的现有研究大多关注于大学生心理求助的现状实证性描述，或是将大学生作为心理学研究被试，关注他们与心理求助行为或者态度有关的心理学变量。有学者基于研究指出，当前高校学生在心理求助意愿与行为方面表现出了以下三方面特征[①]：一是先求诸己，后求诸人的阶段性求助倾向特征；二是心理求助对象的选择因困扰问题而异；三是总体而言相对缺少专业心理求助的意识。

那么究竟是哪些因素会影响到学生心理求助意愿和不同的求助指向呢？本节将从学生个体主观性因素和外部环境条件性因素两个层面展开讨论，归纳并细致分析这些因素如何影响学生的心理求助意愿，旨在为当前高校的心理健康教育工作提出切实可行的建议。

一、学生个体主观性因素

现有相关研究在归纳影响心理求助意愿的因素时，常常会将个体的人口学信息，如性别、家庭背景等因素，与心理因素并列展开讨论。事实上，从个体主观性因素分析的角度来看，由于心理求助意愿本身也是主观性心理变量，因此个体人口学因素往往是通过影响个体的其他心理因素来间接作用于

---

① 姚莹颖、陈精锋：《我国大学生心理求助的研究现状及教育对策》，《校园心理》2017年第2期。

其心理求助意愿的强弱。所以在下文的分析中，将主要以三类个体主观性心理因素（自我开放与表露、情绪觉察与自我关照和心理求助与疾病污名）为例进行分析，并在分析中辨析人口学差异如何影响到这些心理因素。

（一）沉默未必是金：自我开放与表露

自我表露的心理学定义是指个体向他人呈现私人情感、想法、信念和态度的过程。与之相对应的自我隐匿则是指对他人隐匿个人痛苦以及令人尴尬的消极信息。心理学研究表明，自我表露与心理求助态度呈显著正相关，越不愿意自我表露痛苦信息的人，对心理求助的态度越消极，而自我隐匿则与心理求助态度呈显著负相关。[①] 有学者研究了高求助意愿者的心理求助行为的相关因素，结果发现，高意愿心理求助行为可能与个体的自我表露预期风险、自我效能、问题可控性归因和间接求助经历等因素密切相关。[②] 通俗地说，即一名学生平时是否习惯于向他人表露自己内心的感受与想法，与他在遭遇心理困境时是否会求助于他人有着密切的联系。

从客体关系心理学的角度来看，个体是否习惯于自我开放与自我表露，与其早年建立起来的对客体关系的安全感与信任感有关。而这就关系到了个体在原生家庭中的早年成长经历。如果一个人小时候在尝试向父母（自己的情感依恋对象）艰涩笨拙地表达自己的情绪体验与胡思乱想时，总是能够充分获得父母的积极关注、悉心聆听与正面回应，那么他就更有可能建立起对外部客体世界的信任与安全感，同时产生对自体的价值感和积极体验。因此，他也就会在遇到困难时，选择向自己信任的亲人或朋友倾诉，并积极寻求帮助。当然，这是最理想的客体关系发展模式。事实上，随着社会节奏越来越快，社会竞争日益激烈，大多数家庭在子女教育中都面临着一定程度

---

① Vogel, D. L., Shechtman, Z., Wade, N. G., "The Role of Public and Self-stigma in Predicting Attitudes towards Group counseling", *The Counseling Psychologist*, Vol. 38, No. 7, 2010, pp. 904-922.

② 纪骁纹：《心理咨询情境相关因素对大学生心理求助意愿和行为的影响》，硕士学位论文，南京师范大学心理学系，2013年。

父母缺位的状况。加之社会焦虑情绪的传递，使得许多父母都倾向于提早引导子女形成社会竞争意识，过度关注子女的能力与学业成就表现。因此在教养过程中往往容易过度偏重对子女负面行为倾向的评价与纠正，且易忽略聆听与接纳子女的消极情绪和负性思维，因此导致部分学生长期得不到积极且正面的情感回应和关切，变得越发习惯于隐匿自我的痛苦与困扰体验。因此，当他们进入大学这样一个更为陌生的环境时，更难向身边的人开放并表露自身的困惑与无助，即呈现出心理求助意愿低的特征。

（二）装在套子里的人：情绪觉察与自我关照

新精神分析理论认为，不同心智发展水平的个体在面对心理困境时会采用不同的心理防御机制来应对。其中"压抑""情感隔离""理智化"等都是个体常见的心理防御机制。"压抑"指个体将不为世俗道德规范所接纳的欲望动机掩藏至潜意识中，不为自身意识所觉察；"情感隔离"指当个体无法与自身强烈的负面情绪共处时，倾向于回避觉察和体验自身情绪，而更偏向于以客观理性认知的视角去处理和应对外部世界事务。"理智化"的概念也与前者类似。而这些常见的心理防御机制虽然具体作用方式和作用范围有所不同，却都存在同一共性，即会令个体缺乏对自身真实情绪与心理处境，特别是消极情感的觉察和体验。而这就容易使得他们忽略，或者低估自身情绪与心理困扰对自己的影响力和损害性。这种自我关照的缺失则会进一步使得他们错过及时向外界求助的机会，以致心理困扰与负面情绪在不知不觉中不断积累，逐渐发酵，最终酿致危机。

例如，在高校中，大部分学生都会面临来自环境适应和学业等多方面的任务要求与心理压力。而在任务受挫时，他们多多少少也都会因此产生不同程度的焦虑或低落情绪。大部分学生可以通过一段时间的自我调节和环境转换而得到情绪纾解。但也有一部分学生可能始终陷于这些心理压力与负面情绪之中无法自拔，甚至会出现"拖延症""百无聊赖"等带有抑郁危机警报意味的行为症状。习惯性地使用"压抑""理智化"等心理防御机制的学生很可能会将自身这些消极情绪理解为自身心理素质不够坚忍的表现，从而进一步回避并隔离这些消极情绪体验，且进一步将自己置身于压力性更强的学业任务环境中。他们并不能充分地关照自身心理健康状态，并及时觉察自己已陷入难以自拔的情绪困境中，亟须求助外界。因此，从这个角度来说，这些学生在身陷险境而不自知的情况下，难以产生与自身真实困境相匹配的心理求助意愿，不会想到寻求他人，甚至是专业力量的心理支持与帮助。

（三）难以启齿之羞：心理求助与疾病污名

污名是一种复杂的社会心理学现象，通常是"刻板印象、偏见和歧视的复合体"。研究者发现，人们对心理求助行为和精神疾病患者存有自动化的负面评价和情感反应。严格地说，这是两类不同的心理污名机制。对于精神疾病的污名由来已久，在人类无法正确理解精神疾病病理的古代即已产生。在古代，由于精神疾病往往与鬼神巫术等神秘主义色彩浓郁的事物概念相连接，因此对这一群体的歧视和排斥，在中西方皆概莫能免。时至今日，虽然科学的昌明使得人们普遍对精神疾病早已"祛魅"。但刻入文化中的偏见与污名使得人们还是普遍担心自己或身边亲近的人被贴上"精神病患"的标签。加之当前社会对精神疾病相关的科普知识宣传不够，人们难以分辨常见的抑郁症等不会明显损伤自知力完整性的心境障碍与精神分裂症等存在"妄想""幻觉"等症状的精神疾病，并将它们混为一谈，笼统地认为"脑子有毛病"而加以歧视和排斥。因此，出于担心自己被贴上精神疾病污名标签的动机，许多原本已觉察到自身出现明显的情绪症状的学生产生不必要的顾虑，讳疾忌医，从而错过及时干预或医治的时机。

而另一种对于"心理求助"行为本身的污名机制则更为复杂一些。心理学家发现许多人普遍担心自己的心理问题被外人所知，这会引起别人的注视、怜悯和嘲弄。这些人认为求助是弱者的表现，寻求专业帮助会被视为能力低下，会损伤到他们的自尊，这比当下的痛苦更令他们难以接受。因此，为了维持积极的自我形象，他们即使遇到自己难以解决的情绪困扰，也不会选择去求助。另一方面，由于他们对心理咨询本身的不理解，以为去做咨询就等于进行精神疾病的诊断治疗。"脑子有问题"的人才会去做心理咨询这种观念深植于许多人的脑海中，致使他们的心理求助意愿，特别是寻求专业心理咨询帮助的意愿不高。

二、外部环境条件性因素

影响学生心理求助意愿的因素，除了学生自身的个体主观性因素之外，外部环境条件，特别是高校本身营造的心理求助氛围也是不可忽视的重要影响因素。进而言之，许多外部环境因素会影响学生自己的某些主观心理体验，如对校内心理求助环境的信任感和安全感会影响到他们的心理求助意愿。其实从高校管理者的角度来看，了解影响学生心理求助意愿的外部环境条件性因素往往更为重要。因为学生自身的主观心理状态因素往往源自早年经历和原生家庭，到了他们进入大学时已基本定型，且个体之间千差万别。高校管理者更易着手改善的其实是校园心理求助环境的外部客观条件，这种改善可以营造并促进某种积极的心理求助氛围，从而提升学生的心理求助意愿。在梳理这些校园内的外部环境条件性因素时，有三个侧重点是不能被忽略的，即心理健康教育与宣传力度、心理求助资源易得性和同辈支持组织建设完善度，下文将逐一加以分析。

（一）心理健康教育与宣传力度

近年来各高校都清晰地意识到校内心理健康教育宣传的重要性，也不断地加大各类教育与宣传力度，并灵活利用互联网自媒体等网络平台积极创新宣教方式。当然心理健康宣传教育的本意是为了普及心理健康知识，希望直接帮助学生了解自我，纾解情绪或心理困扰。但在这里需要侧重讨论的是心理健康宣教活动的另外一层重要意义，即营造校内心理求助氛围，引导并促进学生提升心理求助，特别是专业心理求助的意愿与行动倾向。而基于此目的展开的心理健康宣教活动则需要有意识地适当调整宣教侧重点。这种调整的方向，需要紧扣前文所论述的影响学生心理求助意愿在个体层面的主观心理因素展开。

举例来说，前文提到许多学生对自我关照不足，难以觉察到自身现有的情绪困扰可能是难以自愈自助的，需要及时寻求心理帮助，否则延宕日久会进一步发酵。因此在进行心理健康宣教时除了传统意义上的教授学生心理自助，情绪自我管理的技巧外，可以侧重介绍情绪的自我觉察与自我关照相关知识与技术，提升学生对自身心理困扰的觉察力，并能够意识到自我调节的局限性边界在哪，从而引导他们自然产生在困扰日久、难以自助时需向外界求助的心理预期和意愿。又如，前文提到许多学生因为对各种精神疾病的区别不甚了解，对心理咨询的意义不够了解，从而因模糊而笼统的污名对心理求助敬而远之。那么在学校的心理健康宣教活动中，就需要有意识地科普相关精神卫生知识，并通过创新一些低门槛且趣味性高的实践活动，如校园广场咨询、一次性团体辅导互动等方式，帮助学生对专业心理求助产生感性了解与认识，从而去污名化，提升学生的心理求助意愿。此外，在校园心理健康宣教活动中，还应当提升院系辅导员的主动性与参与度，联动校内专职心理咨询师共同开展活动，从而使学生了解到学校思政教师队伍在心理育人、心理助人方面的专业性。这样当学生未来面临心理困境时，除了寻求专业心理咨询的帮助外，也会愿意主动寻求辅导员等思政教师的支持与疏导。

（二）心理求助资源易得性

在高校心理健康教育实践工作中，我们发现有许多学生本身是具有一定的心理求助动机的，但是挡在他们心理求助行为之前的一道屏障就是校内心理求助资源稀缺，难以获得，或门槛较高，不知如何获取。具体地说，由于当代大学生对于心理咨询的认知和接受程度日益提升，所以校内心理咨询中心的接待来访量也逐年增加，许多高校甚至都趋于饱和。这就使得大量潜在需求学生在预约咨询时，发现自己还需要漫长的等待才能轮到自己，或者即使进入心理咨询室，也无法保证短期内频繁且稳定的咨询频率，这就容易"劝退"一部分学生，特别是那些本就身处明显抑郁情绪中，缺乏行动积极性的学生，而偏偏他们是更易出现心理危机症状，也更需学校加以关心关注的学生群体。因此，一方面需要加强对高校专业助人队伍的扩容，另一方面也需优化心理咨询预约机制，确保专业资源向亟须帮助的危机学生群体倾斜。从而使得高校专业求助资源对于学生，特别是重点群体学生变得更为易得。

但是从高校学生这一庞大基数来看，心理健康教育明显无法只依靠专业心理咨询力量的投入。以院系辅导员为代表的广大思政教师队伍的参与才是高校心理育人事业强有力的支撑。当前高校学生心理求助意愿低的一个重要表现是，相较于寻求校内心理咨询的帮助来说，他们更不愿意主动寻求院系辅导员的心理支持和帮助。这就导致了一个矛盾，即高校原本已投入许多资源和力量培养辅导员的心理育人与助人能力，壮大校内辅导员的队伍，但这部分重要的心理助人资源对于许多学生而言却是不易得的。我们可以从以下两点理解学生这一心态：一是学生不信任，不了解辅导员的心理助人能力；二是对学生而言，辅导员更像院系管理者的角色，所以出于对权威的敬畏，或考虑到对自身奖惩的影响，而不愿向辅导员心理求助。第一点比较好理解，正如前文所述，在校内心理健康宣教活动中，辅导员可以和校内专业心理咨询师有更多的联动合作，创造更多的机会向学生展示自己心理育人，心理助人的专业能力，即可令学生消惑释疑，产生对辅导员助人能力的信任感。第二点作为一种高校内普遍结构性的困境，则显得更为复杂。因为辅导员在工作中的确承担了大量学生事务管理，乃至奖惩评判的职能，他们无法像校内专职心理咨询师那样拥有自然的中立角色，可以解除学生对心理求助安全性，以及保密性的担忧。因此，为了缓解这一困境，除了在人事制度层面可以探索在院系设立专职分管学生心理健康教育的辅导员角色外，辅导员日常与学生开展更为频繁且积极的谈心谈话，彼此多加接触，促进学生建立对辅导员群体的亲切感、熟悉感与信任感则显得更为重要。打通了这一关节，对于学生而言，不啻于释放出更多的心理求助机会与资源，进而变相提升了学生心理求助的意愿。

（三）同辈支持组织建设完善度

高校管理者需要认识到的一个事实是，无论如何增强校内心理健康宣教活动力度，提升心理助人育人队伍品质，都无法改变一个事实，即当大部分高校学生遇到难以自助的心理困扰时，第一个想到的多半是寻求身边同学的支持与帮助。这本是人之常情，无可厚非。这一学生心理求助第一对象选择的普遍倾向性，使得高校管理者需更加重视加强学生群体内部同辈支持组织的建设。如今越来越多的高校在探索心理委员制度建设和"学校—院系—班级—宿舍"四级心理预警防控体系建设的实践道路上进行了许多有价值的工作与尝试，这即是对这一高校学生心理求助特征的积极回应。在实际工作中，我们会发现许多学生遇到困难未必会第一时间选择向班级里的心理委员求助，而是偏向寻求自己平时熟知信赖的朋友、室友等群体的帮助。这一现象使得我们需适当调整工作思路，积极探索更多的同辈互助组织形式与面向全体学生的心理求助知识普及，以便使学生在求助到另一普通学生时，可以获得积极有效的倾听和心理支持，并可相互提醒注意自我关照和进一步的专业心理求助。

第三节　高校学生心理求助时机的选择与影响因素

从微观上看，每名学生在面对心理困扰时是否选择专业求助的意愿存在个体差异，而当我们尝试站在宏观层面观察时，会发现高校学生群体总体心理求助意愿本身会随外部环境变化而呈现出一定的周期性波动变化趋势。这一趋势也可以在微观上被理解为学生心理求助时机选择存在某些共同影响因素。其实这种规律性比较好理解，因为学生往往会在他们最易遭遇难以自助的心理困扰或情绪压力时选择心理求助，而学生群体在校园生活中一般都会共同面对相似的周期性压力波动，因此他们呈现出某种共性的求助时机选择也就不难理解了。而在实际工作中，我们发现并不能简单地将学生遭遇现实困境的周期规律与他们心理求助时机的选择规律简单地等同起来，事实上影响学生心理求助时机选择的因素还有很多，往往会与他们实际遭遇现实困境的时段略有错位。这一现象将在后文中具体探讨。概而言之，影响学生心理求助时机的宏观因素有很多，我们无法一一列举，只能选取最具代表性三个宏观因素，即年级阶段、学业考试因素和气候季节性因素加以探索分析。

一、心理求助时机与年级阶段因素

在实际的心理健康教育与心理咨询实践工作中，我们发现如果按年级阶段来划分，会明显发现大一与研一的学生来访比例要明显高于其他年级。当我们刚开始发现这一现象时，很自然地产生这样一种理解，即一年级新生往往会面临对校园新生活环境与新学习任务难以适应的心理困扰，所以会出现比其他年级学生有相对较高的心理压力，因此他们会更多地选择心理求助。这种理解正是前文提及的将学生遭遇现实困境的时段规律与他们心理求助行为选择高峰的规律简单拟合。这的确可以在很大程度上解释学生心理求助时机的选择问题，但随着对学生具体心态的深入了解，我们发现背后的原因没有那么简单。因为我们通过梳理现有相关研究发现，并没有绝对的研究证据证明一年级学生的心理健康状况水平要明显低于其他年级学生。恰恰相反，有一些量化实证研究甚至发现一年级学生的心理健康水平与主观幸福感要显著优于其他部分年级。[①] 那么如何理解这一看似矛盾的现象呢？

---

① 张伟、吕玉军：《南京高校学生身心健康水平调查》，《中国健康教育》2013 年第 12 期；原家祥：《唐山市某高校不同年级大学生心理健康状况对比观察》，《科技信息》2013 年第 22 期。

在实际咨询过程中我们发现，诚然有许多一年级学生（包括本科和研究生）带进咨询室的困扰的确是种种对校园新环境的不适应，但深入交谈后便会发现，对新环境的不适应往往只是心理困扰的征兆表象。这背后折射出的其实是他们在过去很长一段时间内都深受困扰的人际关系、自我认知等心理议题。换言之，他们并非在一年级时突然遇到了前所未有的困扰才会选择心理求助，而是在新环境中他们再次遇到老问题带来的新麻烦后，选择此时来寻求专业的心理帮助。那他们又为何会普遍选取一年级这样一个特殊的年级阶段呢？

在心理咨询室中我们向学生提出了这个疑问。他们给出的回应梳理下来，主要包括以下两个方面的原因：一是他们希望在陌生的新环境中重启新的人生，所以想借此机会"洗心革面"，以更好的自我面貌迎接新生活；二是因为在各类新生讲座或始业宣教活动中了解到学校有专业的心理咨询服务，所以想来试一试。这两个原因对于我们把握学生心理求助时机选择的心态，进而有针对性地引导学生更加积极地提升心理求助意愿非常重要。第一个原因使我们意识到，大学新生这一身份不仅意味着需要面对全新的适应性压力这一消极心理预期，同时对于学生，也可能意味着他们可以在全新陌生的环境中，尝试做一个更好的自己，以更理想的面貌迎接新的人际关系，开启全新的人生篇章。而为了达成这一美好的理想目标，学生是乐意通过专业心理求助的方式进行更深层的自我探索，在心理层面上完成除旧立新的过程。当我们意识到这是大学新生群体中普遍存在的一种心态时，就可以在针对新生开展的一系列心理健康宣传教育中有意推动并强化这一点，引导更多的学生通过心理求助的方式完成自我蜕变，这也有利于学校更好地了解和关注不同学生的心理健康状态。第二个原因提醒我们注意到，在校园中对心理健康知识和心理求助信息的宣传推广对提升学生心理求助意愿的确非常重要。高校仍需持续加大面向不同年级学生的心理求助渠道与方式宣传推广工作。

进而言之，理解了当学生面对全新生涯阶段时可能会出现的积极心态后，我们可以举一反三，将这一理解置身于校园内另一面临人生新阶段的群体，即应届毕业生。其实从实际工作中来看，也有许多应届毕业生寻求心理咨询，是希望能提早转换心态，更好地适应即将到来的全新社会角色和工作任务。因此，对毕业生这一心态的把握也有助于高校管理者更好地引导他们提升心理求助意愿，完成生涯阶段转换。

二、心理求助时机与学业考试因素

专业学习是高校学生的本职任务，学业压力也是学生最常遭遇的情绪困境。特别是对于某些课程难度高，研究难度与不确定性风险大的专业学生，尤为容易受到学业压力的影响。而学业压力在学生群体里集中爆发体现的情景往往就出现在课程考试或研究成果考核前后的时段内。这就导致在本科期末考试周期间，以及研究生开题报告或毕业答辩前关于学业困扰的心理求助意愿相对比较强烈。这一点从高校心理咨询机构在这几个时间段内接待的学生来访困扰主题明显偏重于学业上就可见一斑。而这个现象也提示高校管理者要在这些学生的学业关键节点前关注学生的心理健康与压力状态，引导有需要的学生向辅导员或心理咨询求助。

这里需要注意的是，从我们实际工作经验来看，学生因为考试或考核压力而选择心理求助时，具体求助的时机与考试时间并不完全匹配，往往会提早一些。在考试周之内，由于学生的精力需要更多投入备考复习中，反而会抑制其心理求助意愿的强烈程度。这一点同样可以从高校心理咨询机构在学校期末考试周内学生来访量波动情况中得到印证。此外，同样因为学业困扰而选择心理求助的学生，其具体的困扰问题也不尽相同。有些学生是因单纯的考试焦虑，复习时压力太大，以致学习效率降低，进而担心自己在考试中发挥失利，无法达到自己预期的分数绩点，前来求助。这部分学生的求助时机往往临近考试周期。给他们心理帮助侧重点在于传授心理减压与放松技巧，降低考试焦虑，提供更多的心理支持，工作难度相对较低。而一部分学生是因为课程难度相对较高，自己已有很多内容都没跟上。所以临近期末时担心自己挂科，因此焦虑、恐惧、挫败、自责情绪强烈，进而寻求心理咨询帮助。这部分学生的问题相对复杂。他们的心理求助时机相对于他们的心理困扰本身往往已显滞后。对于他们来说，在早期刚刚觉察到学业跟不上时，强烈的挫败与低落情绪常常会抑制他们的求助动机，表现出对问题解决的回避和拖延倾向。这种拖延不仅体现在对学习任务本身的懈怠回避，也表现为讳疾忌医，不愿向外界寻求帮助。强烈的消极情绪会不断卷积累加，进一步抑制他们的学习动机和求助动机，直到考试前夕积重难返，才会爆发性地呈现心理危机症状，进而主动或被动地选择心理求助。针对这一学生群体，高校管理者的核心任务就是需要尽早地识别出来，及时给予心理支持与学业帮扶，以免错过最佳的干预时机。

这一对学业困扰的求助回避与拖延特征，也常常体现在研究生群体的科研困扰求助上。科研任务不仅仅考验一名学生的自学能力与知识理解领悟力，往往还需要团队合作，需要与导师充分沟通，获得各方面的指导协助。而一些学生在科研受阻时，常常会单方面归责于自己研究能力与学业水平的不足，进而陷入自责挫败的情绪中，越发自我封闭，进一步抑制了他与外界沟通交流，乃至求助的动机，以致错过了最佳的心理干预时机。事实上，许多科研任务所需要的人际沟通与专业求助能力才是这些学生最为缺乏的。而心理求助行为本身正是他们尝试人际求助的理想试验与锻炼情境。因此高校也需加强对这部分学生平时科研进展的关心关注，避免他们到了压力积重难返之时爆发危机，错失最佳心理求助和干预时机。

三、心理求助时机与季节气候性因素

除了上述提到的，学生在一些普遍性的校园生活节点（如入学、临毕业和考试周等）遭遇到较大压力情景时，会引发其出现较为明显的心理求助意愿外，学生的心理求助时机有时还会呈现出一些季节气候性的规律。这种规律概括地说，就是学生在冬季、连阴雨时节会因抑郁、低落情绪而寻求心理帮助。

这个规律在精神专科医院的抑郁门诊来访状况中同样存在。抑郁症在寒冷冬季的发病率会明显增加。甚至在临床上专门将这一现象命名为"季节性情绪失调"（Seasonal Affective Disorder，SAD）。神经生物学对这一现象的解释是因为冬季天气寒冷，寒冷使肌体的新陈代谢和生理功能处于抑制和降低状态。且由于人体生物钟不能适应冬季昼短夜长、日照时间短的变化，导致生物节律紊乱和内分泌失调。特别是被称为情绪稳定剂的神经递质"5-羟色胺"的合成减少，而松果体受光照抑制减少而导致诱导睡觉困倦状态的褪黑素分泌活跃，进而造成人体情绪与精神状态紊乱，抑郁低落情绪频繁出现。由此可见，个体的情绪状态，特别是抑郁情绪，可能与受光照时长有着密切关联。所以临床上对于抑郁症的辅助治疗手段中也有光照治疗这种方式。冬季和阴雨天光照时间短，因此个体也易诱发抑郁相关情绪困扰。

这一现象在高校心理咨询机构的具体表现即是逢长时间连阴雨的梅雨季或冬季，咨询来访学生中主诉抑郁情绪困扰的学生比例就会明显增多。不过值得注意的是，这里说的增多更多时候是指在来访学生群体中，主诉抑郁情绪困扰的学生所占的比例明显提升，这并不一定意味着这些特定时段内来访学生量会明显提高。因为还会受到一个抑制性因素的影响，即抑郁症状本身会抑制学生的行动，特别是求助行为倾向。气候寒冷、雨雪天气等外部环境因素本身也会抑制部分学生的外出行动意愿。通俗地说，就是在这些特殊的气候时段内，校内心理咨询师们在心理咨询室里见到来访的学生明显变得更易受抑郁情绪影响了。而这可能只是冰山一角。事实上或许有更多的抑郁症状比他们严重的学生因为外出行动意志减退的缘故，不愿在大冷天或阴雨天里走出宿舍，向外界寻求帮助。之所以强调这一点，也正是为了提醒高校管理者注意在这些特殊气候时段内关注到校园里可能存在的这类学生，进而通过针对性地组织一系列趣味性强的心理健康宣教活动，将他们从宿舍里拉出来，一方面帮助他们便捷地获得心理求助的资源，另一方面也通过户外活动变相地促进他们接受更多的户外光照，以削弱抑郁情绪产生的外部环境条件的影响。

第四节　高校学生心理求助的渠道分析

一、校内心理咨询与辅导员谈心谈话

当我们探讨高校学生的心理求助意愿时，不能孤立地分析他们的求助意愿高低。我们需要将之纳入另一个重要的维度，即心理求助路径，才能更好地理解他们的心理求助意愿为何会在不同的事项上表现出不同程度的差异。有学者经过研究归纳出大学生在心理求助路径选择上的一些规律性特征。[①]例如，学业问题他们通常倾向于向朋友和老师求助；人际关系和就业问题倾向于向家人和朋友求助；恋爱问题困扰会优先寻求朋友和恋人的帮助；而在情绪问题上，他们向学校心理咨询师求助的比例会明显更高。因此，有学者认为，大学生的心理求助行为，会根据问题的风险性和可控性，有明显的路径选择差异，当困扰问题变得相对不可控时，他们会寻求专业心理帮助。高校普遍为学生设置的心理求助方式主要包括两个常规路径，一是校内心理咨询师的专业帮助，二是院系辅导员的谈心谈话。而从高校具体的心理育人实践工作中，我们发现不同学生面对这两类心理求助方式和路径的认知态度与求助意愿有着明显差异，而这些差异背后可能受着某些共同因素的影响作用。下文将分别探讨学生对于这两类不同心理求助路径的认知与选择。

（一）学生求助校内心理咨询的选择及影响因素

心理咨询作为一种专业技术门类，于20世纪80年代传入国内伊始就尝

---

① 姚莹颖、陈精锋：《我国大学生心理求助的研究现状及教育对策》，《校园心理》2017年第2期。

试与高校学生思政工作相结合；90 年代起一些高校陆续建立心理咨询中心，面向学生开展心理健康教育与咨询工作。当时高校心理健康专业工作架构的搭建，多有参照西方发达国家高校专业心理服务工作项目与规范。以希腊克里特大学学生咨询中心（SCC）为例，他们的工作内容包括个人和团体咨询、预防和宣传、教职员工咨询、校园安全审查等，而核心工作主要是开展个体和团体心理支持、针对有特殊需求学生进行帮扶等。有特殊需求的学生，主要指有特定学习障碍（如阅读障碍）的学生、有成人注意力缺陷多动障碍的学生、已经或在学习期间获得永久性或暂时性严重身体或精神状况影响上课的学生、患有严重疾病且未经入学考试就进入大学的学生等。心理咨询中心需要与他们进行保密访谈，以对他们的需求和技能进行个性化评估，从而制订个性化的干预计划。[①] 这就与国内高校心理健康中心的主要工作职责与服务内容非常相近。后来在国家教育主管部门的大力推动下，国内高校的心理健康教育专业师资队伍发展日益规范化、普及化，并逐渐下沉至中小学校园中。近年来，国内绝大多数高校都已成立心理咨询中心，普遍配备了拥有专业心理咨询技能的心理教师队伍。这些校内心理咨询师的主要工作职责包括为学生提供一对一的个体心理咨询、一对多的团体心理辅导、学生心理健康测试、心理危机评估干预、面向不同学生群体开设心理健康讲座与宣教活动等。此外，许多高校还进一步推进了心理健康课程教育。

因此，除主动寻求心理咨询外，一般来说高校学生与校内心理咨询师可能产生接触与互动的场景包括新生心理健康测试与访谈、各类心理健康知识讲座与宣教活动和心理健康公共课程等。而这些不同的接触频率与场景差异，在很大程度上影响了学生在自身遇到难以自助的心理困扰时，是否会去寻求校内心理咨询师的帮助。

首先，从实际工作中来看，有相当一部分学生对于本校设有心理咨询中

---

① Bitsios, P., Karademas, E., Mouzaki, A., et al, "The student counselling centre at the university of crete, greece", Bjpsych Int, Vol. 14, No. 4, 2017, pp. 90-92.

心，并且配备了专业心理咨询师，咨询服务对校内学生免费，这一基本信息尚缺乏足够了解，因此有许多学生遇到心理困扰时，根本想不到寻求校内专业心理帮助的路径；或者因为了解到社会上的商业心理咨询服务的高收费情况，误以为校内心理咨询同样是付费服务，因此担心无力支付心理咨询费用。如果此类情况在学生群体中出现较多，则提示我们高校心理健康宣传工作有待提升覆盖面，学生与校内心理咨询师们平时的接触太少等。

其次，许多学生在了解到学校的心理咨询服务相关情况后，依然不愿意在遇到困扰时主动求助，这是因为他们对校内心理中心或心理咨询服务产生了某些刻板印象。而这种偏见往往与他们校园生活中接触心理中心或心理老师的场景有关。因为对大部分普通学生而言，他们与心理中心的第一次接触往往是在新生入学时的新生心理测试与访谈之中。一般来说，心理中心在进行这项工作时都会与院系紧密联系，共同配合完成。因此在许多学生的第一印象里，心理中心和院系在学生管理工作上会有频繁而密切的信息交换。这就使得他们在斟酌是否寻求心理困扰的专业帮助时，对于校内心理咨询师的保密性产生了一定质疑。加之心理中心在实际工作中的确会就个别学生出现心理危机的风险信息与院系沟通配合。而这些零星消息经由非正式渠道不完全、不准确地传播至同学们耳中，自然加重了学生对于咨询保密性的担忧。他们担心自己的个人信息被轻易泄露给院系辅导员，甚至流传至班级同学那里，会进一步恶化自己当前的现实处境。而这一担忧因素也正是许多学生在遇到心理困扰时不愿选择校内心理中心的主要原因之一。

最后，正如前文所述，学生在选取具体的心理求助路径时，往往有一个对心理困境的自我评估过程。他们常常会倾向于将自认为可以自我调节和解决的心理困扰进行自我消化。只有真的遇到难以自助的问题时才会求助他人。但实际上，部分学生并不总是可以准确地判断当前困扰是否可以自我消化。举例而言，一些学生进入大学后可能会发现部分课程自己跟不上，进而打击到了他们的学习积极性，从而出现学习拖延、旷课等行为。而这时尽管他们事实上已经出现了对自己的学习行为的失控状况，但他们可能还是会习惯于认为这是自己暂时的情绪状态问题，可以通过后期的自我调节改善。又如，一些学生可能会因为与室友关系的矛盾而出现人际压力，甚至社交回避等行为。尽管这些困扰已经影响到他们与他人的现实互动，甚至他们会逐渐对外部社交环境产生消极且偏狭的认知。但他们可能会认为自己这种社交感受与认知的转变是自己成熟的表现，而不会觉察到此时自己可能已陷入某种心理困境中，需要一些专业的帮助。

由此我们可以发现，许多学生之所以不愿意选择求助于校内专业心理咨询老师，主要还是因为他们缺乏对校内心理咨询相关信息与伦理的基本了解，并且常常难以评估判断哪些心理困扰是难以自助，适合甚至需要专业心理咨询的。因此，提示我们需要在校园心理健康宣教活动中侧重介绍心理咨询相关知识，增进学生与心理中心、心理老师的日常接触与了解，提升学生对专业帮助的安全感与信任感。

（二）学生向辅导员心理求助的意愿及影响因素

尽管各高校一直致力于向学生宣传普及当他们遇到心理困扰时，可以向专业心理咨询师求助的相关知识。但严格地说，高校心理中心的专业资源是无法真正覆盖到全部学生在校园生活中遭遇的大大小小心理困扰的。事实上近年来许多高校都已陆续出现心理中心咨询服务预约太满，求助学生需要长时间排队等待的状况。因此，高校环境内另一条学生心理求助路径也是非常重要，即与辅导员谈心谈话。而且高校素质较高的辅导员队伍，和辅导员与学生生活联系紧密等优势因素，使得辅导员与学生的谈心谈话对于学生心理健康教育工作，以及心理危机风险评估与识别工作意义重大。近年来高校越来越注重对院系辅导员心理育人能力与专业助人技能的培训与评估。但许多学生对于与辅导员谈心谈话都有着相当的隔阂和担忧，而能主动向辅导员心理求助的学生则更少。

造成这一现象的原因有很多，除了部分辅导员自身谈心谈话能力与专业态度素养不够外，最重要的因素就是辅导员在学生日常管理工作中的角色冲突问题。因为辅导员工作中最主要的职责就是管理学生的校园学习与生活。而在管理工作中由于拥有一定的奖惩权力，所以他们在许多学生心目中普遍拥有一定的权威性和心理距离感。而这些可能又会在很大程度上影响到辅导员与学生谈心谈话的心理助人工作角色。因为辅导员与学生心理谈话是否有效的关键就在于他们是否能顺利地让学生产生对自己的亲近感与信任感，进而可以将自身所遭遇困扰和盘托出，并将辅导员的反馈和建议真正吸纳进来，改善自我心理状况。而辅导员这种因工作角色结构性冲突而导致的困境，使得他们想构建与学生坦诚交心谈话氛围的努力变得较为艰难。毕竟坐在辅导员面前的学生很难确认辅导员是否会因为自己的坦诚而重新考虑对自己的奖惩安排。这一点在实际工作中则表现为绝大多数辅导员谈心谈话工作，都是学生被动被辅导员约谈。

所以对于辅导员谈心谈话的心理育人路径，我们要清晰地意识到其被动性在很大程度上是难以避免的。但这并不意味着因此这种被动谈话就是对学生无效或无意义的。恰恰相反，只要辅导员可以积极营造轻松平等友好的支持性谈话氛围，并且敏锐觉察这些被动约谈学生的内心感受与需要，就可以获得他们的信任，并激发其自我求助意愿。对于被动约谈的学生而言，最关键的谈话要点在于通过建立并维系良好的谈话氛围，激发学生自己的心理求助动力，从而变被动为主动。辅导员也需要通过更多的专业学习锻炼并提升自己与学生的谈心谈话能力。

相较于学生的被动来访，辅导员在完成对学生谈心谈话工作时，另一个更为棘手的难处在于辅导员很难在班级甚至一个年级的学生中，准确地辨别出哪些学生需要心理支持与帮助，并及时地约谈他们。毕竟辅导员无法深入每一名同学的生活世界中了解他们的心理感受与困扰。更多时候他们只能凭借一些明显特殊的外部行为事件，如长时间旷课、多门考试挂科、暴力冲突等来判断学生当前遇到了难以自助的困扰。很明显这些是不够的，辅导员的心理助人工作若想坚实有效，就需防患于未然。为了弥补这一由于师生信息差而导致的学生心理关注疏漏，许多有经验的辅导员普遍会借助班级骨干或心理委员等了解学生状况的学生，掌握班级学生普遍性的心理动态，并及时地发现存在心理困扰乃至心理危机的学生，有针对性地加以干预和心理帮扶。

综上所述，辅导员谈心谈话这一心理求助路径对于学生而言，在很大程度上未必是他们主动选择的求助方式。但是当院系辅导员通过约谈等方式找到他们之后，这些学生依然有机会选择是否信任辅导员，并变被动为主动，积极寻求辅导员的支持与帮助。而在此过程中可能会影响到学生选择的因素，除了在谈话现场学生感受到的安全与温暖氛围外，平日里辅导员在学生心目中留下的印象是否足够积极也非常重要。而辅导员在斟酌筛选约谈学生对象时，很大程度上需要依赖班级其他学生的及时反馈与信息传递。而这就又涉及学生心理求助的另外一条路径，即向朋辈群体寻求帮助。

二、朋辈心理互助渠道及其优势

相较于向辅导员、心理老师等师长求助，高校学生遇到难以自助的心理困扰时，一般会首先考虑寻求身边自己足够信任的同学帮助。在讨论学生具体如何寻求朋辈互助之前，我们首先需要理解为何学生会优先考虑朋辈互助。相较于向师长求助，大学生朋辈群体有以下四个不容忽视的优势。

（一）生涯相近优势

朋辈同学基本都处在同一个年龄阶段中，他们自身心理特点与发展进程相似，遇到的心理与生涯困扰主题也大体接近，因此他们更容易在沟通交流中产生共鸣，也就可以更有效地将彼此心理探索与调节的成果分享给其他同学，从而达到助人自助的目的。

（二）情感亲近优势

他们以同学的身份在班级共同体中，他们一同上课，一同考试，一同吃饭，一同生活，这些共同经历使得他们有了更多共同的情感基础，这种情感基础不仅会使他们有更多的共同语言，而且这种熟悉感也会令他们产生更多的安全感和信任感。这样沟通谈心的氛围就比较容易建立，心理困扰学生也更容易开放自我，使得他们在一种轻松自然的环境中得以成长和提升，最终受到影响而改变。

（三）立场无涉优势

许多学生在面对辅导员或心理老师时，一方面会担心心理老师不会完全替自己保密，另一方面又无法确定心理老师的反馈是站在师长的立场上还是站在自己这一边，因而导致他们不敢完全开放自己的内心，与心理老师坦诚地沟通交流。但是这种结构性的立场差异在朋辈同学中则基本不存在。除了个别在具体事件中的确存在利益博弈关系的同学外（事实上学生在心理求助时也不可能寻求这些同学的帮助），大部分可令学生信任的朋辈同学都具备一个价值中立、立场无涉的交流基础。

（四）覆盖面广优势

人作为一种社会性动物，总是在心理层面需要人际关系和群体认同的。对于高校学生而言，他们在日常生活中互动交流最频繁，也最无法回避的就是朋辈同学关系。所以最能觉察学生近期心理困扰，并及时提供陪伴支持的人就是朋辈同学。因此朋辈互助相较于其他学生心理帮助资源最大的优势就是在于其高普及、广覆盖的特性。

尽管同辈同学具有这些无可取代的优势，但并非所有的同学和所有的心理困扰都适合朋辈互助。在这里需要具体展开说明两方面，一是学生遇到何种心理困扰会倾向寻求朋辈互助，二是学生一般会寻求哪些同学帮助。澄清这两个方面后，我们才能有针对性地借助心理委员制度、朋辈辅导教育等方式为学生更好地打通朋辈互助的路径。

首先，从朋辈互助的心理困扰类型上来看，一些现有研究倾向认为，学生会与朋辈同学讨论一些相对简单的心理困扰，如学业困扰、人际矛盾等。而面对更加复杂深度的困扰，如情绪障碍、自我认同等问题时，他们会选择同专业心理咨询师讨论。但事实上从我们实际与学生交流来看，单纯以心理困扰的复杂难易程度作为区分标准并不合适。因为心理困扰的复杂性是相对的，我们不能说一个具体的学业困扰或人际困境就是简单问题，它可能涉及学习习惯形成、原生家庭经历、自我概念与认同等复杂的背景性因素，未必就容易讨论清楚，也不一定能轻易解决。实际上学生会通过朋辈互助讨论的困扰问题，从类型上来看有两个特点：一是具备某些普遍性，容易引起共鸣的问题。例如，他们共同在上一门大家都觉得很难的课程，更有可能引起同学之间的抱团吐槽。如果这门课其他学生都觉得容易，只有极少数学生觉得学起来困难，那这些极少数学生一般就不太愿意和其他同学探讨学习中的困扰，因为这会影响到他们对班级同学群体的认同感焦虑。又如，一个宿舍的同学如果都谈了恋爱。那么当他们在自己的亲密关系中遇到困扰就容易和室友讨论，但如果宿舍中只有一个人谈恋爱，那么他就倾向于回避在宿舍里讨论亲密关系困扰。二是朋辈互助心理困扰时往往会浮于问题表面，难以深入下去。这是因为朋辈交流时，双方的角色身份一般都是平等的，心理困扰的互助性表现得很明显。所以除了受过心理咨询技能训练的学生外，大部分普通学生交流起来一般都是你说一段，我说一段，彼此交互倾听回应。且谈话主题切换极为频繁，这就使得许多心理探索无法深入下去，形成更深的自我觉察与反思。一种特殊情况是一方陷入明显的强烈负面情绪中时，另一方会更多地将关注重心放到对方身上，试图安慰开解。这时话题切换的确会暂时停滞，但是由于双方的关注重点都置于消极情绪本身的化解上，因此这时的朋辈互助最重要的意义往往在于情绪的安抚与心理支持陪伴，而非心理困扰的解决和自我探索的深入。综上所述，朋辈互助时容易触及的心理困扰类型往往是容易引起共鸣的日常普遍性话题，且一般不会太深入，更多停留在心理支持和情绪安抚的维度上。

其次，从朋辈互助的求助对象具体选择上来看，学生的选择条件一般有两条：第一条，平素里关系就亲近，互动频繁，且已经建立起安全信任感的朋友；第二条，选择那些面临相似的心理困扰主题或现实困扰情境，更能引起共鸣的同病相怜的同学。这两个条件彼此之间的关系很复杂，并不是简单互斥、递进或相包含的关系。平素里关系亲近要好的朋友通常都面临着相似的生活处境，但是未必就一定与自己在某一具体困扰上同病相怜。一般来说，学生在遇到困扰寻求心理支持或帮助时，会首先考虑到关系亲近的朋友。但如果他认为这一具体困扰不适合让朋友知晓，可能会影响到朋友对自己的观感时，他就有可能考虑寻求共同处境的同学的支持和帮助。无论是第一条亲近朋友，还是第二条共同处境的同学，一般都是相对狭小的群体，这也就决定了学生在主动寻求朋辈互助时，能供选择的同学通常很少，且相对固定。了解到这一特性，我们就能理解到当前高校推进的心理委员制度为何在班级学生心理互助层面常常难以收获预期的效果了。因为我们不能指望少数几个心理委员可以成为全班同学的亲密好友，他们也不可能在所有现实处境上都与存在不同心理困扰的同学有共鸣。因此，大部分遇到心理困扰的学生自然不会优先选择自己本来就不太熟悉的心理委员或其他班级骨干同学作为倾诉和求助的对象。

了解到以上这些朋辈互助的特点，对于高校探索发展更适应于学生实际需求的朋辈支持网络有着重要的意义。正如前文所述，学生在具体朋辈求助对象选择上的特点，决定了少数的心理委员或班级骨干无法为班级所有同学提供即时性心理帮助。因此，一方面，心理委员的工作职责应强化其"报警器""中继器"的功能，而非片面强调其应主动为同学提供心理谈话式帮助；另一方面，我们需要强化全体学生的心理健康知识与心理帮扶技能的普及培训，更好地提升同学间朋辈互助的效能和作用。尝试探索对班级不同困扰主题学生群体的心理关注覆盖，增进群体内的心理互助氛围。例如，对于班级贫困生群体、学困生群体等开展朋辈互助式团体辅导，引导他们在群体内部获得心理支持与归属，尽可能地化解其个人心理困扰。

三、网络媒介对学生心理求助的意义探索

随着互联网技术的高速发展，特别是移动互联网的广泛普及，我们在探讨当今大学生的校园生活时，当然不能忽视社交网络媒介的存在。从某种意义上来说，当代大学生的生活世界已经一分为二，在各种社交网络平台上的生活对于他们而言，已不再是单纯地逃避现实压力的虚拟世界替代方案，俨然已成为他们无可或缺，也无所回避的校园平行世界。站在这个视角上，我们很容易就能理解到当高校学生遭遇心理困扰，乃至心理危机时，这个虚拟而又真切存在的网络媒介对于他们来说意味着什么。

尽管大学生在心理求助方面的诸多具体的网络使用行为繁复而彼此纠缠，难以判然而分。但从网络媒介使用目的上，我们还是可以粗略地将他们的网络使用行为分为两大类，即借助网络媒介获取心理求助信息和在社交网络中直接进行心理表达，以图获得心理支持与帮助。下文将具体介绍这两类网络使用对于大学生心理求助行为不同的帮助与复杂影响。

在讨论大学生这两大类不同的网络心理求助行为时，需要先澄清的一点是这种划分虽然是以学生网络使用目的差异而做出的，但是这种目的未必是学生在网络使用前就已清晰明确的。对于很多出现了心理困扰的学生来说，他们可能一开始只是出于某种混沌而模糊的自我调节动机在网络上搜索某些相关信息。之后有可能在某些偶然性的相关网络信息链接指引下，逐渐倾向于通过网络获取心理健康知识或心理求助信息。也可能在偶然进入了一个类似困扰群体的社群后，受到网络社群内理解包容的气氛感染，而选择直接倾诉内心困扰并期望获得支持与帮助。这种网络心理求助行为意图的模糊性和与之而来的后果不确定性也正是当代互联网工作使用的普遍特征。只有深刻理解这一网络世界的特性，我们才能更好地引导学生积极借助网络媒介来获取心理帮助。

（一）借助网络媒介获取心理求助信息

当我们设想一名学生遭遇到了一些消极事件，出现了心理和情绪困扰，这时他希望借助网络平台来弄清楚自己现在是怎么了，如何才能调整自己，走出心理困境，我们最容易想到的一种网络查询行为的逻辑顺序是：通过搜索引擎，先查询相关的心理健康知识，包括如何更好应对和自我调适的知识信息，进而查询在自己可及范围内，有哪些外部方式和途径可以帮助自己解决问题，如本地心理咨询机构、医疗机构的联系方式和地址信息等。但事实上，这种方式在如今的大学生群体中并不十分常见。一方面是因为许多学生都知道，当前网络搜索引擎受商业利益影响很大，一不留神就可能受骗，且难以获得自己真正需要的有效信息；另一方面，也是重要之处在于，学生在遭遇心理困扰时，最期望在网络上看到的，未必是冷冰冰的心理学知识，而是鲜活的案例故事，他们期望了解并借鉴到那些遭遇到和他们类似处境的人是如何经历这一切的，他们又是如何顺利走出来的。这些珍贵经验不仅能给他们指引出希望的道路，而且能让他们感受到自己的困境并不特殊，有希望妥善解决。这无疑可以给他们带来强烈的信心和心理支持。

所以从当代大学生的网络实践来看，当他们遭遇到心理困扰时，会倾向于选择登录微博、校园 BBS 等大众或特殊圈层的网络社交平台，寻找有相似困扰经验的前辈，了解并借鉴他们的解困之道。在这里需要特殊说明的是，具体到每个学生自身，他们会选择哪些社交媒介或平台，很大程度上取决于他们自身的网络习惯和偏好。但从普遍性上来看依然有规律可循。网络社交媒介由于需要大众聚集才能体现出更强的影响力，因此大众网络社交媒介的使用常会出现随潮流风尚而集体变迁的特性。例如，人人网曾风行一时，如今的新浪微博、知乎、B 站、QQ 空间等不同类型的网络平台聚集承担着当代年轻人的网络社交需求。除了这些大众媒介外，大学生由于其亚文化群体归属感的需求，也会发展出一些小众的特殊圈层网络社交平台，最典型的就是大部分学校都会有本校专属的校园 BBS 论坛。事实上，相较于大众社交媒体的汪洋大海，许多遭遇心理困扰的学生更愿意在本地社群聚集平台上查询相关信息。毕竟他们有着更为相近的生活场景与体验，这里面传递出的心理调节经验能有针对性地帮助到他们。举个最简单的例子，许多学生都会在本校 BBS 论坛上查找或询问同一个问题，就是本校的心理中心是否靠谱，去做心理咨询是否安全有帮助。诸如此类信息，也只有类似校园 BBS 等社交媒介才能提供最直接的指引和帮助。

所以我们会发现，学生通过网络社交媒介来获取心理帮助信息时，主要会关注两大类信息，一是了解那些具有相似困扰境遇的人们经历如何，又是怎样脱困的，以期从中获得自我帮助和心理调节借鉴；二是查询获取外部心理求助方式的具体有效路径，以及相关经验信息，以辅助自身决策，以及如何进行下一步的心理求助。了解到学生的这些行为规律，有助于高校管理者更好地借助网络社交媒体，帮助学生获取准确有效的心理求助信息，并引导他们进行积极的心理求助。例如，辅导员可以了解当前班级学生主要活动的网络媒介平台，并充分利用网络身份匿名性的特点，发动心理委员与其他班级学生骨干，共同引导网络发帖讨论的情绪方向，传递更多积极正向的经验信息，并有针对性地提供权威心理求助途径。举例而言，如果通过校园 BBS论坛内搜索，发现关于校园抑郁症患病学生的帖子和评论大多都局限在沮丧、无力和压抑情绪里，充斥着大量消极信息，甚至隐含着某些自杀诱导时，就需要意识到这种消极氛围很有可能会影响到那些通过 BBS 搜索相关信息的存在一定抑郁症状，甚至潜在心理危机风险的学生。这时学校亟须联合心理中心、信息中心等多部门的力量，尽可能发布并传递抑郁相关的正面积极，且真实鲜活的案例经验，引导这些潜在抑郁学生树立信心，增进其主动求助行为。

（二）通过社交网络进行心理表达

正如前文所述，大部分学生在试图上网寻找应对自己心理困扰的方法时，往往会借助网络社交平台。而网络社交媒介最本质的属性就是借助匿名的社交互动从而完成信息的交互传递。因此，社交网络上热烈交流互动的氛围很容易影响到搜索者的倾诉欲和表达欲。由于网络沟通的匿名性，带来互动身份的平等性，也进一步消减了他们自我倾诉的担忧顾虑。所以对于那些在现实生活中难以找到合适倾诉对象的学生来说，社交网络无疑是适当和放松的心理交流空间。当前有一些专门聚焦于通过发问求助以获得知识分享传递的社交媒介（如知乎等），更加有利于学生进行网络端的主动求助。进而言之，网络交流的氛围对于心理困扰学生的求助意愿影响非常大。诚然，如今许多大众公共社交平台上都一定程度上充斥着相当多的戾气和不友好气氛。但在校园 BBS、QQ 校友圈等特定圈层封闭网络社区内的气氛就要明显温暖积极很多。学生对于校园群体内部的归属感和认同感使得他们会对前来求助的"弱势群体"更为理解和接纳，也愿意拿出时间和精力来悉心解答、回应、鼓励，乃至帮助这些勇于表达自身心理困扰，或是寻求心理支持和帮助的同学。

　　同样由于网络身份的匿名性特征，导致许多学生在现实生活中被压抑、被隐藏的情绪体验和性格特点，会在网络世界得到和平常完全不同的表达。一方面促进了许多在现实生活中回避人际交流的心理困扰学生在网络平台上进行积极表达，并正面寻求帮助；另一方面也会产生某些特殊的消极情绪表达和隐晦的间接求助。最典型的例子有两类，一是个别抑郁症状严重，但是心理危机表现隐藏很深的人，在自杀前不时在圈层内部社交平台上（如朋友圈，微博等）发布一些隐晦而模棱两可的消极状态表达；二是近年来会有个别人在网络公众平台上通过文字，甚至视频直播自己的自杀过程。从心理学的角度来说，这些看似消极，甚至激烈的情绪和行为表达背后，其实隐藏着的同样是一种潜在的心理求助动机。他们受某些心理因素的限制，无法直接正面地向外界表现自己的困境，并积极寻求帮助，而是只能被动地选择用这些或隐晦或激烈的方式向外界发出最后的试探，希望获得有心人的觉察和关注。而这些网络现象如果出现在大学校园内，作为高校管理者，我们无疑需要充分认知并了解到个别学生的这些行为背后的潜在复杂动机，进而及时地识别出这些心理危机信号，防患于未然。

综上所述，网络社交媒介因其独有的优势，很容易成为心理困扰学生进行自我表达，并寻求心理支持和帮助的社交平台。一方面，许多校内社交网络的交流氛围相对温暖包容，有利于学生的自我表达和自我开放，但持续维系这种积极的交流氛围也有赖于学校层面投入更多的关注和正面引导；另一方面，网络匿名性的双刃剑也使得许多心理困扰深重的学生会以某些特殊的消极方式进行自我表达，隐晦地进行心理求助，这些信号也需要我们有充分的敏感性去觉察和关注。而在日常对于心理委员，乃至普通学生群体的心理健康教育中，以上谈到的网络媒介特性和利用社交网络进行积极心理求助的相关知识信息也需进一步补充进来，以适应信息时代心理健康教育工作的开展要求。

| 第四章 |

高校学生心理危机预防与
干预体系的建设背景

第一节　高校学生心理危机预防与
干预体系建设的意义

一、对"平安中国"建设战略的呼应

（一）"平安中国"建设战略的内在要求

2004 年，在时任浙江省委书记习近平同志的推动下，中共浙江省委十一届六次全体会议审议通过了《关于建设"平安浙江"促进社会和谐稳定的决定》。在随后浙江省政法委《关于进一步加强政法工作维护社会稳定的若干意见》中，提出平安浙江主要是指社会治安综合治理层面上的平安，重点包括社会稳定、社会治安、生产安全三个方面的内容。而后，在习近平主持召开建设平安浙江工作座谈会上，明确指出平安浙江建设不能仅仅停留在社会治安层面上，必须按照经济社会全面、协调、可持续发展的要求，针对存在于政治、经济、文化、社会各个领域的不安定因素和安全隐患，开展宽领域、大范围、多层面的平安浙江建设，进一步丰富了平安浙江的内涵。

2013 年，党的十八届三中全会审议通过的《中共中央关于全面深化改革若干重大问题的决定》，提出了建设平安中国的战略目标和任务要求。2020年，党的十九届五中全会审议通过的《中共中央关于制定国民经济和社会发展第十四个五年规划和二〇三五年远景目标的建议》，再一次鲜明地提出了"统筹发展和安全，建设更高水平的平安中国"。从平安浙江到平安中国，中国共产党对社会治理规律的认识一步步向前发展，从"小平安"到"大平安"的战略思考持续深化、不断成熟。

我国正处于社会转型的关键时期，随着经济的高速发展和现代化的不断推进，社会的变化速度与民众的心理适应能力之间产生了一定的不平衡现象。各类社会矛盾在社会高速的发展中未能有效化解，生活节奏和压力的加大使得焦虑、紧张、失落等不良情绪集中显现，逐渐发展成为心理健康问题，给社会治安带来潜在的威胁。国民的心理健康越来越成为影响经济社会发展的重大公共卫生问题和社会问题，其中重点人群的心理健康状况尤其值得关注。同时，国民心理健康在不同人群中呈现出不同的特征，科技工作者、公务人员、儿童青少年、大学生等人群的心理健康状况关系到中国经济发展、社会稳定以及中华民族的伟大复兴。因此，民众的心理健康是平安中国建设的题中之义。

（二）新时代社会治理创新的重要内容

党的十九大报告明确提出，要"加强社会心理服务体系建设，培育自尊自信、理性平和、积极向上的社会心态"[1]。从社会治理的高度，将社会心理服务体系纳入社会治理的"四大体系"。党的十九届四中全会通过的《中共中央关于坚持和完善中国特色社会主义制度、推进国家治理体系和治理能力现代化若干重大问题的决定》再次强调："健全社会心理服务体系和危机干预机制，完善社会矛盾纠纷多元预防调处化解综合机制"。社会治理

---

[1] 《习近平谈治国理政》第三卷，外文出版社 2020 年版，第 38 页。

的本质与发展趋势决定了必须加强社会心理服务体系和危机干预机制，而作为社会治理格局的体系之一，社会心理服务体系的建设已经成为推进新时代社会治理创新的重要内容和手段。

中国特色社会主义进入新时代，我国社会主要矛盾已经转化为人民日益增长的美好生活需要和不平衡不充分的发展之间的矛盾。随着物质性需要不断得到满足，人们越来越追求更多的精神性需要，包括理想信念、艺术审美、自我实现等，其中不容忽视的还有人民群众的心理健康服务需求。"民心所归，大事可成，民心所离，立见灭亡。"落实健康中国建设战略部署，将提高公民心理健康素养作为精神文明建设的重要内容是满足人民日益增长的美好生活需要，不断保障和改善民生的必要举措。

同时，良好的社会心理是社会发展的基础。一方面，良好的社会心理是保障社会和谐稳定，促进社会物质、精神文明发展的前提。健康稳定的社会心理能够培育积极向上的社会心态，有利于缓解社会矛盾，为社会治理凝聚精神力量，降低社会治理成本，推动各项社会建设和改革的顺利进行。另一方面，社会的发展又依赖于社会心理。浮躁、负面的社会心理必然会形成非理性的行为模式，致使各类社会问题产生，增加社会治理的难度和成本。社会治理过程中涉及不同主体、不同事件、不同程度的复杂社会心理过程，因此，社会心理服务体系是社会治理体系的重要组成部分，能够为推动实现国家治理体系和治理能力现代化提供重要保障。

（三）平安校园建设的重要环节

高校是社会的重要组成部分，高校的安全稳定既是高校自身改革与发展的基本前提，也是保障社会稳定的重要内容。高校在发展过程中，必须始终把安全稳定工作摆在突出位置，不断提高思想认识，创新体制机制，着力解决突出问题，进一步深化平安校园创建工作，提升平安校园建设水平。

近年来，大学生犯罪事件频发，几乎每年都会曝出高校学生伤人事件，高校学生自杀事件也常常见诸报端，并呈现上升之势。当代大学生的伤人与自伤事件令人痛心，本应风华正茂，成为国之栋梁的青年断送了自己的美好前程，走上了错误的道路。我国对平安校园的建设高度重视，各类影响校园安全的问题不断得到解决，全国高校无不在装配器材、增加人力、严格盘查、设规定章，多方举措以期消除安全隐患，但是平安校园的建设不仅在于外部环境的保障，更深层次地看，血的教训背后是高校学生心理健康问题为我们敲响了警钟。2019 年，中国青少年研究中心团队协同中国科学院心理研究所，针对青年的心理健康问题进行了专题调查，调查结果显示，在14—35 岁青年中，有 29.5%的受访青年具有抑郁风险，8.1%的青年具有抑郁高风险，青年群体的心理健康水平不容乐观。

高校学生心理危机预防与干预体系的建设对于打造平安校园具有至关重要的意义，是高校实现治理能力与治理体系现代化道路上的必要环节。大学阶段是青年各类压力较为集中的阶段，来自学业、人际关系、就业、情感等方面的压力不同程度地影响着大学生的心理健康。大学生心理健康问题不利于平安校园的建设，表现为以下几个方面：一是学生出现心理危机一时不能解决而引发的自伤、自杀及伤害他人事件；二是学生心理失衡、压抑而引发的偷窃、故意损毁他人及公共财物等；三是由于心理问题而导致的情绪失控所形成的暴力冲突事件等。这些大学生的心理健康问题给平安校园的建设带来了隐患，积极探索服务于平安校园建设的高校学生心理危机预防与干预体系是平安校园建设的重要课题。

二、对"立德树人"之高校心理育人方针的贯彻

（一）对高等教育育人本质的有效回应

从千军万马过独木桥式的精英教育到惠及大众的终身学习体系的建立和"双一流"大学全面建设，我国的高等教育事业为经济社会作出了重大贡献。长期以来，高等教育承担着促进整个社会可持续发展的重要使命，教育

是可持续发展的重要组成部分，更是实施可持续发展战略的关键因素。而社会可持续发展的主体是人，是全面发展的人，而高等教育的本质正是培养和塑造全面发展的人。

党的十八大以来，习近平总书记围绕"培养社会主义建设者和接班人"作出一系列重要论述，深刻回答了"培养什么人、怎样培养人、为谁培养人"这一根本性问题。从"四有"新人、"四有"公民、"四个新一代"到时代新人，育人的内涵随着国家战略和社会发展不断发生着改变，但不变的是培养全面发展的人的育人本质。马克思主义认为，人的发展的最高境界是人的自由全面发展，是"人以一种全面的方式，也就是说，作为一个完整的人，占有自己的全面的本质"①。习近平总书记强调，"必须坚持以人民为中心的发展思想，不断促进人的全面发展"②。这是对马克思主义"人的全面发展"理论的继承和发展，为推动人的全面发展提供了科学的理论指导，是习近平新时代中国特色社会主义思想的重要内容。

马克思站在人类和社会发展的历史高度，对人的全面发展的内涵做了科学的阐释。人的全面发展包含了人的个性和社会性的充分发展。人的个性的自由发展包括人的文化素质、道德素质、心理素质等在内的个人独特的主体性表现，每个人都能自主地、有选择地发展自己的兴趣和各项潜能，实现物质和精神的多方面自由而充分发展。人的社会性的充分发展包括在自觉、丰富、全面的社会关系中获得充分而自由的全面发展，实现人的发展同社会发展的和谐统一。

2017 年 12 月，中共教育部党组发布《高校思想政治工作质量提升工程实施纲要》，将"心理育人"纳入高校"十大"育人体系。作为高校思想政治教育工作的一条重要途径，心理危机预防与干预体系的建设以心理育人为抓手，在人才培养和促进人的全面发展中发挥着重要作用。通过心理层面对

---

① 《马克思恩格斯全集》第 42 卷，人民出版社 1979 年版，第 123 页。
② 《习近平谈治国理政》第三卷，外文出版社 2020 年版，第 15 页。

学生的引导，帮助学生形成健康的人格和积极的心理品质，对内涵养过硬的心理素质，对外养成良好的社会适应力。以此充分挖掘心理育人在高校立德树人过程中的独特价值，实现人的全面发展，培养担当民族复兴大任的时代新人。

（二）高等教育内涵式发展的内在要求

2020 年 6 月，中华人民共和国教育部发布的 2019 年全国教育事业发展统计公报显示，全国各类高等教育在学总规模 4002 万人，高等教育毛入学率 51.6%，我国高等教育已从大众化阶段进入普及化阶段。站在新的历史性起点上，我国高等教育的发展方式需进行根本性转变，从过去在空间与数量上的大规模外延式发展，转变为以提高质量、优化结构为核心的内涵式发展。提高高等教育质量的首要是提高人才培养的质量，努力培养德智体美劳全面发展的社会主义建设者和接班人。

《高校思想政治工作质量提升工程实施纲要》明确要求把心理育人纳入新时代高校思想政治教育工作十大重要育人体系。习近平总书记在全国高校思想政治工作会上强调指出，要培育理性平和的健康心态，加强人文关怀和心理疏导。2018 年，中共教育部党组印发《高等学校学生心理健康教育指导纲要》，从明确任务、加强保障、落实责任三个方面提出机制举措，聚焦人文关怀和心理疏导，着力构建中国特色高校学生心理健康教育服务体系，培育学生自尊自信、理性平和、积极向上的健康心态，促进学生心理健康素质与思想道德素质、科学文化素质的协调发展。这些重要文件和论断为做好新时代高校学生心理健康教育的顶层设计提供了指导。

可以看到，心理健康教育已经成为高校育人体系中不可缺失的一部分，高校心理危机预防与干预体系的建立是我国高等教育内涵式发展的必然要求。《礼记·大学》中写道："大学之道，在明明德，在亲民，在止于至善。"鲜明地点出了培养健全人格的重要性。作为人才培养的主阵地，高校要致力于人才的全面性、综合性、和谐性发展。高校不仅要传播知识、传播思想、传播真理，更承担着塑造灵魂、塑造生命、塑造新人的时代重任。当代大学生虽然身处环境相对单纯的校园，但接触社会的机会越来越多，学业、生活与工作的压力同样不小，大学生的心理健康关乎其个人能否全面健康发展、能否应对时代发展，也关乎高校乃至国家稳定发展的大局。

高校心理危机预防与干预体系的建设作为高校心理育人的保障机制，在高等教育实现立德树人根本任务的过程中起着重要的支撑作用。一方面，高校心理危机预防与干预体系的建设有助于培育大学生理性平和的健康心态，正确看待各种复杂的社会现象和实践，科学地看待和处理压力；另一方面，高校心理危机预防与干预体系的建设通过心理育人进一步挖掘高校立德树人的丰富内涵，推进新时代高等教育的综合改革。因此，高校心理危机预防与干预体系的建设对于提升当代大学生综合素质和能力，丰富高等教育的内涵，促进高等教育的高质量发展具有重要意义。

（三）完善高校协同育人格局的必然选择

中共中央、国务院《关于加强和改进新形势下高校思想政治工作的意见》提出，坚持全员全过程全方位育人。作为新时代育人理念和育人方式变革的重大命题，三全育人的实现需要实现多元主体间在不同阶段通过多样载体进行协同与配合，将立德树人的体制机制优势转化为育人实效。

从育人主体来看，高校构建心理危机预防与干预体系有助于调动育人主体的自觉性，无论是心理咨询师、辅导员还是宿舍管理员都应在其中担负起心理育人的使命，通过心理危机预防与干预体系整合育人力量，充分发挥不同主体在育人工作上的协同效应，营造合力育人的良好氛围。从育人过程来看，教师不只是在课堂上育人，学生也不只是在学校受教育，从学生招生到培养、从培养到就业，育人工作贯穿高校教育教学和学生成长成才的全过程。面对不同的成长学习过程，学生的心理也在接受着不同的挑战与锻炼，良好的体制机制有助于在不同阶段为学生的心理健康保驾护航。从育人方位来看，通过搭建完善的心理危机预防与干预体系，将心理育人融入学生的日常生活，实现各方有机联动，立足全方位，实现浸润式育人的良好成效。

同时，作为高校协同育人格局中的重要组成部分，心理健康教育呈现为一个独立的系统形态，其内部的各项运行也有赖于完善的体制机制。建立健全高校心理危机预防与干预体系有助于推动形成心理育人合力，通过统筹心理健康教育资源、凝聚心理健康教育力量，促进各方面育人力量在心理健康教育上的协同协作、同向同行。实现心理育人的全覆盖，将心理健康教育工作前置，最大限度地发挥心理危机预防机制的作用。心理危机预防与干预体系的建设与完善高校协同育人格局之间相互促进、相得益彰，由此，通过对立德树人之高校心理育人方针的贯彻，真正实现育德、育心与育人的有机结合。

三、对学生心理发展困扰之教育职能的落实

（一）心理危机识别与自救的依托

进入大学之后，由于生活环境、学习方式、角色定位的快速转变，面对学业、交友、恋爱、就业等新情况新问题，心理素质较差的大学生容易产生心理问题，引发心理危机。目前心理危机及其所导致的身心疾病已经成为大学生休学、退学乃至轻生的重要原因，因此对于大学生个人的发展而言，能准确识别心理危机和开展自救显得十分重要。

首先，积极向上的育人氛围是宏观基础。心理育人作为十大育人体系之一，与整体的育人环节密切相关。高校通过构建心理危机预防与干预体系充分发挥心理育人的作用，提升大学生的思想修养，塑造健康的人格，能够有效帮助大学生在人生观、价值观形成的重要时期建立起承受压力和应对问题的盾牌，以积极的心理状态应对生活和学习中的困难。

其次，心理健康知识的建立是基本保障。国家卫生健康委员会疾控局副局长雷正龙曾说，心理健康促进行动倡导个人和家庭采取维护心理健康的措

施，包括增强心理健康意识，号召公众正确认识心理健康问题，树立"每个人是自己心理健康第一责任人"意识。大学生作为自身心理健康的第一责任人，掌握基本的心理健康知识是大学生建立心理素质的基础和前提，大学生要掌握必要的心理健康知识，并能够不断更新和完善自己的知识结构，才能真正学会识别心理危机并展开自我救助。

最后，心理危机应对的实践是能力养成的关键。心理危机的自救能力是帮助大学生提高承受刺激，化解心理危机的能力，直接关乎大学生的心理健康水平。大学生需要通过建立自己的包括朋辈、心理咨询师、辅导员、班主任等在内的心理支持系统，通过不断地进行心理调适、危机预防和心理健康的自我维护与保健，不断将心理健康知识内化成自身的内在能力，为应对心理危机，实现危机自救提供经验。

（二）人格自我实现的有效途径

大学时期是人生发展的重要阶段，大学生正处在身心发展的关键时期，各方面的能力都将在大学生活中得到培养，如适应能力、交往能力等，而积极的心理素质和完善的人格也将在这一阶段得到塑造。

由于社会的发展，当代大学生在成长过程中往往面临比过去更少的压力和挫折，导致部分大学生心理承受能力较差，存在难以应对压力，容易出现心理问题的现象。大学生处于精力旺盛、思维活跃、学习力强的黄金时期，构建高校学生心理危机预防与干预体系有助于培养大学生积极健康的心理品质，帮助他们保持良好的精神状态，更好地进行学习和生活。马斯洛认为，自我实现可以定义为不断实现潜能、智能和天资，定义为完成天职或称之为天数、命运或禀性，定义为更充分地认识、承认了人的内在天性，定义为在个人内部不断趋向统一、整合或协同动作的过程。马斯洛将自我实现视为生命的意义，而人自身的和谐是人发展的坚实基础，只有当学生建立和谐稳定的情绪，保持积极的心理状态，才能更好地与周围的人、事、物展开交往，更好地发展自我。

首先，人格的自我实现以大学生的全面发展为目标，而心理健康是其中的重要环节。高校学生心理危机预防与干预体系的建立有助于大学生个体身心的健康发展，形成乐观、自信、坚强的心理品质，能够进一步提升大学生的获得感和幸福感，怀抱更高的希望和追求，提高学习效率，更好地发挥其创造力，促进大学生的全面发展，使其成为高素质的综合型人才。

其次，人格的自我实现以协调自我与社会的关系为导向。人格的自我实现不仅仅是人自身的成长，更是包含着对社会的积极贡献。在高校心理危机预防与干预体系下，一方面，大学生的自身需求被不断满足，个体得到充分发展。另一方面，大学生作为社会中的一员，建立积极健康的心理状态能培养他们对社会的责任意识和奉献精神，以宽阔的视野和包容的心态理解社会，在社会发展的过程中进行自我实现，也在实现自我的过程中推动社会发展。

四、对高校开展心理危机预防与干预工作的指导

（一）高校心理危机预防与干预工作的现实需求

构建高校学生心理危机预防与干预体系源于现实需求。近年来，随着社会经济快速发展、社会价值的多元、生活节奏的加快，大学生群体的心理问题也日趋严重，大学生是社会中文化层次高、发展潜能大的年轻群体，同时处于心理发展的敏感期，在面对学业、情感、人际关系、就业等压力时容易陷入矛盾与冲突中，心理发展状况容易失衡，大学生已经成为心理危机发生的高危人群。不少高校学生心理危机事件频发，尤其是自杀事件时有发生，给学校、家庭和社会带来了惨痛的代价，引起了社会的广泛关注。构建高校学生心理危机预防与干预体系既是学生成长成才过程中的需求，也是保障高校稳定、家庭幸福、社会和谐的重要需求。

有研究表明，大学生自杀事件的发生常常与高校心理危机预防与干预管

理存在的问题有很大的关系。当前，大学生群体中遭遇心理危机已不是个别现象，心理危机对大学生造成的影响，也不再只是自杀、伤人等问题。从发展的角度来看，高校学生心理危机预防与干预工作要更多地从培育大学生理性平和的健康心态、加强人文关怀和心理疏导的角度出发，进一步开阔视野、拓展思路，加强和改进大学生心理危机预防与干预工作管理体系，更系统、更专业、更扎实地开展工作，以保障大学生的正常学习生活、促进大学生成长成才。

（二）高校心理危机预防与干预工作专业化发展的需求

近年来，高校心理健康教育工作取得了积极的进展，呈现出良好的态势。但不应否认的是，我国高校心理健康教育起步较晚，高校学生心理健康教育存在一些短板和薄弱环节。不同地区和高校对心理健康教育的重视程度不一，实施心理健康教育的途径与方法单一，学生心理危机预防与干预体系尚未健全等问题尚未解决，高校的心理健康教育还不能满足大学生心理健康发展的需要。

生命安全大于一切，严峻的大学生心理工作需要系统的教育规划，解决危机的防控部署和专业的心理疏导。因此，构建大学生心理危机预防与干预工作管理体系极其重要，一个健全有力的系统，不仅是解决大学生心理健康问题的重要手段，也是高校思想教育工作亟待解决的工作重点。

随着我国高校心理健康教育工作的不断发展，大学生心理危机预防与干预工作已初有体系。大部分高校都建立了针对大学生心理危机的预防与干预工作体系，但专业化规范化程度不高、主观性随意性较强、对工作整体把握认识不足、地区间差异较大等问题严重阻碍了高校心理健康教育的进一步发展。高校心理健康教育的专业化发展需要具有可操作性的科学指南，建立针对性强、操作性强的大学生心理危机预防与干预工作管理体系有利于帮助高校加强大学生心理危机预防与干预工作的规范化建设和专业化发展。

第二节　高校学生心理危机三级
预防体系建设的必要性

一、心理危机三级预防体系建设的内涵

（一）心理危机三级预防体系的概念

2018 年 7 月，中共教育部党组印发的《高等学校学生心理健康教育指导纲要》指出，要推动教育教学、实践活动、咨询服务、预防干预"四位一体"的心理健康教育工作格局的基本形成。而从心理危机演进的一般规律来看，心理危机从产生到形成和爆发存在一定的阶段顺序，以此为对应，可通过建立心理危机三级预防体系在各个阶段采取相应的应对措施，以尽可能减轻伤害，将心理危机的持久性与破坏性降到最低。心理危机三级预防体系是由心理危机预防体系、心理危机预警体系和心理危机干预体系共同构成的，旨在通过有效的监控、预测和防范，最大限度地降低心理危机发生的系统化运行体系。三级预防体系连续梯次性递进，建立起一张科学有效的心理健康保护网络。

第一级，心理危机预防体系。心理危机预防体系致力于在心理危机形成和爆发前的预测和干预，是一种超前的干预机制。作为第一级预防，服务对象是整体人群。主要通过消除或减少病因或致病因素来防止和减少心理问题的发生，是最积极、最主动的预防措施，主要内容包括普遍开展心理健康保健工作，加强精神卫生知识的普及，建立心理档案，及时提供心理咨询服务，促进自我保健等。

第二级，心理危机预警体系。心理危机预警体系就是在心理危机演化成具体的、现实可见的危害前的干预机制。随着心理危机干预的研究不断发

展，心理危机可防可控的特性逐渐显露，心理危机预警体系的重点就在于早期发现、早期诊断、早期治疗，从而控制心理危机的发生，其主要内容包括心理危机常见预警信号的识别、信息沟通渠道的完善、预警工作应对的流程规范等，服务对象是易产生心理问题或心理危机的潜在人群。

第三级，心理危机干预体系。心理危机干预体系是在心理危机事件发生时及发生后，帮助危机当事人尽快恢复心理功能、安全度过危机的应对机制。干预体系旨在通过采取紧急应对方法有效化解心理危机的发展，为出现心理危机的当事人提供专业的心理援助，减少心理危机事件的危害和损失。心理危机干预体系服务的对象为已经产生心理危机的人群，主要包括危机的识别与评估、危机干预的技术与基本策略、危机的预后等内容。

高校心理危机三级预防体系以学校为主导，统筹校内心理中心、保卫处、宿管办、院系等单位，协同高校、家庭和社会的多种资源和力量，通过建立心理危机三级预防体系在高校心理危机的实践探索中开拓新的途径，为大学生的心理健康和全面发展保驾护航。

（二）心理危机三级预防体系的特点

第一，重视心理危机干预的前期预防。心理危机的第一级预防是投入最少、效率最高且最为积极的预防措施。心理危机预防机制通过宏观性的根本措施，以及针对性的重点关注，做到及早发现、及早预防、有效干预、防范自杀和伤害他人事件的发生，预防机制的作用范围覆盖了全体师生。与此同时，心理危机三级预防体系层层递进，每一级预防机制都对提升大学生的心理素质和综合素养起着重要的作用。在心理危机三级预防体系下，大学生心理危机干预的途径更加多样化，将心理危机干预的内容逐渐渗透到高等教育教书育人的方方面面，为开展危机干预营造了良好的环境和氛围，有助于避免心理问题的产生，将心理问题扼杀在摇篮中。

第二，充分发挥多元主体的联动作用。心理危机三级预防体系是一个科学全面的体系架构，借助不同人员、不同层级和不同方面的力量，形成一张专业化和兼职人员结合、领导和群众结合、教师和学生结合、校内和校外结合的立体网络以发现和解除危机。学校的心理中心、班主任和导师、院系辅导员、心理委员以及宿舍工作人员和其他辅助人员（保卫、医院、学生工作部等）都是心理危机三级预防体系的有效组成部分。简而言之，高校学生心理危机预防与干预工作人人有责，有赖于多方的共同参与形成强大合力。

第三，心理危机干预功能的充分拓展。心理危机干预最基本的功能在于对造成心理危机的原因及其初步发展做到预警和监控，并对处于心理危机状态的个人及时给予适当的心理援助，帮助其尽快摆脱困难，主要属于矫正性的消极目标。然而，在高校心理危机三级预防体系下，心理危机干预的功能被进一步丰富和拓展。帮助大学生学会悦纳自我、适应环境，不断发展健全人格。心理危机三级干预体系与高校育人工作同向同行，在不同学生的不同成长阶段中发挥不同的作用。

《大学生对精神病先期指示效用的看法》（*University students'views on the utility of psychiatric advance directives*）一文中提到一种"精神病先期指示"（PAD）心理危机预防干预机制。

PAD 是一种法律文件，允许个人在精神危机期间，当他们不能很好地陈述自己的需求时，记录他们的治疗愿望。在 PAD 中，个人可能会发现：（1）复发迹象；（2）个人在危机时希望接受或拒绝的药物；（3）需要联系的人；（4）在其他人处于危机时帮助他们的策略。PAD 还可以提供关于人的心理健康史的有限的信息发布。用 PAD，大学可以允许大学生与相关的支持人员沟通，识别复发的警告信号，描述有效的干预措施，并提前给予特定药物的使用许可。大学将能够收集必要的信息，在危机管理方面提供指导。

文章中面向高校学生进行调查研究，调查高校学生对于 PAD 的态度。有部分认为该机制有潜在的问题，因为 PAD 的使用引起了侵犯学生隐私和侮辱学生的风险，但大部分人认为，如果其实施确实是为了解决严重精神病患者独特的需求，对于患有严重精神疾病的大学生来说，PAD 可能是一种深受欢迎的、潜在的强有力的干预措施。通过提供这种干预的措施，我们也许能够确保大学生不仅在危机中得到他们需要的照顾，而且通过早期有效的行动和治疗减少危机。

（三）心理危机三级预防体系的作用

心理健康教育是素质教育的重要组成部分，是实施"面向 21 世纪教育振兴行动计划"落实"跨世纪素质教育工程"、培养跨世纪高质量人才的重要环节。建立心理危机预防、预警、干预的三级体系使得高校在学生心理危机事件发生前就逐步建立起危机应对的网络，通过学生心理危机事件发生时和发生后的调动、协调、整合进行及时、有效的危机干预，为大学生的健康成长和全面发展提供重要的保证。高校心理危机三级预防体系有别于一般的心理危机干预，其作用可分为以下三方面。

第一，保障心理健康。一方面，心理危机三级预防体系帮助大学生解释、缓解、降低/减少在成长过程中产生的各种心理矛盾和困惑，对出现心理问题的学生进行及时的诊断、干预和治疗。另一方面，通过开展广泛的心理健康教育，不断增强高校学生的心理健康意识，帮助大学生正确认识自己的心理，使他们对心理健康问题的基本知识与方法有基本的了解和掌握，通过自我教育不断提升自身心理素质。

第二，优化个人品质。心理素质是一个人的性格品质、心理能力，心理动力、心理健康状况及心因性行为的水平或质量的综合体现。心理危机三级预防体系是一个全面的系统，能够拓展、提升学生的心理素质，使学生更好地面对自身与外界发生的各类转变，更加从容地看待问题、解决问题，锻炼出良好的社会适应能力。在成长中学会控制自己、学会学习、学会交往、学会做人，成为一个具有良好的意志品质的人。

第三，挖掘潜在能力。任何心理活动都存在着潜能，科学证明，绝大多数人的心理活动还有相当多的能量没有被挖掘，而这些潜能能够通过训练逐步释放出来。国内外不少学者提出，将开发大学生的心理潜能和创造力作为高校心理健康教育的终极目标。心理危机三级预防体系通过各类课程教育、心理训练、社团活动等机制和平台，让学生充分认识到自己的发展潜能，并通过锻炼不断开发与发展这些潜能，提升自我的认知能力、情绪智力、意志力与创造力，成长为拥有高素质的新时代青年。

二、高校学生心理危机演进过程的理论依归

虽然心理危机具有特殊性，不同个体的不同心理危机因人而异，但心理危机的发展始终遵循着普遍的规律，呈现出在阶段上的一致性。心理危机三级预防体系环环相扣，与心理危机的发展相对应。

首先，心理危机在产生的初期具有普遍性。心理危机的前期并不是以个体的精神出现疾病症状来呈现的，在面对突发性、应激性事件时，心理调节机制会出现短暂的失衡，产生焦虑、紧张、急躁等负面情绪，这是普遍且正常的现象。绝大多数情况下，根据个体自身的应对能力和自助理念，能有效化解危机，但也存在无法顺利解除危机而导致危机的进一步爆发。因此建立心理危机预防体系，应提高学生面对危机事件的处置能力，建立起良好的心理素质。

其次，心理危机在产生时具有差异性。研究表明，不同性别、年级和专业的学生在心理危机中的表现不同。学校应侧重关注容易产生心理危机的大一新生、求助意愿较低的理工科学生等群体，对学业压力大、学习任务重、难度大的专业的学生予以重点关注，通过心理危机预警体系建立信息库，启动多级预警系统及时进行追踪，一旦发现学生心理有异常变化，必须及时地加以疏导和治疗。

最后，心理危机在爆发后具有很强的破坏性。心理危机一旦爆发，及时有效的危机干预就显得尤为重要，如果能及时介入消除危机事件，使其恢复心理健康和平衡的状态，则有助于个体的心智健全和人格发展。反之，个体

的心理长期处于失衡状态，且得不到专业人士或身边人的帮助，就会加深心理危机的严重程度。

三、当代高校学生的心理危机与求助的特点

（一）与高校学生心理危机的特征相适应

高校大学生心理危机的特征是构建心理危机预防体系构建的重要基点，高校心理危机三级预防体系牢牢把握高校学生心理危机的特征，能够及时发现心理危机的征兆并有效预防和应对心理危机的产生。

第一，潜在性。心理危机的演进大多存在一定的阶段，是由负面因素的积累而逐渐发展的，从量变到质变的过程，心理问题在产生之初具有隐蔽性。在大学阶段，原本家庭与学校的控制力减弱，学生的自主性提高，逐渐成长为一个独立的个体。由于自我意识的增强，或是对自身心理问题存在认识上的误区，一些危机个体为了获得老师和同学的认可，会倾向于掩饰自身的心理问题，将危机深藏于内，不让他人发现。因此，建立完善心理预防机制与环环相扣的预防体系尤为重要。

第二，可察性。大学生心理危机普遍存在于大学生的生活学习之中，与大学生的成长过程密切相关，因此大学生容易遭遇到的心理危机因素在内容与时间上存在一定的规律，如大学新生的适应性危机、毕业生的生涯性危机、期末考前的学业性危机等。通过把握规律，可以在重要节点和关键事件来临前采取必要措施预防心理问题的发生。此外，校园环境相比社会简单，大部分大学生的活动地点和交往对象呈现有序和单一的特征，因此我们可以获取学生的大体情况，根据掌握当事人的学习和生活情况掌握其有可能产生的心理危机因素，也容易从与当事人的接触和周围同学和朋友的反馈中及时发现问题。因此，构建心理危机三级预防体系能够通过提前布控和准确干预，将可能出现的危机化解在初始状态。

第三，突发性。突发性与可察性不矛盾。心理问题的发展可能要经历一定的过程，但心理危机的发生常常以爆发的形式呈现，总是难以预测。心理问题最终可能在某一应激事件的刺激下引发心理危机的发生，如考试失败、恋爱关系破裂、家庭发生变故等。对于本身的心理防线脆弱的学生，这些突如其来的变动会使他们的心理问题演变成为心理危机。因此，建立心理危机三级预防体系，加强学生心理危机常见预警信号的识别，形成科学高效的应急处理机制十分必要。

（二）与高校学生心理危机求助的特征相适应

普遍来看，随着社会生活节奏的不断加快和社会竞争的日趋激烈，大学生心理困扰和心理危机呈现不断增多的趋势，多项调查结果显示，大部分的自杀死亡或自杀未遂者从来没有因为其问题寻求过任何形式的帮助。因此，建立心理危机预防与干预体系时，必然要关注大学生的心理危机求助特征。

第一，大学生对心理健康基本知识了解不足。大学生对心理知识的了解程度普遍较低，在遇到心理问题时，缺乏自我心理保健的常识和觉察及应对心理问题的能力。许多心理问题难以做到早发现、早治疗、早解决。因此在全校范围内开展心理健康教育和宣传，强化全员的心理健康教育观念，将心理危机干预前置，健全心理危机预防体系，紧密关注大学生的心理情绪变化，尽早发现大学生的心理困扰和心理问题，有效地引导大学生进行自我援助并求得心理帮助。

第二，大学生在求助方式上表现为先运用自我资源，再寻求外在资源。当代大学生在发生心理困扰时，表现为积极的自我救助，愿意向身边亲密的朋友和学长学姐倾诉，其次是向辅导员、班主任等关系密切的人群，此外还有老师、家人与网友等。因此，建立心理危机预防与干预体系，加强对围绕大学生生活与学习的周边群体（如心理委员、辅导员、宿管等）的心理健康教育培训是十分必要的。

第三，大学生对接受心理治疗存在一定的恐惧和回避心理。大学生在产生心理问题时，往往会出现对接受治疗的恐惧，而不能勇敢地去寻求帮助。大部分大学生对他人的意见和看法尤其敏感，总是希望能获得他人的认可，在行为上保持与他人一致，并尽可能地避免他人的拒绝和嘲讽。因此，对于接受治疗比较抗拒，不仅担心咨询的结果，也害怕转变既定的思维方式和行为习惯。建立心理危机预防与干预体系有助于营造心理求助的氛围，通过多种形式对学生实施积极的影响和干预，使大学生对于心理咨询与治疗具有正确和积极的认知，激发大学生主动求助的动机。

四、高校心理育人的职能与思政工作体系的特点

（一）心理育人与思政工作的开展要求相顺应

我国在指导高等教育发展的相关政策文件中，对心理健康教育和思想政治教育的开展实施发布了多项意见，越发重视心理育人和思政工作之间的相互促进，为二者的有效结合提供了政策指导。2020 年，教育部印发的《高等学校课程思政建设指导纲要》，将心理健康教育与中国特色社会主义和中国梦教育、社会主义核心价值观教育、法治教育、劳动教育、中华优秀传统文化教育列为实现课程思政建设的重要组成部分。对深化心理健康教育的课程思政，全面推进"育心与育德相统一"，提升心理育人质量体系提出了新要求。

党的十九大报告指出，要全面贯彻党的教育方针，落实立德树人根本任务，发展素质教育，推进教育公平，培养德智体美全面发展的社会主义建设者和接班人。新时代高校要培养全面发展的高素质人才，最为根本的就是塑造和提高人的思想素质，然而大学生的心理健康问题一次次为高校思政工作亮起了红灯，为新时代的思政工作提出了新的挑战。良好的思想素质必须以健康的心理为前提，一个具有适应困难、难以应对挫折和控制自身情绪的人很难树立起崇高的理想和优秀的品德。作为发展人格的重要手段，心理育人

为有效推进思政工作提供了心理条件，与思政工作促进人的全面发展的价值取向相顺应。

当前，我国高校心理健康教育的发展还处在初级阶段，更多地借鉴于国外的先进理论与实践经验。然而中西方发展的巨大差异，高校与学生的不同情况使得我国的心理健康教育面临着新的情况和问题。而心理育人则是具有中国特色的创造性育人理念。在大学阶段，学生遇到的问题大多不是简单的一个问题，而往往存在着思想问题与心理问题相互交织的现象。思想观念对心理素质的发展具有导向作用，思政工作在培养人的崇高理想、坚定信念、优秀品德等方面为心理育人打下了坚实的基础。

因此，心理健康教育与思政工作相互交织、渗透，将心理健康教育与思政工作相结合，创造性提出心理育人的理念既是高校思政工作时代性发展之需，也是心理健康教育进一步发展之求。

（二）心理育人与思政工作体系相契合

作为培养大学生成长成才中的重要组成部分，从本质上来看，心理育人与思想政治工作是辩证统一的，二者即便在内容和方法上存在诸多差异，但在实践过程中，在主体、目标及学科关系的层面，二者相辅相成，不可分割。

一是主体的契合。思政工作旨在从社会生活的方方面面去研究人、了解人、引领人，心理学从人的心理活动的一般规律和生理机制来研究人、剖析人、解释人，在高校，无论是心理育人还是思政工作，其作用的主要对象都是大学生。我国高校的思政工作者，如辅导员、班主任等通常担任着学生思想的领路人和心理疏导者的角色，心理育人工作与思政工作有着高度重叠的人员支持。人员构成上的交叉不仅是心理育人工作与思政工作相结合的契合点，也是二者在本质上不可分割的重要原因。

二是目标的契合。思政工作积极引导大学生树立共产主义远大理想，确立马克思主义的坚定信念，以学生全面发展为目标，旨在培养德智体美劳全面发展的社会主义合格建设者和可靠接班人。心理育人的目标是增强人的心理素质，充分发挥学生的潜能，提高其调控自我，承受挫折，适应环境的能力，培养学生良好的心理品质和健全的人格。作为高校育人的两种手段和方法，心理育人与思政工作的目标都是为了培养能适应社会发展，具有完善人格和良好素质的，能担当民族复兴大任的时代新人。

三是学科的契合。从根本上说，思政工作是做人的工作，人的复杂性决定了思想政治教育学的综合性，思想政治教育学涉及社会学、教育学、政治学、心理学等多个学科领域，使之产生了思想政治教育学与心理学的学科交叉局面。思想政治教育学研究的逻辑起点在于人的思想与行为，人的思想和行为又与人的心理活动息息相关，而人的心理活动与行为是心理学的研究对象。思想政治教育学与心理学之间的学科交流借鉴不断拓展和深入，尤其在近年来，"思想政治教育心理学"作为一门新兴交叉边缘学科应运而生，思想政治教育学与心理学之间的关系越发密切。

（三）心理育人契合思政工作矛盾的解决

一般认为，思想政治教育的本质是一定社会意识形态的教化和灌输，在当前的高校思政工作中，理论灌输法是最常见的教学手段。理论灌输法是列宁在 20 世纪初针对没有社会主义意识的工人阶级进行科学社会主义理论教育时提出的方法，在当时，进行理论灌输法的前提在于把受教育者视为无意识的教化对象，而只能采取灌输的方法使受教育者无条件认同和接受教育内容。然而高校思政工作的成效取决于受教育者主体能动性的发挥，只有以受教育者自觉、自主地接受为前提。思想政治教育的灌输本质让思政工作内部存在着一定的矛盾张力。

2019 年 3 月 18 日，习近平总书记主持召开学校思想政治理论课教师座谈会并发表重要讲话。在推动思想政治理论课改革创新方面，习近平总书记指出要坚持灌输性和启发性的统一。灌输性是高校思想政治教育工作的基础性特征，要求分析灌输法在高校思政工作的实际运用中存在的问题，寻找增强灌输实效性的方法。思想政治教育在灌输性方面的不足，需要用启发性来进行优化与延伸。高校思政工作要注重调动学生的学习主动性，启发学生独立思考，引导其进行积极的探索，形成稳定于学生内在品质的精神力量。

心理育人是一种以心育心、塑造心灵的育人方式，不同于简单的心理健康教育工作，心理育人运用积极心理学的理念，关注学生潜能的开发和个性的全面发展。心理育人以润物无声的姿态潜入学生的心灵深处，培养学生形成正确的认知、积极的情感、坚强的意志，以更加主动和积极健康的心态来面对各种问题。心理育人是一项提升高校思政工作质量的长期育人工程，它是学生正确理解、有效接受思想政治教育的前提，对思政工作有着重要的启示与指导价值，能够弥补思政工作在灌输性上存在的不足，更好地理解学生，调动学生的积极性，契合思政工作内部矛盾的解决，推动高校思政工作由"教育人"向"服务人"转变。

第三节　高校学生心理危机预防与
干预的发展历程

一、国内心理健康教育发展历程回顾

福州大学学生处潘曦在《近三十年我国大学生心理健康教育工作历史、现状与对策研究综述》中较为系统地阐述了国内心理健康教育的发展历程。目前教育界、学术界对于我国大学生心理健康教育发展的历程的阶段及相应时间的界定还不是十分统一。总结国内学者的观点，大致可分为两类。其中一部分学者将其分为五个阶段：

（1）萌芽阶段：20世纪初以前。

（2）探索阶段：20世纪初到80年代中期。

（3）起步阶段：20世纪80年代中期到1994年。

（4）普及阶段：1994 年 8 月至 2001 年 3 月。

（5）提高完善阶段：2001 年 3 月至今。

相当一部分专家学者认为我国高校大学生心理健康教育的发展大致经历了四个阶段：

（1）调查、呼吁期：20 世纪 80 年代初、中期。

（2）尝试、起步期：20 世纪 80 年代中后期至 90 年代初期。

（3）探索、发展期：20 世纪 90 年代初至 90 年代末。

（4）推进、繁荣期：20 世纪 90 年代末至今。

根据以上观点，可以将国内大学生心理健康教育的历史分为五个阶段。

第一，萌芽阶段：20 世纪 80 年代初至 1984 年。1977 年，我国高考制度恢复，当时高校学生的身份、年龄、教育背景都有着较大的不同，同时由于高考制度中断了十年，使得高校的师资资源、管理经验、教育理念都有着很大的缺失，加之当时改革开放而引起中国社会的深刻变革，不同思潮的涌现和碰撞，造成高校不少学生出现了精神、思想、心理层面引发的教育问题，导致高校教育中除了传授知识之外的学生思想、心理教育成为高校教育的最大压力。① 80 年代初期，我国一些学者（如叶广俊、徐建成、骆伯巍、陈家麟、范慧琴等）和研究机构开始进行学生心理健康状况的调查，并发表一系列有关学术及调查报告，在教育界产生一系列的影响。这一阶段，由于历史的原因、社会的变革，中国高等教育正在经历一个虽然混乱、但却充满活力与生机的时代，高校学生精神层面的发展及健康问题已经引起了高校教育工作者的注意，但是"心理健康"这一专有名词在该阶段的后期才出现，教育界对其的定义和概念尚未明确，还是一个新鲜事物，属于萌芽状态。②

第二，起步、探索阶段：1984 年至 1990 年。1984 年，浙江省湖州师范

---

① 马建青：《心理卫生与心理咨询论丛》，浙江大学出版社 2005 年版，第 45—63、72 页。

② 王群：《大学生心理健康教育》，复旦大学出版社 2005 年版，第 32—40 页。

专科学校兼任班主任的心理学教师在校园张贴了面向大学生的心理咨询海报，标志着高校心理咨询历史的开始。作为高校心理健康教育重要组成部分——高校心理咨询第一次出现在高校校园中，高校心理健康教育有了明确的工作方法和工作内容。到 1986 年底，全国有 30 多所高校建立了心理咨询室并开展工作至今。1986 年，班华教授第一次提出了"心育"的概念，引起教育界的广泛重视。1984—1989 年，众多高校开始宣传由班华教授提出的"心育"概念，开展心理咨询活动。1986 年 12 月，中国心理卫生协会在北京召开首届青少年心理卫生学术交流会，这个会议对我国大学生心理健康教育具有十分重要的意义。① 在各高校中，开始出现一些普及心理健康常识的讲座，一些高校教师通过个别辅导、谈心来解决学生存在的困扰；一些心理学教师或对心理学感兴趣的教师开始义务、兼职地对进行学生初步的心理咨询活动，成立各类非官方的学术探讨组织进行小范围的交流。

第三，初步发展阶段：1990 年至 1994 年。1990 年，"高校心理咨询研究会"（后改名为中国心理卫生协会大学生心理咨询专业委员会）成立，同年在京召开了全国大学生心理咨询专业委员会成立大会暨首届学术年会。全国性专业组织和定期学术交流会议制度的建立，标志着我国高校心理健康教育进入发展阶段，专业心理咨询和心理健康教育终于正式成为我国高校教育的一个组成部分，得到教育界的普遍认同和确认。在这一阶段，心理健康教育工作也开始受到国家、政府主管单位的认可和重视。1992 年，国家教委、卫生部等部门联合下发了《中小学生心理健康教育基本要求（试行）》，心理健康教育被列为八项主要教育内容之一；1993 年 2 月中共中央、国务院印发的《中国教育改革和发展纲要》中，明确指出心理素质是受教育者全面发展的标准之一。

第四，快速发展阶段：1994 年至 2001 年。这一阶段我国高校的心理健

---

① 樊富珉：《大学生心理健康教育研究》，清华大学出版社 2002 年版，第 20、35—39、68 页。

康教育工作主要在两方面获得了快速的发展和较大程度的提升。[①] 一是国家政策方面的大力扶持，大量国家相关政策、指导性纲领文件的出台；二是教育界、学术界关于高校大学生心理健康教育的理论水平逐步提高；三是高校大学生心理健康教育具体工作得到落实，开始切实实施和开展。

第五，全面发展、总结提升的阶段：2001年至今。进入21世纪，我国高校心理健康教育工作进入了全面发展、总结提升的阶段。在国家政策层面，心理健康教育不再局限于作为主管领导机构的工作范围，已经上升为国家战略。2001年3月，少年心理健康教育被写进第九届全国人民代表大会第四次会议通过的《中华人民共和国国民经济和社会发展第十个五年计划纲要》，成为国家"十五"计划的组成部分。另外，在学科建设方面，普通高校也相继设立了心理健康教育的研究方向，重点由理论研究落实到了全方位、多角度、创新方式的实践研究。在心理健康教育开展得比较好的省市已经开始进行地区性独立的交流研究，基本都设立了地方性的心理健康教育分会，并且成立了心理咨询机构，开设了心理健康教育系列课程，开展了各种心理健康教育宣传和普及活动。同时，随着高校对于心理健康教育相关知识的不断宣传，许多大学生对所谓的相关心理问题也不再过度担忧，胡思乱想，危言耸听，而是积极收集并吸收心理健康知识，参与各种校园心理健康文化活动，正确面对成长困惑，勇敢寻求心理咨询服务，各高校的心理健康教育也得以全面展开。

二、高校学生心理危机预防与干预的政策演进

1982年，北京师范大学建立我国第一个心理测量与咨询服务中心。1984年，北京大学心理系建立了心理健康咨询室。随后，上海交通大学、华东师范大学等一些高校相继开始成立心理健康咨询机构。1990年，中国

---

① 许岱民：《大学生心理健康教育的现状与对策》，《中国科技信息》2011年第11期。

心理卫生协会常务理事会讨论通过成立"高校心理咨询研究会",并于同年11 月在北京师范大学召开全国大学生心理咨询专业委员会成立大会暨首届学术年会。我国心理危机干预也正是在 20 世纪 90 年代开始发展的。我国有据可查的第一例真正意义上的心理危机干预发生 1994 年新疆克拉玛依火灾后,北京大学精神卫生研究所专家对伤亡者家属进行了为期两个月的心理干预。① 此后,我国政府和教育管理部门开始逐渐重视心理健康教育工作。

1994 年,中共中央印发《关于进一步加强和改进学校德育工作的若干意见》,要求"通过多种方式对不同年龄层次的学生进行心理健康教育和指导,帮助学生提高心理素质,健全人格,增强承受挫折、适应环境的能力"。同年 5 月,思政司举办首届高校心理咨询教师培训班。1995 年,国家教委颁布的《中国普通高等学校德育大纲》,明确将心理健康教育列为德育工作内容。

2001 年,教育部印发《关于加强普通高等学校大学生心理健康教育工作的意见》,强调了心理健康教育的重要性和紧迫性,并就高校开展心理健康教育的基本条件、主要任务、实施途径、师资队伍、注意问题等提出了明确要求。2002 年,教育部办公厅印发《普通高等学校大学生心理健康教育工作实施纲要(试行)》,对大学生心理健康教育工作的任务、方法、途径和师资队伍建设等作了进一步要求。2004 年,我国第一个由政府创办的心理危机干预中心在杭州成立。同年,中共中央、国务院印发《关于进一步加强和改进大学生思想政治教育的意见》,为大学生思想政治教育工作提供了战略性指导,心理健康教育也被作为重要内容纳入其中,文件对于要求制订大学生心理健康教育计划、建立健全心理健康教育和咨询的专门机构、配备足够数量的专兼职心理健康教育教师等提出了指导性意见。2005 年,教育部、卫生部、共青团中央发布《关于进一步加强和改进大学生心理健康教育的意见》,明确了大学生心理健康教育的总体要求,就进一步提高大学

---

① 郭薇等:《心理危机干预概论》,四川科学技术出版社 2007 年版,第 7 页。

生心理健康教育和心理咨询工作水平、加强大学生心理健康教育队伍建设、建立和完善大学生心理健康教育领导体制与工作机制等方面提出了要求。至此尚缺少对大学生心理危机预防与干预工作提出重要指导的文件。

2011年，教育部印发了《普通高等学校学生心理健康教育工作基本建设标准（试行）》，其中提到了大学生心理危机预防与干预体系建设的要求，但也只是原则性的，难有评估的可操作性。同年，教育部办公厅印发《普通高等学校学生心理健康教育课程教学基本要求》，对大学生心理健康教育教学体系建设作出了教学目标、教学任务、教学内容、教学方法、开课方式、课时数等的具体规定，从而使高校心理健康教育教学工作有了评估的依据和标准。2012年10月，《中华人民共和国精神卫生法》由第十一届全国人民代表大会常务委员会第二十九次会议通过并正式予以公布，2013年5月1日起施行，这是我国规范精神障碍患者治疗、保障精神障碍患者权益和促进精神障碍患者康复的一部法律。目前我国教育管理部门尚没有出台有关高校学生心理危机预防与干预工作具体规定和明确要求的文件，只是各省、市、自治区和高校纷纷制定了大学生心理危机干预方面的文件，如江西省建立了大学生心理问题危机干预机制，湖北省制定了《高校大学生心理危机干预及自杀预防实施方案》，北京大学、浙江大学等高校都建立了学生心理危机干预应急机制等。

2018年，中共教育部党组印发《高等学校学生心理健康教育指导纲要》，从明确任务、加强保障、落实责任三个方面提出机制举措，坚持育心与育德相结合、教育与咨询相结合、发展与预防相结合，聚焦人文关怀和心理疏导，着力构建中国特色高校学生心理健康教育服务体系，培育学生自尊自信、理性平和、积极向上的健康心态，促进学生心理健康素质与思想道德素质、科学文化素质的协调发展。《高等学校学生心理健康教育指导纲要》是做好新时代高校学生心理健康教育的顶层设计和系统性、规范性文件。

三、高校学生心理危机预防与干预的变迁与发展

（一）心理危机干预意识的觉醒起步阶段（1949—1999 年）

在中华人民共和国成立后很长一段时间，国内的心理学研究是处于停滞状态的。国内心理危机干预真正的起步是在 20 世纪 90 年代，其间对国外的心理危机干预理论进行学习、吸收和创新。中国第一所心理危机干预中心于 1992 年 5 月 30 日在南京神经精神病防治院成立。该中心面向的人群是所有人，包括高校的大学生，目的是帮助他们应对消极悲观的观念和轻生念头，达到拯救生命的意义。主要的方式是设立心理危机专线电话，在每天 8：00—23：00提供免费服务。以通过热线电话进行心理危机救援的方式发展起来，心理学者开始对热线电话心理危机干预的作用进行研究。对明显有自杀企图的咨询者采用了英国牛津大学所主张的危机干预策略，共有五个步骤：（1）问题或危机的评估；（2）解决和处理问题；（3）生活指导及提供预防措施；（4）危机的解决结束干预；（5）随访。绝大多数自杀企图者通过这种干预和处理，情绪得到缓解，自杀危险性降低。

（二）心理危机干预评定的探索发展阶段（2000—2010 年）

2005 年，《关于进一步加强和改进大学生心理健康教育的意见》明确要求，高校要加强大学生心理危机干预工作，努力构建并完善各种危机干预机制，由此推动了高校心理危机干预工作的开展。2008 年汶川大地震之后，大量人员伤亡给当地人民造成了严重的应激性精神创伤，甚至产生了极端的焦虑、抑郁等情绪，这些严重地影响了灾后重建和人们正常生活的开展。因此，我国对心理危机干预工作的重视程度也达到了前所未有的高度。不少学者和专家响应国家号召和社会需求，持续不断地加入了心理危机干预研究的行列之中。研究主要集中在对心理危机干预的原因剖析、存在问题、建议及

应对措施等方面，少数学者涉及心理危机干预的阶段和模式研究。因为心理危机干预并不一定都是按照线性发展的，所以任务模型的出现就有其合理性。

（三）心理危机干预体系的质量提升阶段（2011—2019 年）

大学生心理危机干预对策和机制研究存在着非常多的共性，主要可以概括为以下几个方面：

（1）在高校普及大学生心理健康教育，让大学生知晓有哪些常见的心理问题，了解基本的心理自我疏导和调节方法，帮助大学生建立良好的心理保健意识，引导学生树立正确的心理健康观念。

（2）重视和加强大学生心理健康普查、约谈工作，为每名大学生建立一份心理档案。目的是发现潜在的有心理危机的学生，重点关注和给予支持，有效预防和减少心理危机事件的发生。

（3）着重打造和推进专业心理健康教育和咨询队伍的建设和发展。高校不仅要重视现有心理咨询专业人员的培训和能力提升，提供技术支持和学习机会，同时还需要不断扩大队伍，引进更多有相关专业背景的人员，持续注入新鲜血液和激发活力。

（4）建立和完善系统全面的心理危机干预机制。成立专门的心理危机干预工作小组，包括学生工作管理部门、具体负责的辅导员、心理咨询专业团队、保卫部门、校医务部门、当地精神科医疗机构，各部门相互配合，协同合作。

（5）重视和加强家校合作的心理危机干预机制。家庭成长环境对学生的心理危机事件发生和发展有着重要的影响。同时家长是学生的第一监护人，他们有权利也有责任知道学生在校的学习、生活情况，更加需要共同参与到学生的心理危机干预工作中来，形成家校合力，帮助学生走出危机状态。

（6）必须全面加强和丰富高校的校园文化建设活动，以此满足大学生各个方面的精神需求和心理需要。在参与的过程中，体验到积极向上的情绪情感，感受到集体活动的团结合作氛围，展现出大学生应有的朝气和活力，以升华的方式合理宣泄内心潜藏的诉求；同时有效帮助其缓解学业、就业等带来的压力，形成积极向上、团结友爱、幸福和谐的校园风尚。

国内只有少数学者和专家在研究心理危机干预的模型，而其中大部分人在研究阶段性模型，个别学者提出了任务模型。任务模型包含三个连续任务——评估、保障安全和提供支持，四个焦点任务——建立联系、重建控制、问题解决和后续追踪，更加突出了心理危机干预的灵活性。这个任务模型提出了三个连续任务和四个焦点任务，元素清晰且明确，方便心理危机干预工作人员随时去检视和审慎实际操作过程和步骤是否符合标准，是否具备高效和及时等特点。这个优势对今后心理危机干预人员的培训和学习、反思和督导、研究和实践等都有极强的指导意义。

（四）高校学生心理危机预防与干预现状与困境

1. 心理危机预防与干预研究

从国内方面来看，我国学者对心理危机的研究起步较晚，真正开始对大学生心理危机的研究在 2000 年之后，但发展相对较快，主要针对大学生心理危机预警、管理、干预、成因等几个方面，并取得了一定的研究成果：李建国在《试论大学生心理危机预警机制构建》中指出应当建立预警对象、指标体系、信息收集、信息评估及危机处理等于一体的心理危机预警体系；郭兰在《大学生心理危机预警系统构建和运行》中提出了针对大学生特点的心理危机预警架构体系；马建青在《论大学生心理危机预警系统的构建》中提出了一种由社会、家庭和学校组成的大学生心理危机预警机制；史晨宁在《大学生心理危机干预路径》中将心理危机划分为存在型危机、境遇型危机和发展型危机三个类型，并从心理健康教育、心理环境及心理危机预警等几个方面探讨了具体的干预策略；杜玉春在《大学生心理危机事件影响因素实证研究》中结合实例和实证探讨了大学生心理危机事件的影响因素，并提出了心理危机事件影响因素模型；丁爱华在《大学生极端心理危机事件影响因素及对策研究》中针对大学生自杀、伤害他人等极端心理危机事件给出了解决方案，主要包括自我预防、家庭预防、社会预防及学校预防等四个方面。

从国外方面来看。第一，是关于心理危机的研究。西方国家在20世纪前期就展开了对心理危机方面的理论研究，林德曼提出了危机理论，强调如果个体沉湎于痛苦中必然会对心理方面带来不利影响，林德曼认为，应当将当事人面临的这种危机状态作为一种病态来进行治疗，让当事人充分宣泄内心的情感；1954年，凯普兰展开了对心理危机的系统性研究，并首次提出了"心理危机"的概念，凯普兰认为，一个人在面对问题处境时，如果其自身拥有的问题处理方式及支持系统难以满足对当前问题处理的要求，则会出现心理失衡状态，他将这种心理失衡状态称为心理危机。第二，是关于心理危机影响因素及持续时间方面的研究。绝大多数心理学家认为心理危机的影响因素有两类，一类是发展过程中的混乱状态导致的成长性心理危机或发展性心理危机，如埃里克森提出的八阶段论，就揭示了发展性心理危机的影响因素；另一类是境遇性危机，也称为外源性危机，指的是由于突发事件刺激等外部事件因素而造成的心理危机。从心理危机持续时间的研究上看，国外学者认为，一般人的心理危机持续时间为4—6周，不同的当事人、不同的危机事件严重程度及不同的处理手段会造成不同的危机结果：（1）顺利度过危机，心理承受和应对能力得到提升；[1]（2）勉强度过危机，但留下了心理创伤，会对当事人未来社会适应带来不利影响；（3）陷入危机，出现神经症或神经病等困惑；（4）无法承受危机，选择自身来解脱。第三，是关于心理危机干预。国外对心理危机干预的研究并没有得出统一的程序，但有着共同的步骤。例如，理查德·詹姆斯和伯尔·吉利兰提出了心理危机

---

① 袁忠霞：《积极心理学视角下的高校心理教育模式构建》，《教育现代化》2016年第3期。

干预六步法：（1）从求助者的角度来对需要解决的问题进行明确和理解；（2）充分保证求助者的各方面安全，降低危险；（3）给予求助者足够的支持，使其产生足够的信任感；（4）给求助者提供合适的应对问题的方法和方式，让求助者自行选择；（5）与求助者商讨共同制定矫正其心理失衡状态的对策；（6）得到承诺帮助求助者制订矫正计划，并按照计划执行相关应对策略。

2. 高校学生心理危机预防与干预的困境

易恒山在其硕士学位论文《积极心理学视野下大学生心理危机预防和干预研究》中，选择 UPI[①] 调查法面向 1000 名师生对我国大学生心理危机及干预现状展开调查。根据此次调查结果，整理总结出国内高校心理危机预防与干预的一些困境。

从高校心理健康教育问卷调查及访谈结果中发现，学生和教师都认为高校心理危机干预定位存在一定偏差，局限于存在心理问题的学生身上，解决心理问题、消除心理危机及心理障碍成为主要任务，这不利于学生的发展，也难以取得良好的干预效果。

（1）学生层面分析。当前大学生心理健康状况不容乐观。此外，在面对心理问题时，大部分大学生不能积极地面对和解决，对外界帮助需求较少，对自身消极层面的关注较多，一旦心理问题出现，往往会对自身产生影响，导致消极因素增长，甚至演化为心理危机。因此，如何让大学生积极面对心理问题，在日常生活中培养积极品质和力量，从而实现心理危机发生的有效预防，是大学生心理危机干预需要解决的主要问题。

（2）教师层面分析。教师是连接学校和学生的桥梁，是传播心理健康教育知识的主体，但就目前来看，在大学生心理危机干预的过程中，教师传递心理健康教育知识的方法过于单一和陈旧，难以满足当代大学生的需求，

---

① UPI 指的是针对存在心理问题的学生的一种精神卫生和心理健康调查表，其目的是提早发现大学生心理问题，分析心理问题成因，避免心理问题转化为心理危机。

干预内容过于注重对心理问题的解决，忽略了大多数学生的需求。在未来的发展过程中，教师应当做好与学生的沟通工作，鼓励学生发现自身的优秀品质，挖掘学生的积极力量，注重对心理危机的有效预防。

（3）学校层面分析。第一，干预目标不平衡。通过调查可知，高校将大学生心理危机干预的目标定位于心理问题的解决，忽略了大部分没有心理问题或可能存在心理问题的学生，使得干预目标的本质存在偏离。而积极心理学恰好能够给予补充，不仅关注消极层面，也关注积极层面，从而实现心理危机干预目标的平衡。[①] 也就是说，积极心理学下的心理危机干预关注的是所有大学生，既关注消极的一面，对已经存在的心理问题和心理危机给予解决和化解，也关注积极的一面，挖掘大学生的积极品质，促进学生身心健康发展。第二，干预内容不丰富。由调查可知，高校心理危机干预内容单纯注重消极层面，注重对问题的解决，心理健康教育及心理危机干预内容都围绕着心理问题的发生和治疗，对心理危机预防的关注较少。尽管学校开展了多种多样的活动，但存在形式化问题，学生参与性较低，干预效果较差。

第四节 高校学生心理危机预防与 干预体系的建设原则

一、不同工作主体的分工与联动原则

《普通高等学校学生心理健康教育工作基本建设标准（试行）》指出，普通高校要推进大学生心理健康教育体制机制建设、师资队伍建设、教学体系建设、活动体系建设、服务体系建设、干预体系建设、工作条件建设。其中，高校应制定心理危机干预工作预案，明确工作流程及相关部门的职责；

---

① 范梦：《积极心理学视角下大学生生命教育的新发展》，《学术交流》2013 年第 S1 期。

应成立专门工作领导小组，指定主管校领导负责，心理健康教育和咨询机构、学生工作部门、宣传部门、教务部门、人事部门、财务部门、安全保卫部门、后勤保障服务部门、校医院以及各院（系）、研究生院和相关学科教学研究单位等负责人为成员，负责研究制定大学生心理健康教育工作的规划和相关制度，统筹领导全校大学生心理健康教育工作。当前高校主要运用校—院—学生班级三级网络开展心理危机的预防与干预，三级之间各有分工，一起联动。

校级层面做好体系建设，统筹专业资源。学校层面需要对心理危机预防与干预做好制度设计和责任定位。第一，要将学生的心理危机预防与干预纳入学校预防与处置突发公共事件工作体系中，在校级公共事件处理预案的基础上根据学生突发事件的特点另设工作原则和工作流程。第二，要统筹校内资源，成立心理健康教育指导委员会，配齐配强专业师资力量，落实各行政部门的职责，做到分工明确，各司其职，危机发生时能快速响应。第三，要扩充校外资源，与专业协会保持联动，探索"医校结合"模式，利用专科医院的资源协助学生危机的评估，进行精神病的诊断、治疗和康复，开展精神卫生相关科普宣传。

院级层面做好制度落实，协调家校联动。学院层面需要落实学校关于心理危机预防与干预的总体要求，制定更细化的应对方案。第一，要细化工作小组，领导小组做到应对危机的决策和总体部署，联络小组要做到信息第一时间的上传下达并做好相关人员的接待工作，信息小组要做到全方位掌握收集信息并监控舆情，执行小组要做到灵活应对危机。第二，要用好学校资源，各工作小组分别对应学校各职能部门，在上级单位的指导下开展危机处理工作，同时利用好学校心理咨询中心的专业资源，提供专业的咨询和介入。第三，组建一线队伍，辅导员、班主任、导师与学生日常交流最多也是最了解学生情况的教师队伍，日常中这些教师要主动学习心理健康教育知识，了解学院危机预防与干预的流程，了解学生学习、生活、思想、心理等情况动态，遇到学生出现异常心理状态第一时间进行介入。

学生层面做好朋辈关怀，进行动态监测。学生层面要充分利用朋辈群体的特点，开展心理健康教育和危机识别工作。段鑫鑫等认为，人不可能长久地停留在危机状态中，持续时间因人而异，短者仅24—36个小时，最长也不应超过4—6周。① 这给学生群体进行动态监测提供了时间。第一，要组建学生骨干队伍，班级是学校的组成单位，党团支部、社团等学生组织与学生日常生活密切接触，此外宿舍作为学生生活的场所，最利于发现异常情况。因此要配齐班级心理委员、宿舍长等学生骨干队伍，提升队伍整体的心理健康意识和助人能力。第二，告知心理危机求助渠道，朋辈群体一旦发现异常，需明白以学生的身份该如何求助并提供力所能及的帮助。第三，提升心理健康知识水平，朋辈群体需不断提升心理健康知识水平，掌握基础的识别异常和危机的能力，提高敏感度，才能做到助人自助。

二、心理危机预防工作前置原则

《关于进一步加强和改进大学生心理健康教育的意见》指出：要努力构建和完善大学生心理问题高危人群预警机制。高校要认真开展大学生心理健康状况摸排工作，积极做好心理问题高危人群的预防和干预工作，要特别注意防止因严重心理障碍引发自杀或伤害他人事件发生，做到心理问题及早发现、及时预防、有效干预。

当前我国高校认真学习、响应落实中央系列文件精神，成立危机干预领导小组，不断完善大学生心理健康危机预防与干预制度，在新生心理问题筛查、心理咨询专业人员配备、助人体系队伍建设等方面做了大量工作，逐渐探索学生出现心理危机后相应的干预措施乃至发生恶性危机事件后学校的应对措施，形成了各具特色的危机干预体系。但是不容乐观的是，高校心理危机事件仍有发生。在当前网络自媒体的普遍应用下，令人惋惜的消息常见于

---

① 段鑫鑫、程婧：《大学生心理危机干预》，科学出版社2006年版，第9页。

媒体之上，造成广泛的消极的社会影响。危机事件发生过后，即使校方采取系列及时到位的善后工作处理，仍然无法弥补产生的危害和带给学生本人及亲属的伤害。因此，心理危机工作要完善危机后被动的处理流程，形成各部门快速响应的分工联动体系，更要将工作的重点放在做好心理危机的预防和干预上，做好早发现早介入早干预，以及提升学生的自助能力和心理健康水平，防患于未然。

心理健康筛查排查要前置。心理健康诊断性量表由 16PF、UPI 等构成，前者使用较多，结果直观。当前高校普遍开展的心理健康普查往往针对本研一年级新生，排查出来的结果反馈给心理咨询师进行下一步面对面的心理评估，或反馈给院系辅导员做好持续关注。新生普查可以筛查出部分重点关注学生，但这些数据仅在普查之后的有限时段内对危机干预有意义。此外，新生普查量表也仅能反映被试大学生近期的状况，度过新生期后无定期的心理状况测量，形成了学生入学后心理检测的真空状态。因此，心理健康筛查排查不应只限于入学普查，更应做好动态、系统科学的管理。

自助助人能力培育要前置。高校开展心理健康教育和危机干预，很容易忽视一点：人的心灵有自我痊愈自我成长的功能，要相信学生有自助的愿望也有助人的能力。如果学生平时就掌握了足够的心理健康知识，具备一定程度的心理调节能力，就能在生活中的压力烦恼来临的时候学会安抚自己的情绪，把问题正常化而不是放大化，平稳宣泄负性情绪，走出心理短期困境。如果学生掌握了心理求助的途径，了解心理咨询以及心理就医的流程，就能在自己无法控制的危机来临前或看朋辈遇到危机时积极寻求帮助。因此高校要将学生自助助人能力培育前置，重视对学生心理健康知识的普及，扩大覆盖面和宣传普及频率，加强对学生的生命教育和挫折教育，定期举办内容丰富、形式多样的心理健康知识宣传活动。

共性问题集中解决要前置。大学生出现心理健康或心理危机问题因素包括生理因素、心理因素和社会因素。其中心理因素包括个性特点、不合理的认知概念、精神疾病等，社会因素包括未来发展、人际交往、家庭原因等。

综上，造成问题的因素具有个性，是由本人及原生家庭多年来的问题累积导致心理问题的产生。同时，高校也要看到学生问题产生具有共性，比如学业科研的压力、就业与未来发展的迷茫、人际交往、感情问题等，这些都是学生在大学期间面临的共性成长问题。按照埃里克森人格发展理论分析，大学阶段处于青春期和成人早期，存在自我同一性和角色混乱、亲密与孤独的冲突。因此，针对这些普遍存在的心理问题，高校可针对性开展心理健康教育工作，抓住考试周、就业升学等关键节点开展普适性的活动集中解决问题。

三、心理危机干预工作专业化原则

任何事物的产生和发展都遵循着一定的客观规律，高校心理危机干预工作也有自身的规律，为了更好满足现实的需求，充分发挥心理危机干预工作的实效性，心理危机干预工作必然要遵循专业化的原则。心理危机干预工作的专业化既是高校心理健康教育的现实需求，也是心理危机干预工作发展的必然趋势。

随着我国高校心理健康教育工作的不断发展，大学生心理危机预防和干预工作已初有体系。大部分高校都建立了针对大学生心理危机的预防和干预工作体系，但也存在专业化规范化程度不高、主观性随意性较强、对工作整体把握认识不足、地区间差异较大等问题。由于我国心理学科发展的滞后性，我国高校的心理健康教育的专业化发展水平仍有待进一步提高。国外的心理健康教育发展较为成熟，但我们不能照搬国外的模式，我国高校心理危机干预工作的专业化必须构建具有中国特色的心理危机干预工作体系，将心理危机干预体系作为整体的、系统的工程来开展建设。

心理危机干预工作的专业化原则要求高校必须尊重和把握规律。首先，不同类型和层次的高校有自身的教育环境、目标和任务，这就决定了不同高校心理健康教育的特殊性。例如，中国美术学院基于艺术类大学生的特点，将心理健康教育与艺术创作相融合，以绘本、影像、文本等不同形式呈现教育成果，获得了一致好评。其次，不同的学生群体的成长和发展有其特殊性，心理危机干预工作的开展必须依据青年学生的时代性特征和其身心发展的必然规律，切合大学生心理发展的特点，满足他们心理发展的需要。

心理危机干预工作的专业化原则要求高校必须有科学的定位和指导。首先，心理危机干预工作必须有科学的定位，要正确认识心理危机干预在高校整体育人体系中的地位和作用，明晰心理育人与思政工作的关系，坚持心理危机干预工作的任务、内容与方法选择的科学取向，充分发挥心理危机干预的功能。其次，要坚持科学的原则指导，高校心理危机干预工作的基本原则为心理危机干预提供了方法论基础，客观性、发展性等基本原则反映着高校心理危机干预工作的规律和特点，是唯物辩证法在高校心理危机干预工作中的具体体现。

四、学生心理信息安全伦理原则

高校心理健康教育工作者因身份的限制，在承担心理健康教育工作的同时往往兼顾着管理的职责，更需要注意身份的边界问题，注意处理心理问题的相关原则。

高校在处理学生心理危机时，从科学管理的角度需要注意以下原则。首先是科学识别原则，学生出现异常行为不一定是心理危机，需要专业人士或医疗机构通过科学手段进行认定，切勿过度紧张，避免因判断失误导致影响扩大化。其次是正确应对原则，要在有一定专业知识培训的基础上，在专业人士或医疗机构的指导下开展危机干预，避免因方式方法不当给学生造成二次伤害。再次是保密性原则，要基于相关的法律、伦理和道德，参与危机干预的各方应遵守保密原则，既要努力处理好当事人当前的危机，又要避免因此而衍生出更大的危机。最后是发展性原则。危机，既意味着"危险"，又意味着"机遇"。表面上是客观存在的"危险"，潜在的是发展变化的"机遇"。因此，危机干预不仅要以解决当事人面临的心理危机为目标，还应遵循"促进当事人和当事人所在团体的发展"的基本原则。

根据《中国心理学会临床与咨询心理学工作伦理守则（第一版）》，高校心理健康工作和心理咨询工作有保密例外原则，指学生出现自杀、杀人、严重触犯法律以及伦理和法律要求泄密时，咨询师可以打破保密原则，进行预警将有关信息告知监护人或公安机关。但要注意，要将保密例外的知情同意融入咨询的心理帮扶全过程。咨询和帮扶开始时就要强调保密例外的原则，必要时签署知情同意书，在过程中若出现保密例外的情况要与受访者进行及时讨论。

第五节　高校学生心理危机预防与干预体系的多元主体

一、学校危机干预工作的政治维度

中共教育部党组在《高校思想政治工作质量提升工程实施纲要》中指出，要切实构建心理育人质量提升体系，坚持育心与育德相结合，加强人文关怀和心理疏导，深入构建教育教学、实践活动、咨询服务、预防干预、平台保障"五位一体"的心理健康教育工作格局，着力培育师生理性平和、积极向上的健康心态，促进师生心理健康素质与思想道德素质、科学文化素质协调发展。

学校在进行心理危机干预工作中，要明确心理健康教育与学生教育管理工作的区别和联系，更好地引导学生健康成长。学校学生教育管理和心理健康教育工作对象一致，都是面对刚成年的大学生群体，世界观、人生观、价值观未定型，心理发展还未成熟；目标一致，都是以人为本，为学生的成长成才服务；培养国家社会建设需要的合格人才；心理健康教育、工作是教育管理工作的前提和保障，健全的人格品质和健康积极的心态有助于学生形成良好的思想品质；教育管理工作为心理健康提供价值导向，正确的世界观、人生观、价值观促进学生形成良好的心理品质。此外，学校更应注意两者之间的区别。学生教育管理工作的基本理论以思想政治教育为基础，对学生进行爱国主义、集体主义教育，引导学生坚定政治立场；心理健康教育工作的基本理论以心理学为基础，帮助学生解决自我认同、人际关系等心理问题，培育人格健全、情绪稳定的心理素养。在实际工作中，学校进行思想政治教育要避免思政化的倾向，在教育队伍、教育理念、教育方法上做到与心理健康相区别。

学校应坚持预防和教育为主的原则开展心理危机干预工作。当前大多数高校的心理危机干预是被动干预，要把被动改为主动，建立基本的预防机制，统筹教育教学资源，建设好大学生心理健康教育的课程体系，普及心理卫生知识、传播心理健康理念，传授心理调适技能，强化大学生关注心理卫生、维护心理健康的意识、提高大学生自助与助人能力与技巧，把心理危机消灭在萌芽状态。教育部办公厅《普通高等学校学生心理健康教育课程教学基本要求》中明确指出，高校应结合实际制定科学、系统的教学大纲和教学计划，组织实施相应的教育教学活动，保证学生在校期间普遍接受心理健康教育课程教育。在公共课程中，要使学生明确心理健康的标准和意义，掌握并运用心理健康知识，培养自我认知能力、人际沟通能力、自我调节能力，切实提高心理素质，促进学生全面发展。

开展心理健康普查是高校预防心理危机的途径和措施，近年来高校普遍采用"中国大学生心理健康测评系统"开展大规模的心理普查工作。在实施目的上，高校开展普查的主要目的是发现极少数有问题或有极端行为倾向的大学生，却忽略了普查也能帮助学生进行了解自我情绪、行为方式、性格特点、心理健康状况、职业倾向，应更合理全面地看待和开展心理普查。在实施过程中，高校常为新生开展全面的心理普查，入学后至毕业却没有定期和动态的心理测量，忽视了学生心理的变化也不利于开展心理问题的及时介入。此外心理健康量表的有效性需要提高，量表的结果也会受到被试学生的合作程度影响，在开展心理普查之前应对学生进行说明，告知心理普查的目的和意义，从了解自身性格、职业生涯规划的角度正确看待普查，提高普查结果的科学性。最后要系统处理心理普查的结果，相关数据经专业心理咨询师的评估后反馈给相关院系及辅导员，告知相关信息并一人一档制定心理帮扶方案，指导相关教师开展后续工作。

二、院系危机干预工作的管理维度

院级层面开展危机预防和干预，需要统筹学院资源，对本院学生进行制度设计和责任定位，除了成立突发事件应急处置小组和制定制度来处置重大的学生危机事件以外，也要成立日常心理健康教育与危机预防工作队伍，将思想政治工作与心理健康教育工作充分结合。

院系要进行危机动态化管理，提升对心理危机的干预能力，让辅导员、心理咨询师等心理健康教育工作者实时监测危机的状态变化。大学生具备心理上共同的"危机易感因素"，也有个体差异，包括原生家庭状况、精神疾病史、人际关系、社会支持系统等。学院应搜集和评估学生"危机易感因素"的信息，为学生建立个人心理档案，为危机干预提供基础。大学生面临诸多生理、心理及社会性应激源，影响学生的成长和发展，这些应激源包括新生适应、就业困难、考试升学压力、导学关系、人际关系、情感压力等。学院应把握学生的共性问题，定时定期为学生提供群体帮扶，同时组织力量深入学生及时发现个性问题，做好个性化帮助。

在大学生"三观"形成的重要阶段，通过以学生自身体验为主的生命教育，使学生在任何困境中都能找寻到生命的意义和自我存在的价值，确定人生目标，以积极的态度面对生死。院系的教育目标不应以就业为导向，应通过普及性教育和个体教育相结合的方式，培养学生的积极心态，了解人生意义，感受生命之美。将生命教育与心理健康教育融通，让结束高考的大学生去除教育功利化的倾向，通过成长中的自我反省和自我觉察，爱护和尊重生命，唤起内心深处的自主能动性，激发生命潜能，促进健全人格培养，促进多元健康发展。

随着网络技术的发展，各院系要为学生建立电子心理档案，并做好档案的管理和利用，提升心理健康工作效能。院系要建立完善的心理档案管理制度，要保证心理档案信息保密，保护学生的个人隐私；明确心理档案信息的使用范围，只有分管领导、辅导员、班主任、德育导师有权查看和更新学生档案；要注意信息收集的真实、完整、全面性，用科学手段收集和整理信息；要做到档案的动态化管理，定期更新档案信息，并做好信息反馈。心理档案不单是针对需要重点关注的学生，应对每一名学生进行一人一档，包括学生信息（姓名、学号、籍贯、民族、家庭背景、经济情况、身体健康情况、学业成绩、疾病史、学习成绩、评奖评优等）、心理测评信息、心理咨询信息（心理咨询师反馈、心理状况跟踪）、重点学生关注信息等。利用大数据建立学生心理档案，分层分类进行科学系统的档案管理，提升心理健康教育工作的有效性和及时性。

三、辅导员危机干预工作的监护维度

辅导员作为高校学生工作的一线工作者，与专业的心理咨询师相比更贴近学生生活，帮助学生共同面对学业生活的各种问题，同时长期的学生工作经验能及时了解学生的思想动态和心理状态变化，尽早发现学生的问题。此外，在学生心理问题共性的基础上，辅导员可通过全员覆盖和分类指导的方式，根据具体情况开展心理健康教育活动。

在心理危机预防阶段，辅导员可以面对所有学生开展心理健康宣传和教育工作，普及心理健康危机预防的知识，预设大学各个阶段遇到的问题，创造良好的外部环境；增加与学生的日常沟通，与班主任等保持联系，在与学生一对一沟通过程中善于倾听和发现问题；发挥学生骨干的作用，利用好宿舍同学，加强朋辈力量的发挥，及时发现和上报周围学生的异常行为；对于

重点关注学生，做好心理档案的建设和记录，与专业心理咨询师和家长保持联系。辅导员一经发现危机发生，及时向学院突发事件应急处置小组报告，启动相关预案。针对有自杀倾向或企图实施自杀行为的学生，辅导员应对学生进行 24 小时监护，通知学生家长，由监护人陪同到专业精神卫生机构救治。面对准备实施自杀行为的学生，辅导员应尽一切办法确保自杀者的生命安全，第一时间联系警方、消防、心理咨询师到场共同进行干预。若危机已经发生，辅导员在处理相关后续工作的同时，应防止事件的蔓延，关注周围学生的创伤反应。在危机后的管理阶段，辅导员应对发生危机的学生保持长期的关注，追踪长期的情绪、行为和认知状态的变化，与家长、班主任、周围学生保持联系。若自杀完成，辅导员应与心理咨询师对周围学生进行干预，及时进行心理救助，并对学生进行危机教育，要鼓励存在心理问题的学生主动寻求帮助并提供求助的渠道方式。

辅导员在心理危机干预中需要认清自己的角色定位，了解辅导员的职业边界。首先要避免角色缺位，辅导员要意识到心理危机是可预防的，提高对学生非正常行为的敏感性可以有效阻止危机的发生。在干预危机事件的过程中，善于发现和甄别问题学生，全面协调各方支持系统进行危机干预。其次是要避免角色错位，辅导员要坚持以人为本的理念，在危机干预过程中正确处理自身管理者和心理健康教育工作者的身份切换，尽量做到无条件积极关注学生，建立信任和联结，善于分辨当事人的心理问题和思想问题，具体问题具体分析及时转换工作角色。再次要避免角色越位，心理咨询、危机干预是专业性很强的工作，参与其中的危机干预人员需要有足够的培训，辅导员在处理心理危机干预过程中，一旦遇到超过自己能力的问题，一定要及时转介给专业人员，切勿因自己能力不足耽误时间或给学生造成二次伤害。最后要注意保护自己，辅导员在处理危机干预的过程中，要注意身份转化，避免过度投入到危机事件过程中，关注学生也要关心自己，要掌握必要的心理调适技能，一旦超过自己调适能力也要积极寻求心理支持，只有保护好自己才能更好地管理和服务于学生的成长。

四、心理中心危机干预工作的心理维度

高校心理中心是为大学生提供心理健康与咨询服务、普及宣传心理健康知识、提高学生心理素质水平的专门机构。在中共中央、国务院《关于进一步加强和改进大学生思想政治教育的意见》、教育部《关于加强普通高等学校大学生心理教育工作的意见》等相关文件的推动下，众多高校成立了心理咨询机构，并取得了较快的发展。经过多年的实践，高校学生心理危机预防与干预虽然已不再是高校心理中心的专职工作，而已经建立起覆盖学校各个角落的网络式体系，但心理中心仍然是整合校内外资源，形成危机干预联动机制的核心和重要枢纽，在高校学生心理危机干预中起着关键性的作用。

高校心理中心的设置是为了给全校的心理健康教育工作提供专业的指导，心理中心应当对全校心理健康教育工作计划的制定、组织和实施负责。在新生入学时开展大学生心理健康状况普查、建立大学生心理健康档案，为学生了解自己的心理健康状况提供服务，作为学校思想政治教育工作的重要组成部分，为育人工作提供重要的参考与依据；心理中心组织开设各类课程教育、专题讲座、报告和各类宣传等，引导和帮助大学生建立心理健康的基本知识，形成良好的心理素质，对学生工作者开展心理健康知识的培训；提供心理咨询服务，为学生提供各类心理问题的咨询和发展性心理咨询服务；组织团体的心理辅导，帮助学生树立正确的自我意识、塑造健康的人格。

高校的心理中心要坚持专业化、规范化的建设方向，既要不断提高心理中心心理健康教育的关键职能，也要统揽全局，以立德树人的视角从高校育人工作的全局看待心理中心的工作。首先，高校心理中心应加强人员队伍建设，打造一支专兼职相结合的人才队伍。要进一步明晰人员的工作定位，加强对兼职人员从业标准的设定。高校心理中心的兼职心理咨询人员往往由学校的思政工作者构成，他们对心理咨询工作的理论和实践经验缺乏系统、深

入了解，要加强对他们的培训工作，确保高校心理健康教育工作的专业性。其次，高校心理中心要积极整合校内外心理资源。普遍来看，各大高校的心理中心职能复杂、任务繁多，心理中心的专业化发展有赖于调动各方面的资源。要将校内的各层面具有专业资质与执业资格的教师纳入心理中心，也可引入校外心理学家、精神科专家或医生等专业人员到校内作报告或进行其他心理服务。最后，高校心理中心要加强整体育人体系的联动性。心理中心的首诊咨询师在发现需要破密的第一时间向来访者所在院系的相关辅导员和分管书记汇报，相关院系也要及时反馈学生的信息和情况。通过重点个案的院系联络制度，建立重点个案的跟踪和回访机制，确保危机干预的有效实施。

五、医院危机干预工作的医疗维度

精神卫生法明确规定，心理咨询师不能从事精神疾病的诊断和治疗，这意味着高校心理咨询师在面对患有精神疾病或者出现严重心理危机的学生时无法提供有效的帮助，只能向精神专科医院进行转介。精神专科医院从事精神疾病的预防、治疗和康复工作，可与高校心理咨询相互配合、共同发力，在国家卫生计生委、中宣部等22部门联合印发《关于加强心理健康服务的指导意见》后，进一步推动了高校与专科医院"医校结合"的工作。

"医校结合"工作的目的是利用精神专科医院的资源，促进高校学生精神疾病的预防、治疗和康复，同时为患有精神疾病或者出现严重心理危机的学生开通绿色通道，防范和干预心理危机。高校发现疑似精神障碍的学生，经心理咨询中心评估学生精神状态，如需转介至医院，可与对接的精神专科医院联系，明确就诊的时间、地点。学校部门填写"就诊转介单"，交由学生家长带学生前往医院就诊。过程中，学校—医院—家庭可保持互动，针对学生的状况开展治疗和帮扶，做好请假、休学等相关工作。在学生准备回到校园时，学生可持病历到合作医院进行复诊，由医生根据治疗情况和精神状态开具诊断证明，作为恢复正常学习生活的医疗依据。

"校医结合"可在校园中开展科普宣传，邀请精神科医生开展科普讲座，介绍抑郁症识别、睡眠健康等方面的知识，组织学生到医院参观学习或开展志愿服务。通过科普宣传，普及精神疾病预防、治疗相关知识，促进学生认识和了解精神疾病，减少病耻感，增加就诊率。邀请精神科医生到学校，开展精神医学相关培训，或者派高校心理咨询师到精神专科医院实习，也是"医校结合"工作的基本内容。通过培训让心理健康教育工作者了解精神疾病的常见表现，提高他们对精神疾病的识别能力；了解精神疾病药物治疗、住院治疗的要求及特点，可以让心理健康教育工作者更好地帮扶患有精神疾病的学生，使其积极配合治疗。在互动过程中，可以让精神科医生了解大学生的心理特点和高校学生管理、心理健康教育及心理危机干预工作机制，促进双方的交流互动。"校医结合"工作，都是面向大学生开展工作，离不开家长的监护和配合，但很多家长缺乏精神医学知识，对精神科治疗心存芥蒂甚至反对进行专业治疗。在此过程中，需校医双方联动做好对家长的解释工作，让患有精神疾病学生的家长理解治疗的必要性，消除误解，遵从医嘱，积极配合治疗。尤其是存在心理危机学生的家长，应及时向他们介绍伤害预防的知识和方法，培养其较强的危机预防意识，担负起对学生安全的监护责任，配合学校和医院做好心理危机的干预工作。

六、学生协助危机干预的朋辈维度

《普通高等学校学生心理健康教育工作基本建设标准（试行）》指出，高校应充分发挥广大学生在心理健康教育工作中的主体作用，满足学生自我成长的心理需要。应重视发挥班集体建设在大学生心理健康教育中的重要作用，支持学生成立心理社团，组织开展心理健康教育活动，普及心理健康知识，充分调动学生自我认识、自我教育、自我成长的积极性和主动性。

高校心理健康教育起步晚、基础弱，心理健康教育存在重问题、轻发展的倾向，受行政经费、人员编制等限制，师资队伍服务学生的覆盖面有限。

此外，高校大学生在校生活与中学时期比，自由度高，与朋辈的交往更深。多项调查研究表明，大学生遇到问题最想向谁求助，比例最高的就是朋友、学长等朋辈群体。朋辈心理辅导存在四个优点。第一，实现群体全覆盖。当前高校专业心理咨询队伍还远远无法满足所有学生的咨询需求，采取预约咨询的一对一模式也无法扩大覆盖面。辅导员、班主任、德育导师与学生日常接触较多，但因身份带有管理和教育职能，难以做到与所有学生建立情感联结。而学生骨干、心理委员、室友来自学生群体，可以渗透到班级、社团组织、宿舍中，可以深入到生活、学习、人际交往的方方面面。第二，做到关注动态化。相对于师长、家长，朋辈心理辅导更轻松，更没有心理压力，更便于学生袒露心声暴露问题。相对于专业咨询需要预约，朋辈心理咨询可以在任何时间、地点进行，也可以采用线上线下灵活的方式进行。此外，朋辈是大学生接触最多、相处时间最长的群体，可以做到危机早发现，出现问题共同关注的作用。第三，辅导要求简单化。朋辈群体之间因年龄相同，更具有亲切性，更易搭建信任关系，具有天然良好开展心理帮扶的基础。此外，对于朋辈心理辅导来说，学习心理健康的基本知识，学会初步鉴别心理问题和心理危机，掌握心理助人的求助路径，就足够开展心理助人。第四，自助助人双向化。朋辈心理辅导是双向的助人过程，每个学生都会成为心理问题的求助者，也会成为心理问题的助人者。在帮助他人解决问题的过程中，自己也得到了锻炼和成长。

高校开展朋辈心理辅导要注意分层分类搭建朋辈网络，朋辈学生群体集中于党支部、团支部、社团、班级、宿舍，根据学生组织和所属类别的不同给朋辈群体定位，发挥不同学生组织的特点，做到全方位、全覆盖开展朋辈互助。择优选拔朋辈学生，通过群众调研、民主推选，师长举荐等方式遴选出心理健康、能量正向、有较好群众基础的学生担任朋辈助人者。定时定期开展心理健康主题活动，开展能力提升、问题鉴别等培训，提升学生助人能力和水平。

七、学生事务机构协助危机干预的生态维度

原生家庭贫困是大学生心理问题的易感点,经济困难学生由于家庭经济条件较差,面临经济与学业的双重压力,常内心缺乏自信,在遭遇困境或人生重大选择时,往往会消极应对。这种自卑心理会影响经济困难生的人际交往能力,因经济差异导致在与同学的交往中缺乏主动性,过于封闭自我。原生家庭父母双方学历较低或患病,学生遇到问题无法从父母身上得到物质和情感上的支持,社会支持较少,抗压能力较弱。资助育人是高校育人体系的重要组成部分,资助育人体系是把"扶智""扶志"融入"扶困"全过程,在做到经济资助全覆盖的基础上,实现思想引领、学业发展、能力提升的效用,实现其育人的宗旨。高校学生事务机构要对学生进行精准识别,制定科学的识别指标体系,根据学生家庭经济情况、各地区经济社会发展水平、突发状况等,结合学生的在校表现和消费水平,区分资助对象的困难程度,保证学生在校正常生活开销。同时要完善动态响应机制,通过了解学生的个人消费记录,结合周围同学、班主任、辅导员的日常观察,将家庭经济陷入贫困的学生及时纳入资助体系,或开展临时困难救助,将关怀温暖转化成对学生的社会支持。除资金保障外,要将提升经济困难生的抗挫能力和综合素质水平纳入资助过程中。成立学生资助服务社等学生组织,培育自助助人的组织氛围,让学生在组织中得到成长和提升;实施素质能力提升计划,指导开展学业指导、科研指导、社会实践等活动,提升困难生的综合素质。此外,学校学生事务机构应培训好各院系的学生资助管理队伍,摸排经济困难生,协同班主任、辅导员关注经济困难生的成长,加强对他们的人文关怀和心理疏导。

第五章

高校学生心理危机预防与
干预矩阵体系构建

第一节　高校学生心理危机预防与
干预矩阵体系概述

一、心理危机预防与干预矩阵体系概述

近年来，国家对高校学生心理健康教育与心理危机预防的重视程度不断提升。2016 年，习近平在全国高校思想政治工作会议上强调，要坚持不懈促进高校和谐稳定，培育理性平和的健康心态，加强人文关怀和心理疏导。党的十九大报告提出，要"培育自尊自信、理性平和、积极向上的社会心态"。2018 年 7 月，中共教育部党组印发《高等学校学生心理健康教育指导纲要》，指出：要推动教育教学、实践活动、咨询服务、预防干预"四位一体"的心理健康教育工作格局的基本形成。

进入 21 世纪以来，我国高校的心理健康教育在积极应对大学生心理问题激增、心理危机事件频发的实践中，也逐渐形成并完善出一套系统有效的心理健康教育和危机预防干预的四级网络工作体制，将心理健康教育的触角延伸到宿舍。概括地说，国内各高校近年来趋向构建的大学生心理危机干预

四级网络预警机制，即宿舍、班级、学院、学校四级（图5-1），负责做好危机预防教育、危机前期识别、危机及时干预、跟踪干预、愈后鉴定等工作。① 主要任务包括信息收集、专家评估、及时干预、善后监控等，整个环节运转流畅。一级预警（宿舍）机制中，室长要主动了解、及时掌握本寝室同学的心理健康状况，在遇到紧急情况时主动关心同学，并及时向上级汇报。二级预警（班级）机制中，班级心理健康委员对有明显心理异常的学生要及时向班级导师或辅导员报告。三级预警（学院）机制中，学院党政领导、教师要密切关注学生的异常心理、行为，如发现有学生心理问题迅速恶化或新发现有严重心理问题的学生，迅速向有关领导和大学生心理健康教育中心报告。四级预警（学校）机制中，大学生心理健康教育中心负责总体协调、指导全校学生的心理健康咨询和危机干预工作。

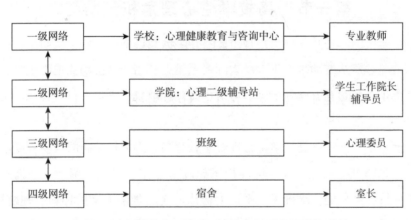

图5-1 大学生心理危机干预四级网络预警机制

另外，临床心理学和精神病学领域的专家在讨论心理危机预防与干预的具体实践工作时，则倾向于以纵向时间为脉络，基于个体病机发展的不同过程阶段给出相对应的预防与干预建议。其中，目前最为学界公认的，即世界卫生组织以罗伯茨提出的公共卫生、人类服务、精神卫生专业方面的现代三

---

① 郑丹凤、王涛：《"三全育人"视域下高校心理健康教育工作探析》，《学校党建与思想教育》2021年第1期。

级预防策略为理论基础，提出了自杀三级预防模式①：第一级预防是从个人、单位、法规制度三个层面预防自杀行为，即预防胜于治疗；第二级预防是早期发现、及时干预；第三级预防对明显的自杀倾向者治疗与康复并形成完善的治疗流程，总结经验，避免问题重复发生。而从心理危机演进的一般规律来看，心理危机从产生、形成到爆发存在一定的阶段顺序，以此对应，可通过建立心理危机三级预防体系在各个阶段采取相应的应对措施，以尽可能减轻伤害，将心理危机的持久性与破坏性降到最低。心理危机三级预防体系是由心理危机预防体系、心理危机预警体系和心理危机干预体系共同构成的，旨在通过有效监控、预测和防范，最大限度地降低心理危机发生概率的系统化运行体系。三级预防体系连续梯次性递进，建立起一张科学有效的心理健康保护网络。

以上两类关于心理危机预防与干预的工作机制为当前传播最广、最受社会公众与国内高校认可的工作模式。二者虽看似千差万别，但细究本质，我们会发现它们之间最关键的区别其实在于前者（高校心理危机四级网络预警机制）偏重于从工作阵地或工作主体的角度来论述。进而言之，就是该四级预警机制，是基于我国高校心理健康教育与校园安全保卫的实际工作场域和国内高校相似的各级管理体系架构的现实状况而制定。因此，便于国内不同高校在校园日常生活中，不同的高校工作职能主体能够自上而下，各居其位，各尽其职，分工协助，共同防患校园心理危机事件于未然。而在猝然遭遇校园心理危机突发事件时，不同工作职能主体也可有条不紊地应对和处理危机。后者（自杀三级预防模式）则是基于个体自杀危机发展的全过程，有针对性地提出不同阶段的预防与干预工作侧重点。具体地说，前两个阶段更多地强调在个体自杀危机尚未形成真实行为风险时的预防与预警。第三个阶段则是在自杀危机事件已发生时及发生后的具体干预策略。进一步澄清前两个阶段的区别，则在于前者工作对象为特定社群的整体面，而后者则

① 参见施剑飞、骆宏：《心理危机干预实用指导手册》，宁波出版社 2016 年版。

侧重于对特定个体的心理关注。因此，针对这两种危机工作机制在架构侧重点上的不同，恰恰可以尝试进行有机的结合，进而形成更为周密的矩阵式架构。这也是本节提出的高校心理危机预防与干预矩阵体系设计思路的最初来源。

概括而言，本节所述之高校心理危机预防与干预矩阵体系即为三级工作序列乘以四层工作阵地的矩阵模式。三级工作序列分别为危机外预防、危机前预警和危机时干预三项，四层工作阵地分别为学校、院系、班级课堂和生活空间四项。这两个层级纵横交叉则得到十二个具体工作节点。例如，学校层面开展的心理危机预防工作、院系层面进行的心理危机干预工作、班级层面进行的心理危机预警工作等。这些工作节点分别对应着高校心理危机预防与干预工作在不同阵地上的不同序列任务要求。

二、矩阵体系三级工作序列（阶段）的界定

正如本书前面章节介绍的心理危机演进机制所述，个体心理危机的出现和发展是一个不断变化演进的动态过程，因此我们可以将这个动态演进过程分段识别为不同阶段，并有针对性地施加侧重点不同的干预措施。此外前文也已论及，个体之所以会在遭遇重大压力或创伤事件时出现心理危机状况，其背后必然存在某些人际、家庭、社会性因素与个体心理人格特质性因素。因此，在个体出现明显的心理危机状态前，我们也有机会进行危机前的预防工作和心理宣教活动，进而达到将心理危机事件消除于未萌，防患于未然的目的。

所以参照世界卫生组织提出的自杀预防三级模式，我们也可以将复杂纠葛的高校学生心理危机预防与干预工作，依危机演进的时间序列划分进三级不同工作阶段，即危机外预防、危机前预警和危机时干预。由于心理危机的演进过程本身是浑然一体的连续统一，因此危机发展的不同阶段彼此间关联紧密，因果错综，本身是很难判然而分的。但出于对心理危机预防与干预工

作的实际需要，我们又需要有一个相对清晰，针对性强的工作序列分级。因此下文将详细论述三级工作序列的具体界定标准。

首先，对于危机前预防工作序列而言，它的突出特征是不针对特定学生个体，而是强调心理健康宣传教育的普适性，尽可能广地扩大预防工作的覆盖面，并有针对性地对不同类别学生群体提供侧重点不同的宣教内容。同样由于危机前预防工作的受众范围广，人数众多且群体差异较大。因此，危机预防和宣教工作需要在不同的工作阵地共同展开，不同的工作主体也需要彼此分工合作，各尽其能。例如，学校层级上的学校心理中心和安全保卫部门等部门需要定期开展不同主题的心理危机相关宣教活动。除了传统意义上的学生心理健康讲座外，也包括防网络诈骗、不良校园贷等宣传教育，尽可能地减少易引发学生出现心理危机的消极事件导火索。此外，危机预防宣教工作也可以围绕学生的不同学习和生活场景开展，例如，在班级课堂层级上，可以开设各类心理健康教育课程或班会团辅活动，在生活空间层级上，可以在宿舍楼内等学生生活区域进行心理教育板报或海报宣传。这些危机预防工作，往往需由不同的工作主体开展，并且需要有完善的分工协调工作机制可以统一推进。

其次，对于危机前预警工作序列而言，它的突出特征在于对危机信号发现的及时性与识别的准确性。而这既是危机预警工作的重点，也是它的难点。因为学生心理与情绪常常处于变动状态，加之庞大的学生基数，使得高校很难全面且准确地掌握学生的心理与情绪波动状况，并及时识别和预警其发出的危机信号。为了尽可能地提升高校危机预警工作的有效性和覆盖面，不同工作主体也需在不同的重点时段，依靠不同工作阵地开展工作。例如，在学校层级上，近年来大多高校都会在每学年新生入学之际开展普查性的新生心理问卷测试，并根据测试分数结果筛选一部分学生约谈，进一步了解和评估他们的心理健康水平与危机风险程度，最终形成初步的需院系重点关注学生名单。这是学生危机预警工作中极为重要的部分，因为它可以有效帮助学校缩小预警范围，明确工作对象。因此，在此序列工作中，学校和院系层级的工作联动协调非常重要。除了上述新生测试与访谈工作外。学校层面的学校心理中心和学校医院在日常接待心理困扰或障碍学生来访时，也会相应地承担学生心理危机识别与评估的工作。而这些机构与院系辅导员沟通联络渠道是否畅通，会直接关系到院系层面危机预警工作是否可能更加及时有效地展开。

最后，对于危机时干预工作序列而言，它的突出特征在于心理干预工作的专业性和工作体系的联动性。具体地说，就是在一线直接面向危机学生进行的心理谈话需要相当的专业性保证，因此相关辅导员或思政教师需受过一定程度的心理谈话技巧训练，同时最好能在心理中心专职心理咨询师的指导和协助下展开。另外，对学生的危机干预工作的职责不该且无法由某位教师或辅导员个人独自承担。所以在猝然遭遇突发学生危机事件时，能否形成由院系牵头的危机应对工作小组，并快速投入学生工作中，对于危机干预工作的顺利开展是非常重要的体系保障。这个危机应对工作小组一般需要由以下几部分组织力量构成：一是统筹管理部分，通常需要院系负责人，会同学工部门，乃至分管校领导参与资源协调和组织领导工作；二是现场干预部分，通常需要由学生熟悉信任的辅导员、导师等教师，在心理中心的专业指导下直接与学生进行沟通对话，安抚其情绪，并尽量劝导其暂时放弃自杀计划，积极寻求医疗帮助和其他社会支持等；三是后勤支持部分，通常需要学校的宿管和安保部门协助提供对学生的临时监护和相关资源调用；四是公共关系部分，通常需要由院系分管领导和资深辅导员负责联络学生家长，告知其相关信息，并寻求他们的支持与配合。如果学生自杀实施成功，则需进一步沟通协助警方和亲属处理后续事宜，并在心理中心的专业支持下组织小范围班会，向相关人群通报事件情况。

因此，我们可以发现，无论是危机外的预防工作，还是危机前预警，抑或是危机时干预工作，都需要学校和院系的不同部门机构分工协调，通力合作，共同开展相关工作，才能更好地保障在校学生的心理健康与安全状况。而这种不同部门与人员的分工协作是否顺畅、及时和有效，则在很大程度上依赖平时的相关组织体系建设是否完备。因为不同部门在危机相关工作中的职责多有重叠之处，所以若想更好地捋顺彼此工作范围与职责分工，就需要引入多维工作阵地的概念。

三、矩阵体系四层工作阵地的内涵

正如前文所言，这里所引入的四维工作阵地的概念，脱胎于现有的高校心理危机四级预警机制模型。两者的概念看似相同，都包含"学校、院系、班级、生活空间（宿舍）"四个层级，但其内涵尚存在一些差异，所以应予详细阐释说明。

现有的高校心理危机四级预警机制所提到的这四个层级，更多是站在高校心理健康与危机预防干预工作相关的不同工作主体在学生心理危机预警工作中发挥的不同功能和承担的不同职责来说的。也因此引出了班级心理委员、宿舍心理联络员等学生互助性质的工作角色概念。而这里所提及的四层工作阵地，则是偏重于从学生校园生活的不同场域层级的视角切入，进而分别梳理学生在不同校园生活场域中可以为不同工作主体提供哪些危机预防与干预的实施机会。学生在每一类生活场域中，都可以有不同的高校工作主体或单独或联动地提供各类心理健康宣教服务，或实施各类心理危机预防与干预措施。因此，学生的多元生活场域，正是高校不同工作主体的多维工作阵地。以此为轴，我们可以更好地厘清高校不同工作主体各自可最大化发挥作用的阵地。进而结合危机预防干预的三级工作序列，最终形成一个完备周延，且条理清晰的高校心理危机相关工作的矩阵体系。

这一四层工作阵地的概念与传统四级预警机制模型的微观差异，需再置于具体的四个工作阵地层级内涵中加以考量，则更易辨析。

首先，以学校为工作阵地加以考量，我们可以初步归纳出学生在校园生活中与学校层面不同机构部门打交道的具体场域，特别是与心理健康或危机相关的交互部分。例如，新生一入校往往会直接参与校医院体检、新生心理测试与访谈，以及新生心理健康讲座等活动。而在之后的数年校园生活中，他们可能会不同频率和程度地接触学校医院和学校心理中心就医问诊或寻求心理咨询。因此，高校如果可以更加重视这些与学生的身心健康互动最为直接频繁的机构部门工作，则可更加全面和深入地把握在校学生的总体心理健康水平与安全风险状况。

其次，以院系为工作阵地加以考量，可以发现学生在校期间大部分的生活重点都与院系这个场域息息相关。例如，最为基本的就是学生在院内的专业课程学习和研究生在导师课题组内的科研工作。这是学生校园生活的最主要场景，同时正如前述章节所论，这也是最易造成学生心理压力和情绪困扰的危机诱因。所以当考虑到以院系为工作阵地开展学生心理危机相关工作时，除了考虑传统意义上的加强对特定学生的思政教育或心理关注工作，以及建设院系二级心理辅导站之外，也需要注意在某些院系重要时间节点对特定学生群体的心理关注。例如，学生期末考试周、研究生论文开题或答辩期、毕业季、院系重大评奖评优期间等。此外，当我们以院系为工作阵地展开相关工作时，就可以轻易理解到研究生导师也是一类非常重要的学生心理危机预防与干预工作主体。一方面许多研究生的科研压力本身就与导师的学术要求，乃至导师本身的个性特征相关；另一方面导师直接接触某一特定学生的频率和机会远比辅导员要多得多，因此危机预防和预警工作非常需要这一工作主体的大力支持与协助。

再次，以班级为工作阵地加以考量，除了现有的选拔培养心理委员或发动班级学生骨干来协助管理班级学生，及时预警潜在心理危机状况的诸多工作机制之外，另一个不容忽视的工作场域即课堂教学的过程。从危机外预防的角度来说，倡导学生积极选修各类心理健康课程，可以帮助许多潜在危机学生在心理问题早期就能及时化解，或是及时觉察自身心理困扰，避免其进一步发酵成为危机事件。从危机预警的角度来说，因为在许多小规模的课堂上教师与学生的互动交流相当频繁，所以一些课程教师其实比辅导员更了解部分学生的心理动态和情绪状况。如果能注意打通课程教师与院系辅导员的沟通交流机制，则无疑可以更加及时全面地掌握学生的心理健康状况和危机风险信息。

最后，以生活空间为工作阵地加以考量时，会发现这与传统高校心理危机四级预警模型所述的宿舍层级有所不同。因为传统模型中之所以聚焦于宿舍这一特定生活环境，是为了更好地突出特定工作主体的责任与价值，即室长或宿舍心理联络员。而我们这个四层工作阵地概念中的生活空间，则不仅限于宿舍，还包括了诸如食堂、体育馆，乃至校园其他公共生活空间等更为广泛的场域概念。因为只有如此开阔视野，才能更好地提升危机相关工作的覆盖面和细致程度。充分利用大数据、物联网等新技术手段创新工作思路，有助于提升学生危机前预警工作的有效性和及时性。除此之外，当我们以生活空间为工作阵地考虑危机预防相关的心理宣教活动时，思路就不会仅局限于开展心理健康团辅或讲座等特定活动。可以在校园各类公共空间进行形式多样的心理健康海报宣传，或是与其他积极校园生活场景联动。例如，在体育馆内宣传体育运动与心理保健相结合的创新方式（如运动后的正念训练）。

综上所述，依据学生在校园内不同的生活场域划分出不同层级的危机工作阵地，可以更好地开拓不同工作主体的新思路，创新工作方式，更好地提升心理宣教与危机预防干预工作的覆盖面、有效性和及时性。而当我们将这横向的四层工作阵地与纵向的三级工作序列相叠加，形成网格化的十二级工作节点后，不同工作主体从不同工作阵地层级，在学生心理危机演进的不同序列阶段开展有针对性的预防与干预工作，则更易形成清晰的工作思路和目标。下文将以三级工作序列的危机演进阶段为轴，进一步论述不同工作主体具体可以依据多维工作阵地展开怎样的危机预防与干预工作。

第二节　高校学生心理危机预防体系建设

《高校思想政治工作质量提升工程实施纲要》指出，要切实构建心理育人质量提升体系，坚持育心与育德相结合，加强人文关怀和心理疏导，深入构建教育教学、实践活动、咨询服务、预防干预、平台保障"五位一体"的心理健康教育工作格局，着力培育师生理性平和、积极向上的健康心态，促进师生心理健康素质与思想道德素质、科学文化素质协调发展。高校应在坚持预防和教育为主的原则基础上开展心理危机干预。当前大多数高校的心理危机干预是被动干预，要把被动变为主动，建立基本的预防机制，统筹教育教学资源，建设好大学生心理健康教育的课程体系，普及心理卫生知识，传播心理健康理念，传授心理调适技能，强化大学生关注心理卫生、维护心理健康的意识、提高大学生自助与助人能力与技巧，把心理危机消灭在萌芽状态。

一、新生心理普查

（一）新生心理普查的必要性和意义

大学新生在中学时期可能已经产生心理问题或带有心理问题的倾向，迈入大学全新的环境，随着生活、学习和人际的变化，容易产生各种适应性问题，甚至适应性障碍，引发心理问题。当前全国各大高校对于新生的心理普查工作日趋重视，意识到心理健康体现在大学生日常学习、生活和工作的方方面面，深刻影响着整个大学生涯和未来发展。基于高校心理危机干预的"早普查、早发现、早干预"的工作理念，各高校制定相关政策，配备专业人员，使得新生心理普查工作越来越专业化，建立学生心理档案，尽可能将可能存在心理问题的学生有效筛选出来，并根据心理问题的严重程度不同来实现对学生心理问题的及早发现、干预及有效处理，从而使高校学生心理健康教育工作更具有针对性，有效预防学生心理危机，为学校、院系进行学生管理提供支撑，对需要关注的学生提供帮助和心理辅导。

大学新生心理普查往往依托学校心理健康教育中心来开展，心理中心的专业师资队伍采用信息化手段，采用标准量表以院系为单位在新生入学后完成。目前各高校的做法大致有三类：一是将心理普查放入新生开学前的MOOC课程；二是在新生入学后的一至二月内完成；三是在大一的第二学期再施测。三种施测时间都有各自的利弊，但总体而言，更多高校选择了在新生入校后的两个月左右施测。因为经过两个月左右的考验与适应后，新生逐渐褪去了心理的新鲜感后在学习、生活中才会比较真实和明显地暴露出心理或人格上的困惑和适应问题，使得测评能更加真实有效。教育部开展"大学生心理健康测评系统"专项课题，制定中国大学生心理健康测评系统量表，包括大学人格问卷（University Personality Inventory，UPI）和症状自评量表（Symptom Checklist-90，SCL-90）。同时各院系辅导员、班主任在开展普查前，应利用班会形式介绍心理普查工作的实施情况，保证全体新生参与普查，提高学生的重视程度，让每名新生了解心理普查是一个科学地了解和认识自己的工具。普查结束后，专业心理咨询师根据心理普查系统设置的普查标准批量进行数据处理，筛选出量表分值超过标准值的学生，并安排一对一访谈，通过访谈判断该生是否需要进行后续的跟进了解。

（二）心理普查的实施过程

当前各高校普遍采用 UPI 和 SCL-90 量表进行新生普查。UPI 是一个新生心理健康的筛选问卷，主要用于评定新生的心理状态，评定学生在"最近一年"时间内的心理健康状况。而进行高校新生普查时间段，是学生在人生中的一个重大转折点，从中学阶段的紧张状态到大学阶段的自主自由状态，免不了会有各种各样的不适感出现，故学生常常会以近期（而非近一年）的心理状态标准来完成测试，这势必给测试结果的客观性带来影响。SCL-90 症状自评量表由 Derogtis 于 1975 年编制。此量表包括 90 个项目，每个项目有五级评分，内容涉及感觉、情感、思维、意识、行为甚至生活习惯等广泛的精神病症状学内容。SCL-90 包括躯体化、强迫、人际关系、抑郁、焦虑、敌对、恐怖、偏执、精神病性和附加项 10 个因子，能准确刻画人的自觉症状。SCL-90 适用于心理和心身疾病患者，也可用于心理健康检查。此量表在国内外已广泛应用于临床研究及精神卫生领域，是我国目前各高校采用较多的心理普查量表之一。评定的时间范围是"现在"或者是"最近一个星期"的实际感觉，而往往学生在做测试时，对时间范围的把握会无形扩大。另外，SCL-90 量表适用于精神科或非精神科门诊的成年病人，用它测试正常人，本身就存在问题，会让被试产生厌烦或抵触情绪，检出率低。该量表从开始使用至今，并未进行后续的修订，这也给量表的可靠性造成影响。虽然教育部在 2005 年编制了第一套本土化的大学生心理健康量表，包括《中国大学生生活应激量表》《中国大学生心理健康量表》《中国大学生适应性量表》《中国大学生人格量表》，但使用率不高，各高校关于心理普查的工具并没有统一。目前采用最多的仍然是 SCL-90 症状自评量表，其次是《大学生人格问卷》《中国大学生心理健康量表》。同时为了综合弥补单个量表的不足，有的高校还采取了同时测查以上多个量表的方式施测，这种方式的缺点是增加了测评量，可能影响学生参与测评的认真程度。

测评结果的反馈是整个新生心理普查工作的重要环节。目前高校常安排专业心理咨询师将筛查出的有问题的学生进行逐个约谈，以进一步确认和排查，并决定是否需要长期干预。一对一的初始访谈能够深入有针对性地达到干预效果，但弊端是效率较低而且覆盖面小，因此有的高校开始探索以团体辅导结合个体咨询的方式进行后期干预以期提高心理干预效率。另外，高校则可以调动辅导员的力量来协助进一步排查，请辅导员先根据普查结果的反馈对疑似有心理问题学生进行确认排查与简单的辅导，发现有较严重情况时再转介给学校的心理咨询师。考虑到辅导员不具有心理专业背景并缺少足够的心理咨询技能，可在编制测评问卷时除了心理测量题目外再加入学生的家庭结构、教养方式、对专业满意度、恋爱状态、人际关系（宿舍关系）、学业压力等。已有的研究表明，以上这些变量可能会在较大程度上影响个体的人格发展、个性品质等心理状态，因此对以上变量的测量可以作为对测评结果的补充与说明。辅导员拿到测评结果可结合学生的背景资料进行下一步的排查。

筛查出的有心理问题学生的跟踪辅导，是整个心理普查工作的最终环节。发现学生存在心理问题，如何帮助有心理问题学生进行心理康复，顺利完成大学的学业并进行自我成长是每一位高校心理健康教育工作者共同的目标。每一个重点关注学生需要建立个人的心理档案，结合心理咨询师、辅导员、班主任、导师、朋辈的力量开展帮扶，同时要做好家校之间、校医之间的互动，制定有心理问题学生的个性化心理健康教育方案。这部分内容在干预章节会展开进行讨论。

（三）心理普查的有效性和持续性

心理普查结果的有效性受到多方面因素的影响。高校心理普查数据结果的可靠性受被试主动性、被试作答情况、结果处理正确性等因素的影响。在普查过程中，被试者的主动性不能忽略。如果学生主动性不高，参与性不强，那么即便采取各种方式宣传也不会有很好的效果。同时，在测试过程中，也会因不愿意参与而胡乱作答或故意答非所问，导致无效结果的出现，或者高校新生愿意参加测试，但是对题意的理解不清晰、对自己了解不够而产生答题时选择的偏差。此外，学生进大学前已有心理问题并做过相关心理测量量表，若学生想隐瞒心理问题则会在测试时编造答案，导致心理测量结果失去有效性。

开展心理健康普查是高校预防心理危机的途径和措施，在实施目的上，高校开展普查的主要目的是发现极少数有问题或有极端行为倾向的大学生，却忽略了普查也能帮助学生进行了解自我情绪、行为方式、性格特点、心理健康状况、职业倾向，应更合理全面地看待和开展心理普查。在实施过程中，高校常为新生开展全面的心理普查，入学后至毕业却没有定期和动态的心理测量，忽视了学生心理的变化。高校应提高心理普查的频率，每学年进行一次集中普查，做好学生在校期间心理状态的动态监测，及时反映学生的心理问题。

《加强以学校为基础的精神健康服务，以预防和促进的方式进行全面精神健康筛查》（*Enhancing school-based mental health services with a preventive and promotive approach to universal screening for complete mental health*）一文介绍了开展全面心理普查的意义、作用以及一定的局限性：

> 普遍筛查是收集数据的替代方法，可轻松纳入现有的基于人群的多层服务提供框架。在这种方法中，所有学生都经过筛选，并为其提供了相同的早期识别和服务的机会。普遍筛查是调动学校资源的重要的第一步，同时还能确定哪些学生可以从预防、早期干预或促进服务中受益。
>
> 通过全面的心理健康筛查，所有有需求的学生都得到确认，并向预防和促进转变。此外，重要的是，数据是在学校一级提供的，这有助于主动开展重点关注人员的服务提供。有了学校层面的数据，管理人员就有机会参与基于重点人员的规划工作，并重新评估心理工作在学校层面的总体优先事项，促进心理健康和最佳发展，以及确定预防和早期干预目标。
>
> 用于收集完整心理健康信息的普遍筛查咨询模式提供了一个独特而有价值的机会，可以从被动的服务提供模式转向预防和促进方法。然而，这种方法本身并不能让学校心理健康专业人员了解个别学生的具体需求，也不能让他们知道如何优先考虑那些最需要帮助的学生。同样，普遍筛查数据不应作为需求的唯一决定因素。学校工作人员对其他有可能的危机迹象保持警惕是至关重要的，特别是当筛查没有覆盖每个学生时。

二、心理健康教育课程

教育部办公厅《普通高等学校学生心理健康教育课程教学基本要求》

明确指出：高校应结合实际制定科学、系统的教学大纲和教学计划，组织实施相应的教育教学活动，保证学生在校期间普遍接受心理健康教育课程教育。在公共课程中，要使学生明确心理健康的标准和意义，掌握并运用心理健康知识，培养自我认知能力、人际沟通能力、自我调节能力，切实提高心理素质，促进学生全面发展。2018 年 7 月，中共教育部党组印发的《高等学校学生心理健康教育指导纲要》进一步提出：把心理健康教育课程纳入学校整体教学计划，规范课程设置，对新生开设心理健康教育公共必修课，大力倡导面向全体学生开设心理健康教育选修和辅修课程，实现大学生心理健康教育全覆盖。

（一）高校公共课程中的心理健康教育课程

高校心理健康教育公共课是集知识传授、心理体验与行为训练为一体的第一课堂课程，遵循思想政治教育和大学生心理发展规律，引导他们努力践行正确的人生观、世界观、价值观，培养理性平和、乐观开朗、健康向上的积极心理品质，提高社会适应能力、承受挫折能力和情绪调节能力，促进他们的心理素质与思想道德素质、科学文化素质和身体素质的全面协调发展。具体可以表述为：在认知或意识层面，使大学生树立心理健康的自主意识，了解自身的心理特点和性格特征，能够对自己的身心状况、行为能力等进行客观评价，正确认识自己、接纳自己，提高心理调节能力，培养良好心理品质；在知识层面，使大学生明确心理健康的标准及意义，了解大学阶段人的心理发展特征及异常表现，掌握自我调适、自我保健和心理危机预防的基本知识，并应用这些知识，培养自我认知能力、人际沟通能力、情绪调节能力等；在方法技能层面，使大学生掌握自我探索技能，心理调适技能及心理发展技能。提高学生学习成才技能、环境适应技能、压力管理技能、问题解决技能、自我管理技能、人际交往技能和生涯规划技能等，增强调控情绪、承受挫折、适应环境、适应职业的能力。

心理健康教育课程的主要任务是：根据大学生的身心特点，学习普及心理健康知识，通过多种形式的心理健康活动和体验，帮助学生理解和掌握心理保健的方法、技能。特别是树立心理健康意识，优化心理品质，开发心理潜能，提高心理调适能力和社会生活适应能力，预防和缓解心理行为问题；了解并掌握增进心理健康的方法和途径，帮助大学生培养良好的心理品质和自尊、自爱、自律、自强的优良品格，以及创新精神和实践能力；帮助大学生正确处理好学习成才、人际交往、环境适应、自我管理、交友恋爱、求职择业、人格发展和情绪调节等方面的困惑；面向全体大学生，为他们提供及时、有效、高质量的心理健康指导与服务；努力构建和完善大学生心理行为问题高危人群预警机制，做到心理障碍和心理疾病及早发现、及时预防、有效干预。概括起来，就是推进知识教育与掌握保健技能、强化咨询服务和加强预防干预这两项主要任务。前者主要依靠课程，后者是课程的应用与实践。

心理健康教育课程的基本内容包括普及心理健康基础知识、夯实心理健康意识、认识心理异常现象，提升自我心理健康素质、开发自我心理潜能、增强社会适应能力，运用心理调节方法、掌握心理保健技能、提高心理健康水平。其重点是学习成才、人际交往、恋爱婚姻、自我与人格发展、情绪与压力管理、社会与生活适应，以及就业创业与生涯规划等方面的内容。对普通高校，该课程应重点帮助大学生正确认识和处理好学习成才、择业交友、健康生活方式等方面的具体问题。树立终身学习的理念，培养学习兴趣，掌握学习策略，提高学习效率，积极应对考试压力，克服考试焦虑，为成才和创新精神、创新能力奠定基础；正确认识自己的人际关系状况，培养人际沟通能力，促进人际的积极情感反应和体验，正确对待和异性同伴的交往，树立正确的恋爱观婚姻观；为建立家庭和为人父母做好准备；帮助大学生进一步调节和管理自我情绪，提高克服困难、承受失败和应对挫折的能力，形成良好的情绪品质和意志品质；关注社会、服务社会，自觉培养亲社会行为和志愿者行为，不断提高自己的社会适应能力；培养积极心理品质，优化人格特征，增强自我调节、自我教育能力，培养自尊、自爱、自律、自强的优良品格，促进自我与人格发展的进一步完善；在充分了解自己的兴趣、能力、性格、特长和社会需要的基础上，确立自己的职业志向和职业生涯规划，进行升学就业的选择和准备。

对高职院校，该课程应重点帮助大学生正确认识和处理成长、学习、情绪和职业生活中遇到的心理行为问题，增强自强意识、成才意识和创业意识。让他们了解激发学习兴趣和动机的方法，理解终身学习概念的新内涵，培养自己的学习信心和兴趣，体验学习过程中的积极感受，树立终身学习和在职业实践中学习的理念；让他们正确认识人际交往和社会适应障碍的成因，理解和谐人际关系、快乐生活的意义，热爱职业，劳动光荣，并追求健康的生活方式，不断提升自己的生活质量；关注自己性生理和性心理发展的特点，从而能主动进行心理调适、情绪管理，做积极、乐观、善于面对现实的人；使他们了解自己的性格特征、行为方式和成长规律，积极接纳自我，学会欣赏自我，敢于接受职业的挑战，追求自己的人生价值。特别是让大学生享受成功体验，增强职业意识，培养职业兴趣，提高职业选择能力，做好职业心理准备；了解职业心理素质的重要性，正确对待求职就业与创业中可能出现的心理行为问题，勇于面对职业压力和职业倦怠，认同职业角色规范，不懈追求创业和创新，提高职业适应能力，在职业体验和实践中提高职业心理素质，做一个身心健康的高素质劳动者。

心理健康教育课程的实施建议：

（1）必须加强心理健康教育师资队伍建设。心理健康教育是一项专业性很强的工作，必须大力加强专业师资队伍建设，通过专、兼、聘等多种形式，并逐步增大专职人员配比，建设一支以专职教师为骨干，专兼结合，师德高尚、业务精湛、结构合理、充满活力的心理健康教育专业化师资队伍。

（2）大力开展心理健康教育专兼职教师培训。要鼓励教师积极开展教学研究和团队教学，参与心理咨询和心理训练。特别是开展对心理健康教育专、兼职教师的业务培训，培训工作列入学校师资培训计划。切实提高专、兼职心理健康教育教师的基本理论、专业知识和操作技能水平。要通过培训，不断提高他们从事大学生心理健康教育工作的职业道德以及所必备的基本理论、专业知识和技能水平。特别要重视对班主任、辅导员以及其他从事学生思想政治工作的干部、教师进行有关心理健康方面的业务培训（每学期至少一个星期），以提升专业水平。

（3）高度重视全体教师的心理健康教育工作。各级教育行政部门和学校要关心教师的工作、学习和生活，从实际出发，采取切实可行的措施，减轻教师的精神紧张和心理压力。要把教师心理健康教育作为教师教育和教师职业生涯发展的重要方面，为教师学习心理健康教育知识提供必要的条件，使他们学会心理调适，增强应对能力，有效地提高其心理健康水平和开展心理健康教育的能力。教师要以高度负责的态度，率先垂范、言传身教，以良好的思想、道德、品质和人格潜移默化地影响大学生。特别是基于我国大学生心理健康教育的现状，在进一步提高心理健康教育师资队伍专业化水平的同时，要注重提升专兼职教师的敬业精神和职业道德。

（4）创新心理健康教育课程教材建设。我国大学生心理健康教育已经取得了较大成效，但高质量的心理健康教育教材还是比较缺乏，一定程度上影响了心理健康教育的效果。心理健康教育教材不仅是学生上课时的蓝本，也是学生心理健康的自助手册。因此，在教材的编排上，应力求理论与实际相结合，贴近学生实际，提供心理健康知识、心理调适方法以及心理自助指南。

（二）将第二课堂综合能力培育融入心理健康课程

近年来在积极心理学视野下，人们越来越关注个体心理潜能的开发，主张充分挖掘人潜在的具有建设性的力量。对于高校心理健康教育来说，综合能力的培养与心理健康教育相辅相成，都符合现阶段人才培养的核心诉求，也是当前高校教育教学中不容忽视的两个重要方面。将第二课堂综合素养培育与心理健康教育相结合，可以增强学生的内在生长力，提升自我修复的能力。第二课堂融入心理健康教育要做好以下几点：一要引导学生正确价值观，在网络不良因素的诱导中，在多元文化的冲击下，培育积极、正确的价值观；二要培养学生的学习能力，提升自学能力、创新能力等，介绍有效的学习方法；三要培养学生的责任意识，将对大学生责任意识的培养与自我意识的培养相结合，注重引导和激发学生的自主性，促使其能够自主、独立地进行思考，意识到自身可能存在的过度依赖他人等问题，勇于积极面对和承担自身所担负的责任，避免出现推卸、退缩等心理倾向或问题。积极拓展第二课堂课外实践活动方式，通过校园心理健康情景剧、生命教育主题讲座、心理电影赏析、大学生心理健康知识竞赛、心理健康征文、团体心理辅导等多种形式，大力宣传普及心理健康知识。

（三）将生命教育融入心理健康教育课程

有学者认为，生命教育意为指导学生正确地认识人的生命价值，理解生活的真正意义，培养学生的人文精神，激发学生对终极信仰的追求，培养学生的关爱情怀。[①] 狭义的生命教育内容包括关爱生命、健康道德、长成自我、防御疾病、抵御诱惑、远离毒品、铲除暴力、拒绝自毁、防范危险等。广义的生命教育内容即"人生三问"：我为什么活着？我该怎样活着？我如何能活出最美好的生命？心理健康教育主要以"人生三问"为主要内容，通过心理健康教育课程方式开展生命教育。生命教育的目的在于使每个受教育者在自我求生存的基础上能够正确认识生命的本质，确立完整的生命意识，认识生命，热爱生命，尊重生命，欣赏生命，探索生命的意义，实现自身的全面发展，并关注与尊重他人的生命。在大学生"三观"形成的重要阶段，以学生自身体验为主的生命教育，使学生在任何困境中都能找寻到生命的意义和自我存在的价值，陶冶健全人格，进一步回馈社会。将生命教育与心理健康教育融通，让大学生去除教育功利化的倾向，通过成长中的自我反省和自我觉察，爱护和尊重生命，唤起内心深处的自主能动性，激发生命潜能，促进健全人格培养，促进多元健康发展。高校生命教育融入心理健康

---

① 张云飞：《呼唤生命教育》，《社会》2003 年第 3 期。

教育内容包括生命意义与价值的教育、安全教育、法制教育、挫折教育、死亡教育、性教育、禁毒教育与预防艾滋病教育等专题教育。

（四）将朋辈团体辅导融入心理健康教育课程

团体心理辅导是在团体情境下，借助团体力量、带领技术，以及团体内的人际互动，促使个体通过观察、学习、体验，认识自我、探索自我、接纳自我，改善与他人的关系，学习新的态度与行为方式，最终达到提高心理素质、促进人格全面健康发展的目的。① 朋辈团体辅导的主体的朋辈团体，与学生年龄相当，经历相似，相互之间更具信任感，更容易建立良好关系。此外，培养具备一定专业知识的朋辈辅导员，利用大学生的自主性和积极性完善高校专业心理健康教育体系，扩大心理辅导覆盖面，是一个自助助人的过程。同时，相较于个体一对一的形式，团体辅导可开展一对多的咨询服务，及时发现学生存在的共性心理问题，高效率展开辅导活动。朋辈团体辅导的内容可根据团体的目标、特点、时间、成员的特征等来确定。对高校来说，就是要根据不同年级大学生的身心特点，分别提出各年级心理健康教育的侧重点，以组织相应的团体活动。一般来说，对新生，主要解决入学后的适应、人际关系、学习方法、人生规划等问题；对二、三年级的学生，主要是解决如何养成良好的道德品质，确立正确的人生观、价值观与世界观的问题；对毕业生，主要是解决择业、发展、适应社会等问题。团体活动应该抓住不同阶段、不同专业学生的特点，选择适合学生的内容与方式来开展。此外，在设计团体辅导中要组建合格的团体领导者团队，对团体领导者进行严格选拔。制定选拔标准，从团体领导者的专业知识、带队经验、辅导技术运用能力、人格特质、语言表达能力、职业道德伦理等方面进行标准设定。选拔那些具有丰富的理论知识和带队经验、团体辅导技术运用娴熟、乐于助人

---

① 孙时进、高艳：《团体心理辅导：理论与应用的多维度思考》，《思想理论教育》2006年第3期。

以及沟通能力和组织能力较强的人担任团体领导者。组织团体领导者参加专业培训，参加团体辅导理论、技术、方案设计、评估等方面的培训，并指导和带领团体领导者进行团体实践，提高团体领导者的专业水平。

三、心理健康教育活动

高校学生一般处于相同的人生阶段，本节从入口到过程培养再到出口，系统地梳理了大学生在校期间可能遇到的较大风险的诱发因素，分门别类地辅以相应案例加以剖析，以便于更好地针对性开展心理健康教育活动。下面是浙江大学的特色心理健康教育活动示例。

（一）跨越"第一年"——新生教育引领主题活动

在中学时，学生接触的是正面教育，信息量相对有限，他们的目标十分明确——考大学，至于考大学的真正目的他们很少仔细想过。进入大学后他们面临更大的选择自由，开放式的管理、多样化畅通的信息渠道，泥沙俱下的信息扑面而来，一部分大学生面对突然变化的全新环境，难以适从。一般而言，当大学生进入大学校园这个全新的环境时，如不能很快改变原有的生活方式，就容易产生旧有行为模式与新环境的不和谐，进而导致其心理失调。此种背景下，必须进行预防教育性心理危机干预。

在浙江大学大类招生与培养模式下，学生基本上要经历两次"新生"阶段，即入学第一年和确认主修专业后的一年。在这个人生的转折期、学习的转型期、情感的困惑期，很多学生存在着"目标迷茫""学业困惑""文化断裂""生活不适"等在新生群体中较为普遍的问题，他们需要更多的引领和指导，帮助他们更全面地认识自我，需要及时获得关于大学及其核心价值理念、关于大学学科专业学习与科研的特点、关于有价值的大学生活和未来愿景等多方面的立体感知，从而做出更理性的生涯规划和采取更有效的行动，为顺利完成大学阶段的学习、为今后的成长成才打下坚实的基础。具体做法可包括：发挥朋辈育人优势，选优配强兼职辅导员、学长组等队伍；建立家校沟通机制，开展院长家书——新生家长慕课活动；构建和谐宿舍文化，组织宿舍文化风采大赛、宿舍运动会等。

（二）"科研 family" 创纽带——学科氛围建设活动

在中国，学业成绩承载着太多的意义。进入浙江大学的学生在中学时代大多是非常优秀的，但是走进卧虎藏龙的大学校园，部分学生在中学的自我良好感觉难以为继，以前的学习模式即使付出大量的时间和精力也无法取得令自己、家长、导师满意的结果。也有部分成绩优秀的学生过分追求完美，在自我认识和评价上过于关注弱点，对挫折和失败承受力低。因为总想做得最好，而容易经常处于紧张、焦虑和担忧情绪之中，做决定时因为害怕失败而优柔寡断、患得患失。此种背景下，需要对处于心理危机不同阶段、不同程度的学生进行及时、有效的心理危机干预。

繁重的学习任务使大学生长期处于身心疲惫的状态，容易表现出思想迟缓、注意力不能集中、反应速度降低、情绪烦躁、心情低落等现象。对于此类，可以通过培养大学生的学习兴趣、改善学习方法、及时处理考试焦虑情绪等方法进行处理。浙江大学光电学院为使更多学生尽早适应大学专业学习的模式，也为培养低年级对科研的兴趣，搭建了以教师为负责人，硕士生和博士生协助，依托其从事的科研项目，指导对学术研究感兴趣的优秀本科生在一年内完成科研项目，深化学生对理论知识和专业前沿的理解。其他具体的做法还包括"学海助航"本科生助教计划、编撰新生课程学习宝典、教授面对面等活动。

（三）爱在"浙"里——家庭经济困难学生"励志·成长"计划

一般来说，经济原因只是限制经济困难生成长的一个初级问题。从心理危机干预的角度来说，真正的问题在于一些人可能因为经济贫困而导致心理失衡，从而出现自卑焦虑、敏感多疑、偏激嫉妒、情绪抑郁、行为退缩、自我封闭等心理和行为特征。

浙江大学不断思考和探索家庭经济困难生资助工作，如何解决他们的长远发展问题。通过社会实践平台建设，培养和锻炼经济困难生的综合素质和能力，为他们的情绪提供一个出口，为他们今后的发展和成长打开一扇门。具体做法包括"寻找身边的励志故事"，激励经济困难生勇敢追梦；"在'520'把爱说出来"，开展感恩行动教育；开展校园"欧莱雅义卖"，鼓励学生树立劳有所获的发展观念。

（四）桃李芬芳，共育栋梁——"校友育人"工程

经过了经济快速发展的阶段，加之疫情带来的重创，大学生就业市场竞争日益激烈，"供需见面""市场导向"给大学生选择专业加上了一层病态的滤网，一方面越来越多的人选择所谓的热门专业，另一方面"996""007"的工作机制让越来越多的人难以承担重负，进而导致大学生选择逃避就业，心理恐慌越来越严重。

校友资源不仅是学校的品牌资源、信息资源，更是学校重要的育人资源，对高等教育的可持续发展起着不可忽视的重要作用。浙江大学信电学院积极发挥校友资源为学生成才提供指路明灯、为学生成长保驾护航、为学生发展搭建桥梁的育人内涵，围绕"学校—校友—企业—行业"联合育人的总目标，以"走出去""请进来"为指导思想，解决学生就业的实际问题，从而缓解就业压力。具体做法包括举办"校友导航人生"论坛，以校友的成长与奋斗经历为学生提供成才示范；签订实习实践协议，以校友的指点和支持为学生就业搭建桥梁；"时光胶囊——写给未来自己的一封信"，引导学生科学合理提前开展学业、职业生涯规划。

（五）搭建平台，联合育人——家长委员会

"90后""00后"的学生在成长过程中对家庭过度依赖，导致了从高中

过渡到大学的不适应，"家长"这一角色的"突然消失"加剧了学生的迷茫与困惑，而家长在传统认知的局限下，容易片面地认为大学教育仅由高校完成，从而导致大学教育中家庭支持的缺失。当然，人际关系分很多层次，大学生的人际关系除了亲子关系，还包含恋人、导师等层次。部分学生因为人际关系处理不好或者在人际交往中受到冷落、挫折而导致内心孤独、寂寞，从而使性格或行为更加偏激，或者出现抑郁、焦虑等情绪症状。对此种心理危机，可以通过改变其认知模式，并辅之以行为治疗的技术，以矫正他们的不良情绪和行为。

浙江大学外语学院通过家长委员会这个机构，将家长、学校、学生三者联系在一起，将单方面的学校投入转化为学校、家庭甚至整个社会的投入，使得对学生的培养力度更大、资源更丰富。具体做法还包括"家书遥寄"，提供学生与家长更细腻的情感联系纽带；"亲子工作坊"，为家长提供专业的亲子关系辅导；"幸福家友会"，畅通家长与学校的联系渠道。

（六）其他特色活动

此外，导师作为研究生大学生活的重要他人，与学生的关系不仅是"教"与"学"的单向输出，还应有频繁的互动交流。而固有的刻板认识，无形之中拉大了学生与导师之间的距离。在导学关系上，具体做法可包括"我与导师二三事"，借助故事珍藏师生交往点滴；举办以实验室为单位的体育赛事，鼓励师生在竞技合作中打造良好关系。大学生在生理上已经完全发育成熟，但在心理上尚未完全成熟，他们对恋爱、婚姻、家庭的认识普遍比较幼稚，基本上还处于理想化极端。恋情是浪漫甜蜜的，而生活却是现实甚至苦涩的。在恋爱关系上，具体的做法包括"写出心声，表达自我"心理三行诗大赛，鼓励大学生勇敢说出爱；录制"积极恋爱"等心理微课，教会大学生调控情绪的实用技巧；举办心理短剧大赛，以戏剧化的张力引导学生反思、成长。

第三节 高校学生心理危机预警体系建设

心理危机不是一触即发的，通常会经历一定的发展过程。心理危机可能导致严重的自伤或伤人事件，给个体、家庭、学校、社会带来重大的负面影响。如果心理危机能够早识别、早应对、早干预，那么个体可以更加顺利地度过危机。将心理危机消除在萌芽阶段，可以防止情况恶化，避免造成对个体和他人的生理、精神上的伤害。

大学生心理危机预警是对心理危机进行早期的预测，具有监测和示警的双重作用。监测是能够持续对可能触发心理危机的因素、条件等进行检测。示警是指在监测基础上对预警信息进行评估，及时发现和识别潜在的或现实的危机因素，必要时发出危机警报，帮助高校针对性地采取防范或干预措施，减少危机所造成的不良后果。因此，建立有效的大学生心理危机预警系统，对于预防危机事件的发生具有重要的现实意义。

大学生心理危机预警的内容包括预警指标和预警对象两个方面。预警指标是指能够预测或明示大学生经历心理危机的一系列信号，包括应激源、危机易感因素、应激反应等。预警对象是指危机承受能力相对较低、危机发生概率较高以及正在遭遇危机事件的个体或群体。

一、心理危机预警信号

心理危机的发生可以从三个方面来预警：（1）应激源（日常生活中经历的各种生活事件、慢性压力等）；（2）危机易感因素（容易引发心理危机的内部因素）；（3）应激反应（心理、生理的不适反应）。

应激源是心理危机的外部诱发因素，当学生正在经历容易诱发心理危机的生活事件或压力时，学生工作者需要关注是否存在心理危机的可能性。每个人对应激源的反应是不同的，有的可能产生心理危机，有的则可能不会发生。所以与应激源有关的指标是在心理危机发生前的预警信号，提示学生工作者予以注意，同时还需要结合学生的应激反应来进行判断。

危机易感因素是容易引发心理危机的内部因素，包括生理或心理疾病、认知评价、应对方式、人格、个人经历等。当面对应激源时，危机易感因素高的个体更容易产生心理危机，而危机易感性低的个体则不太容易产生心理危机。在实际工作中，如果个体遭遇了容易诱发心理危机的应激源，同时又具有较高的危机易感性，就需要加以重视，进行重点、持续的关注。但需要注意的是危机源和危机易感性高并不必然会产生心理危机，最终判断是否出现了心理危机，还需要结合个体的应激反应。

应激反应是心理危机发生后的各种身心反应，通过观察学生在生理和心理上的不良反应，可以更为准确地判断学生是否存在心理危机。当学生工作者发现学生正在经历危机，已经出现各种应激反应的症状，那么就需要及时进行帮扶和干预。

（一）应激源

应激源是心理危机的外部诱发事件，很多生活事件都可能诱发心理危机，第一章第二节中心理危机的诱发因素从发展性诱因、境遇性诱因、存在性诱因、生态系统诱因对容易引发心理危机的事件进行了阐述。以这一分类为框架，结合实际工作经验，以及对某高校近十年危机学生案例的总结分析，可以罗列出大学生常见的应激源（表5-1）。

表5-1　大学生常见的应激源

分类	具体内容
发展性诱因	新生适应、毕业、结婚、生子
境遇性诱因	学业：考试失利、专业不满意、学籍异动（转专业、休学、退学、降级、延期毕业）
	就业：找工作受挫、与学业的冲突

续表

分类	具体内容
境遇性诱因	恋爱：建立亲密关系受挫、失恋、关系冲突、出轨、性问题
	人际：矛盾冲突、分离、受孤立
	家庭：家庭变故，如经济危机、父母离异、亲人患病或发生意外事故、亲人去世等
存在性诱因	听闻或目睹他人死亡、长期的生活无意义感
生态系统诱因	自然或人为灾害

需要注意的是，不是所有的生活事件都会引发心理危机，而不在上述列表中的生活事件同样也可以导致心理危机。一般而言，一个生活事件发展为应激源，意味着学生日常生活出现了新的变化和挑战，这种变化需要学生应用新的应对方式和资源来应对，而当无法应对时，就产生了心理危机，因此学生工作者除了了解以上常见的应激源外，还要关注学生所面临的变化和挑战，并观察学生是否有有效的应对方式。一般而言危机事件的强度越大，持续时间越长，发生时越突然，对个体的心理冲击更大，所需的应对策略和资源也更多，其产生心理危机的可能性也越高。

（二）危机易感因素

危机易感因素是容易引发心理危机的内部因素，包括生理或心理疾病、认知评价、应对方式、人格、个人经历等。本书第一章第三节心理危机的影响因素中对此进行了详细阐述。在此基础上，通过对某高校近十年的危机学生案例总结加以补充，形成危机易感性因素列表（表5-2）。危机易感性高的学生群体需要作为重点关注学生，在平时予以注意，在面临危机源时要主动提供帮扶，协助其更顺利地度过危机。

表 5-2 常见易感因素

分类	具体内容
生理或心理疾病	慢性疾病、严重疾病、心理障碍
认知评价	不合理信念
应对方式	消极应对
人格	人格缺陷
个人经历	创伤、变故

（三）应激反应

应激反应是心理危机发生后的各种身心反应，严重、持续的身心反应可能发展为精神障碍。本书第一章第三节心理危机的结果中，对无法顺利度过危机的反应进行了详细阐述。表 5-3 从生理、情绪、认知、行为等维度进行了总结。

表 5-3 常见应激反应

分类	具体内容
生理反应	食欲下降、睡眠差、头颈背疼痛、紧张、疲劳、过度警觉、呼吸困难、肠胃不适、个体免疫功能下降、内分泌紊乱
情绪反应	抑郁、焦虑、恐惧等负性情绪、情绪波动大、易激惹
认知反应	感知觉：过分敏感或警觉，麻木，反应迟钝。 思维：思维迟钝、强迫性或重复性回忆、健忘、效率降低、悲观、多疑。 注意力：无法集中注意力、过度集中于危机事件
行为反应	逃避与回避、退化与依赖、敌对与攻击、失助与自怜、物质滥用、病态固执、自伤/自杀

二、心理危机预警对象

预警对象是基于预警指标所得出的，而在实际工作中，确立预警对象更有利于危机预防工作的开展。从理论上说，所有大学生都应是心理危机预警的对象，但对所有大学生进行心理危机的监测和评估是不现实的。为了更加有效、及时地发现大学生心理危机，需要有针对性地关注重点学生群体或高危学生群体，如贫困生、新生、毕业生、失恋生等群体或人际关系较差、行为表现偏常的不特定个体学生等。

基于过往的工作经验及研究，总结了以下几类学生群体作为重点学生群体以及高危学生群体。重点学生群体指出现心理危机可能性较高的学生群体，高危学生群体同样属于重点学生群体的一种，但其特点在于生命安全的风险较高，存在自伤/杀、伤/杀人的风险，需要格外地关注并采取更主动积极的干预策略。

（一）重点学生群体

一是经由心理评估后疑似心理障碍或精神科已确诊的严重心理障碍学生。包括在心理健康普测中筛查出来的可能存在严重心理问题的学生、经由心理中心专业心理咨询师进行心理评估后疑似存在严重心理障碍的学生，或患有严重心理疾病，并被精神科医生确诊的学生，如患有抑郁症、恐怖症、强迫症、癔症、焦虑症、精神分裂症、情感性精神病等疾病的学生。

二是未经过专业心理评估或精神科诊断，但基本功能受损的学生。包括日常生活功能受损，如睡眠紊乱（失眠、早醒、多醒、入睡困难、睡眠过多或过少）、饮食紊乱（食欲不振、饮食过多或过少）、个人卫生问题（长期不注意个人卫生）、学业功能受损（如第一次出现不及格科目、需要重修多门功课、被学分警告、将被退学、完成毕业论文有严重困难、延期毕业等）、人际功能受损（如拒绝与人交流、回避、当众受辱、受惊吓、与同学发生严重人际冲突而被排斥受歧视、与老师发生严重人际冲突）、情绪控制能力受损（如长时间低落、哭泣、焦虑、烦躁等）

三是遭遇重大变故或存在现实困难的学生。包括家庭发生重大变故（亲人去世、父母的离异、父母下岗、家庭暴力等）、遭遇性危机（性伤害、性暴力、性侵犯、意外怀孕等）、遭遇意外或突发事件（自然灾害、校园暴力、感情受挫、车祸、身边出现个体危机状况而受到影响如自杀或同宿舍、同班的学生被他杀等）、面临现实困难（如经济严重贫困、身体出现严重疾病，医疗费用很高但又难以治愈等）。

（二）高危学生群体

对近期发出下列警示信号的学生，应作为心理危机的高危对象及时进行危机评估与干预：（1）谈论过自杀并考虑过自杀方法，包括在信件、日记、图画或乱涂乱画的只言片语中流露死亡念头的人；（2）不明原因突然给同学、朋友或家人送礼物、请客、赔礼道歉、述说告别的话等行为明显改变者；（3）情绪突然明显异常者，如特别烦躁，高度焦虑、恐惧，易感情冲动，或情绪异常低落，或情绪突然从低落变为平静，或饮食睡眠受到严重影响等。

三、心理危机预警机制

构建大学生心理危机预警机制，就是要建立一套对心理危机进行有效预防、预警和预控的系统，借助心理危机预警方法，通过一定措施筛选出心理危机易感人群信息，进行监测分析，及时发现、识别潜在或现实的心理危机因素，进行后果评估，及时准确进行危机预警，制定危机应急预案，采取科学援助措施，以最大限度减少损失。

在校院两级管理模式下，大学生心理危机预警系统的构建应该以预防为主，以干预为辅，将心理危机干预工作重心前移。大学生心理危机预警系统的重点不应是干预工作的具体实施，而重在对危机预警对象的筛查、管理等，从而将危机控制在发生之前。

高校要进一步建立以学校为主导的分层级心理危机预警管理体系，构筑"校级统筹—院级排查—同伴互助"大学生心理安全"防护网"。成立心理危机预警分级组织机构，由校领导组成预警领导小组作为决策机构，学校心理健康教育中心为执行机构，学院和班级为心理危机预警信息提供机构，相互协作，共同组成心理危机预警的"防火墙"。加强危机事件的信息收集、整合，构建网络化的高校心理危机信息报送和监控系统，根据预警对象情况建立包括个体发展状态、社会环境、人际交往、负面情绪等具有监测功能的预警指标体系，合理确定各指标权重系数与预警级别，为及时进行危机干预提供保障。

（一）校级统筹机制

高校在处理心理危机事件时，要树立分工明确化、责任具体化、处置流程化和干预合法化的精细化管理工作理念。搭建学生信息沟通渠道和平台建设，建立起分层分类的工作小组，保证决策科学，执行到位，同时搭建全面的通信网络，保证联系通畅。心理危机处理过程中，学校、学院各级部门和相关人员要职责分明、依法管理，注意信息沟通的时效性、信息准确性、内容完整性。

心理健康教育中心作为全校心理健康教育工作的重要机构，在心理危机预警系统构建中具有统筹优势。心理健康教育中心的任务包括：一是要通过各种制度将学校和各二级学院的分工明确下来，做到职责分明；二是制定心理危机预警流程，并在心理咨询师、辅导员及思政教育工作者队伍中固化下来，严格按流程实施工作；三是明确心理危机预警系统涵盖的内容，如心理危机预警的对象和范围、预警指标等前期工作，以及预警信息的收集、管理措施等具体事项。同时，学校心理健康教育中心应对参与心理健康教育相关工作的育人队伍开展培训，如二级学院领导、辅导员、班主任、后勤管理工作人员等，还可以兼顾班级心理委员队伍。

开展专业培训要注意培训的普适性和专业性。培训中要讲明心理危机干预涉及的多方面心理学知识，包括心理学的基本知识，如何识别和预防心理危机，此外还要解读学校各级各部门的突发事件应急管理体系和预案，提供面对心理危机时的求助方式。危机干预分为危机预防、干预和后期三个阶段，每个阶段都面临不同的问题，需要运用不一样的专业技能和应对技巧。开展培训时要将危机干预的全过程进行讲解，必要时进行模拟演练，提升师生处理水平和响应能力。

同时，针对各育人队伍不同的职责和分工，培训也要专业化和针对性。学院领导等管理部门侧重于体系建设和预案执行，了解危机干预全过程的发生和后续处理，做到管理有序，统筹各部门和各项资源开展危机干预工作。辅导员、班主任、导师等队伍侧重于了解危机执行的各项步骤，提升日常工作中的识别能力、危机前的预防意识、危机中的执行能力和危机后的处理方式。宿舍管理员、保安员等后勤队伍侧重于明确本身的职责和要求，在识别和处理危机之外做好与学校其他部门的联系和沟通。此外，在培训中也要做好各育人队伍的心理疏导和自我关怀，提升自身的心理抗压能力，提供求助的方式和方法，保障其心理健康。

（二）院级排查机制

二级学院作为学生日常管理的具体实施部门，拥有辅导员队伍和学生干部群体，可以更好地监测到学生日常心理状态的变化。二级心理辅导站作为学院心理健康教育工作的具体机构，不仅要在心理健康教育中心的指导下完成相关工作，还要承担解决学院学生成长性心理问题的任务，其在心理危机预警系统中起着重要的承接作用。

二级心理辅导站所有工作人员对预警对象、范围及预警指标要有明确的认知，在日常工作中要关注本学院预警对象的心理状态变化及非预警对象的应激反应。二级心理辅导站要对本学院的心理健康教育工作和危机预警工作进行记录整理，有针对性地上报心理健康教育中心，做到阻止或减缓危机事件的发生。二级心理辅导站的工作人员要有心理危机敏感意识，了解学校心理危机预警指标、对象、范围及危机干预流程等心理危机干预常识，具备预防、发现、甄别和转介学生的障碍性心理问题的能力，进行心理危机的预防和初步干预。二级心理辅导站要尽量做到早发现早干预，从而达到危机预警的目的。

二级心理辅导站还需组建本学院的学生干部队伍或朋辈心理辅导队伍，定期开展培训，重点培训危机信息的识别和上报，重点要做好心理委员和室长的培训。心理辅导人员在理论学习和实战经历中要总结一套实用性较强的心理危机信号参考标准作为判断心理问题的观测点，以提高危机识别的精准度。基于此标准可以有效指导学生群体及时发现和识别相应的心理问题，监测学生的异常信息，进行危机预判，及时向辅导员及有关机构反映，减少心理危机事件的发生。

编制参考标准时应围绕不同类别的学生，从不同的角度对可能作为心理问题的外在表现进行详细梳理。在人员类别上应重点关注心理普查中发现的需要关注的学生，已知正在遭遇心理困扰的学生，曾经发生过危机事件的学生，来自家庭经济困难、单亲、离异等特殊家庭的学生，同时还应把关注新生、毕业生的心理状况作为常规工作。在关注角度上应从学生认知是否符合实际情况、情绪波动是否正常、人际关系是否和谐、社会功能是否正常、支持系统是否稳定等方面综合进行考虑，做到标准基本满足工作需要，同时易学习、易掌握、易操作。

（三）同伴互助机制

从目前高校的实际情况来看，大部分高校仅设立大学生心理健康教育中心，专职教师较少，不能满足学生的需求；另外，心理健康教育中心的教师与学生沟通交流的机会有限，很多学生在发现自己出现心理困惑时也不愿意把自己的心事向自己不熟悉、不了解的人倾诉，最终将问题压在心里，得不到排解，久而久之就酿成了危害。

在大学生生活场域或者网络空间中，同伴是大学生接触最密切、互动最频繁的群体，同伴的影响也是最不经意、最持久、最潜移默化的，这个群体不仅仅包括班级、宿舍的同学，还包括课堂、社团等不同场合、不同组织相识的朋辈伙伴，覆盖学习生活的各个环境。因此，同伴间的互帮互助成为影响学生大学学习生活重要的因素之一。如何充分调动学生自我教育主动性，发挥同伴教育积极作用非常关键。同伴作为心理健康教育中心和学院二级心理辅导站开展工作必不可少的补充力量，在心理危机预警工作中有着举足轻重的作用。

同伴互助从互助主体的数量来看，包括个体—个体、个体—群体、群体—群体三种形式，整个互动发生在两个以上的个体之间。要想互助取得满意的结果，互助主体间就必须通力合作、协同配合，只有这样才能各得其所、取得成效。在配合、协作的互助之中，个体的合作意识得到提升，在以后的学习和工作中，更愿意同他人合作。

同伴互助从互助内容来看，即年龄相仿的学生群体对需要帮助的同伴在心理方面予以帮助。同伴互助既可以弥补心理教师不足的问题，又能在学生与心理教师之间架起一道桥梁，在帮助同学的过程中，如果意识到问题的严重性，需将其告诉心理教师缓解问题、制止恶性事件的发生。同时参与互助的同伴也能在互助辅导中学习到更多的心理学知识，能够在需要时进行自我调节，必要时自我疏导、排解。高校需要进一步向学生群体普及专业的心理知识，如心理危机对象的表现等，以及引导学生了解学校危机预警系统的架构，知道遇到危机时自己应该怎样处理。同时，学生需清楚自己的胜任力，做自己力所能及的事情，遇到解决不了的问题或者没有把握的危机预警对象时应第一时间上报。

在网络空间中，鉴于学生使用网络的常态化，网络平台已成为监测学生预警信息的一个重要渠道。同伴互助过程中，应主动占领网络阵地，搭建平台，多措并举开展心理危机预警工作。由于网络文化的冲击，QQ、微信、微博、抖音、微信公众号等多元化网络平台层出不穷，许多存在心理困扰的学生会将烦恼诉诸网络平台，而学院辅导员难以实现对每名学生使用的网络平台一一关注，因此引导学生骨干关注身边同学好友的网络平台，通过QQ空间、朋友圈动态等信息在线上的层面初步了解和判断同学的心理状况，并以此为依据在日常生活中给予一定的关注，发现问题及时上报。

（四）重点关注学生工作机制

"校级统筹—院级排查—同伴互助"的预警机制有助于及时准确进行危机预警，对危机预警对象进行科学筛查及管理。危机预警对象的共同特点在于：（1）目前虽没有发生危机，但危机易感性较高，即在同等情况下，可能更容易发生危机；（2）正遭遇危机事件；（3）产生了心理危机的各种身心反应。对于重点关注的危机预警学生需要建立体系化、流程化、动态化的工作管理机制，这也是预防心理危机的重要举措，包括重点关注危机预警学生的制度建设和相应的信息系统建设，帮助学生工作者运用信息化技术及时发现、干预、跟踪危机预警学生的心理危机状况。

其意义在于：（1）有助于防范和干预学生的心理危机，促进重点关注的危机预警学生的心理健康和发展。对重点关注的危机预警学生建立信息库，帮助学生工作者及时和全面地收集、掌握重点关注的危机预警学生的基本信息、心理评估和风险防范信息，帮助学生工作者在此基础上及时了解学生的心理动态，及早介入和干预，给予学生关心和帮助，帮助学生度过危机，从而促进其恢复心理健康的状态，并从中获得成长。（2）有助于提升心理危机处理的工作效率。心理危机处理包括了多方的联动，从机构层面包括了心理中心和学生所在的院系，从人员层面包括心理中心心理咨询师、管理员、院系主管心理工作的负责人、学生所属院系的辅导员、班主任、导师、心理委员等，建立一个统一的信息平台有助于多方信息的即时交流，提升工作效率。（3）有助于保护参与心理危机处理的学生工作者。对于重点关注的危机预警学生的心理工作是一件长期且繁重的工作，重点关注的危机预警学生的信息系统可以将危机处理时的工作进行文字记录并存档，作为学生工作者的工作凭证。若今后面临一些纠纷可以对学生工作者有一定程度的保护作用。（4）有助于重点关注的危机预警学生管理工作的长期性和可持续性。重点关注的危机预警学生信息库实现了电子化和文本化，将学生的基本信息、心理评估、风险防范、跟进情况等加以记录和保存，即便发生人员更替，也可以在最短时间内交接，帮助学生工作者掌握重点关注的危机预警学生的情况，实现了管理工作的长期性和可持续性。（5）有助于提升重点关注的危机预警学生管理工作的科学性和有效性。随着重点关注的危机预警学生信息的日积月累，学生工作者可以掌握大规模的工作数据。通过对这些数据的科学分析，可以对重点关注的危机预警学生的特点、工作等开展研究，发现更具有普适性的规律，为之后的工作提供依据，提升帮扶重点关注的危机预警学生工作的科学性和有效性。

下面将从重点关注的危机预警学生的工作制度和相应的信息化系统两个方面进行详细介绍。

1. 重点关注的危机预警学生工作制度

重点关注的危机预警学生的工作流程包括：发现→评估→上报→院系联络→动态跟进→结束关注。

根据上述流程，特分别制定相应的工作制度，包含发现及上报制度、有限保密制度、院系联络制度、动态跟进制度、结束关注制度。所涉及的学生工作者包括了学校心理中心的管理人员、心理咨询师、各院系心理工作的负责人、辅导员。

一是重点关注的危机预警学生发现及上报制度。该制度规定了重点关注的危机预警学生的发现及上报流程，以及所涉学生工作者的职责范围，目的在于及时发现有心理危机或存在心理危机风险的学生，并纳入重点关注的范围。该项工作以学校心理中心的工作人员为主体。通过多个渠道，如直接来访、新生测试、初始访谈、心理咨询、院系转介、朋辈转介、医院转介、网络舆情等，发现可能符合重点关注标准的学生。由心理中心的心理咨询师进行信息搜集、心理评估及风险评估，做好文字记录和存档，向心理中心汇报学生情况。并由该名心理咨询师作为负责人，跟进后续的所有工作。

二是重点关注的危机预警学生有限保密制度。在重点关注的危机预警学生的管理工作中需要遵守伦理规定，秉持有限保密的原则，即对于来访学生的个人资料及咨询内容需要保密，但是在出现以下情况时，属于保密例外原则：（1）发现寻求专业服务者有伤害自身或伤害他人的严重危险；（2）未成年人等不具备完全民事行为能力的人受到性侵犯或虐待；（3）法律规定需要披露的其他情况。在这些情况下，心理咨询师有义务及时通知相关人员（院系主管心理工作的负责人），以便共同采取措施，按最低限度原则披露相关信息，相关人员必须遵守保密规定，不得将有关内容随意向外扩散。此外，当心理咨询师发现重点关注的危机预警学生的情况已经超出了心理中心可帮助的范畴，需要获得其他的支持资源，如家庭、院系、医疗等，但又不符合以上保密例外的情况，可以在征得学生同意的情况下，以最低限度原则向相关人员披露相关信息，相关人员也需要遵守保密规定。

三是重点关注的危机预警学生院系联络制度。院系联络制度旨在帮助重点关注的危机预警学生建构支持网络。重点关注的危机预警学生的情况一般已经超出了心理咨询的范畴，需要提供额外的支持资源，如医疗资源、家庭支持、同伴关注、院系帮扶等。这类学生由于缺乏有效的资源和应对策略去应对当下的问题，因此心理中心可以协助学生寻求和建立有效的社会支持网络，获得有益的资源。该工作需要心理中心和院系双方联动，心理中心主要负责心理评估及风险防范指导，院系主要负责支持网络的搭建，包括联络家长、及时送医、帮助学生建立朋辈支持、提供其他学生所需的资源。对于符合重点关注标准的学生，心理咨询师要在第一时间向学生所在院系的相关辅导员和分管书记汇报学生心理危机评估结果等相关信息，提供后续风险防范的工作建议。相关院系应在接到汇报后一周内向心理中心反馈院系工作情况，同时配备专门的辅导员负责该生的后续工作。

四是重点关注的危机预警学生动态跟进制度。心理危机的产生不是一蹴而就的，而心理危机的应对和解决也不是立马见效的。学生的心理状况存在波动性，其表现也非常复杂，即便当下解决了危机，但是否真正好转，以及之后会有何反应，仍需持续关注。因此，当学生进入重点关注的范围后，院系需要持续、定期地对重点关注的危机预警学生进行跟进。该项工作以院系为主。至少在每个学期末进行一次期末随访，即一年两次，对于危机风险较高的学生，可以提高频率，或在可能发生重大压力时进行随访。若发生人员交替，需做好重点关注的危机预警学生的交接工作。若学生继续前往心理中心，负责的心理咨询师也需要跟进学生的状况。关注期间，心理咨询师、心理中心、院系三方对学生的情况可随时更新。

五是重点关注的危机预警学生结束关注制度。若重点关注的危机预警学生在一段时间内心理状况平稳，可考虑结束关注。但需要注意的是，应在专业心理工作者的评估后方可结束关注，以防其他学生工作者因相关评估的胜任力不足，无法作出准确判断。此外，对于退学、毕业等学籍不在校的学生应及时结束关注状态。

2. 重点关注的危机预警学生信息系统

为了确保重点关注的危机预警学生工作制度的顺利实施，建立一个统一的信息化系统平台非常有必要。该信息化系统平台可以实现：（1）重点关注学生信息的记录和保存；（2）院系联络；（3）动态跟进；（4）结束关注等功能。心理中心管理者和心理咨询师、院系心理工作负责人及辅导员可以使用该系统进行学生信息的查看、记录、保存、提取。除了相关学生工作人员外，还需要配备系统管理员和技术人员，协助系统的正常使用。为保障信息的安全性，所有的系统模块都要进行加密处理。

一是重点关注的危机预警学生信息。上报重点关注的危机预警学生的心理咨询师需要对其信息进行搜集和记录，包括学号、姓名、年龄、性别、年级、院系、联系电话、紧急联系人及联系方式、院系相关负责人、心理咨询师、入库日期、来源渠道、危机表现、诱发因素、深层次原因、咨询点、心理评估、事件经过描述等。

二是院系联络。负责的心理咨询师需要向院系提供后续工作的指导意见，包括风险防范、对家长的工作建议、关于心理咨询、首要危机问题、其他注意事项等。填写好信息后，提示院系相关负责人查看信息。院系相关负责人可登录加密的模块，填写密码后进行查看。

三是动态跟进。在关注期间，心理咨询师、心理中心、院系均可将所了解的符合有限保密原则的学生信息进行更新，对所做的工作进行记录，在更新信息后，会提示三方进行及时查看，对于需要反馈的信息，系统会进行额外的提示。

四是结束关注。当学生符合结束关注的标准时，可由院系申请结束关注，由心理中心评估后确认关注结束。结束关注的学生会在院系关注名单中去除。其信息会进行保存，仅供心理中心管理人员查看。

第四节 高校学生心理危机干预体系建设

2005 年，教育部、卫生部、共青团中央《关于进一步加强和改进大学生心理健康教育的意见》明确要求，高校要加强大学生心理危机干预工作，努力构建并完善各种危机干预机制。

心理危机干预是在心理危机事件发生时及发生后，通过采取紧急的应对方法有效化解心理危机的发展，为出现心理危机的当事人提供专业的心理援助，帮助危机当事人尽快恢复心理功能，安全度过危机。心理危机干预的对象是已经产生心理危机的人群，其主要内容包括心理危机的识别与评估、心理危机的处理、心理危机的预后。

高校心理危机干预体系的建设本着"立足教育、有效预防、科学干预、及时控制"的原则，旨在保障心理危机干预工作迅速、有效、科学、稳定地开展。从危机当事人的层面，心理危机干预体系有助于减少心理危机事件对当事人的危害和损失，并增强其心理适应能力，促进大学生的人格成熟和全面发展。从学校的层面，心理危机干预体系有助于维护校园稳定，保障正常的教学和生活秩序，保障高校育人目标的实现。

一、学生心理危机的识别与评估

本章第三节已对学生心理危机的预警信号进行了梳理和总结。从应激源、危机易感因素、应激反应三个方面都可以提示可能发生心理危机。但是光是识别心理危机的预警信号还不足以帮助学生工作者有效地进行危机干预。重点在于基于这些信号进行心理危机评估。心理危机评估是心理危机干预的重要内容，贯穿于整个危机干预过程。所有干预的实施都是基于心理危机评估的前提下进行。

心理危机评估包括了评估个体当前的精神状态和社会功能、心理危机的严重程度、自杀风险、当下的资源（如应对能力、支持系统以及可能的解决方案）等。心理危机评估具有科学性和专业性，需要经过培训的危机干预工作者利用相关的理论和技术来进行判断。评估者需要在短时间内通过评估准确了解个体的心理危机状况，这是之后工作的基础。同时，在这个过程中也需要持续地进行评估，以确定后续的工作策略。准确的评估需要广泛、深入地搜集资料，但是现实条件往往不允许，所以需要评估者综合采用多种方法，尽可能得到一个相对准确的评估结果，并在之后的工作过程中持续完善。

心理危机评估的理论和技术已经相对系统、全面，但是在实际应用过程中却存在困难，原因在于以下三点。

第一，心理危机评估的理论和技术较为专业、复杂，许多一线的学生工作者难以在短期内掌握。心理危机评估是一个综合性的评估，涉及的内容较多，而对于未受过长期、系统培训的学生工作者而言，掌握并熟练应用心理危机评估的方法是较为困难的。但是在高校心理危机工作中，对于学生危机的早期识别，他们又是主要的力量，因此现有的心理危机评估方法虽然系统、全面，但是缺乏应用性、操作性。这就导致了一线的学生工作者在面临学生的心理危机时，难以准确识别和判断，从而影响了心理危机的及时干预。

第二，专业心理工作者由于有时无法直接接触危机当事人，在实施心理危机评估时存在局限，无法及时提供心理危机评估，或者难以依据有限的信息进行准确评估。例如，有教师反映学生近期不去上课，总是在宿舍待着，但学生又不愿意前往心理中心进行心理评估，那么心理工作者贸然地去跟学生进行沟通很难取得学生的配合，而仅凭教师所反映的信息又无法作出准确的判断。

第三，心理危机评估的结果对后续的学生工作指导性不强。即便了解了学生的心理危机状况，但是应该相应地采取什么样的工作，可以做些什么帮助学生应对危机，这个部分不够清晰。这也导致学生工作者在开展后续的帮扶工作时无从下手，抓不住重点。对于每个学生可能采取的都是类似的做法，但干预效果却因人而异。实际上学生的危机状况不同，理应更有针对性。

因此，对于高校的心理危机评估工作而言，需要建立一套具有实用性和操作性的心理危机评估方法，既能够评估学生心理危机的重点内容，又能够区分心理危机的严重程度，易于一线学生工作者掌握、实施，且能够清晰地指导后续工作。

笔者及同事基于已有的心理危机评估理论和技术，结合高校心理工作的特点，总结了一套以障碍和风险评估为主体的心理危机分级评估方法。该方法主要关注高校心理工作中的痛点和难点，即心理障碍相关的危机，以及生命安全风险相关的危机（包括自伤/杀、伤/杀人）。这两大问题是学生危机无法及时得到解决可能导致的严重后果，会对个体、群体、学校、社会造成巨大的负面影响。该评估方法基于心理障碍和生命安全风险的严重程度对心理危机进行分级，既简明地反映心理危机的不同程度，同时又根据分级情况，提供了相应的帮扶和干预工作要点，贯彻了从识别、评估到干预的一体化工作思路。帮助学生工作者对学生心理危机的严重程度进行评估，及时识别学生的心理危机状况，并采取相应的帮扶和干预工作。

（一）心理障碍的风险评估

心理障碍是指一个人由于生理、心理或社会原因而导致的各种异常心理过程、异常人格特征的异常行为方式，使一个人表现为没有能力按照社会认可的适宜方式行动，以致其行为的后果对本人和社会都是不适应的。当心理活动的异常程度达到医学诊断标准，我们就称之为心理障碍。

心理障碍本身是大学生心理危机没有得到有效解决的严重不良后果，同时又会进一步导致学生无法顺利度过危机。因此，心理障碍的早期识别和干预对于防止心理危机恶化，减少心理危机事件对当事人造成伤害和损失尤为重要。

对于一般的学生工作者，难以掌握精神障碍的评估标准，所以障碍维度的目的不在于判断学生是否存在精神障碍以及属于哪种障碍，而是对有无障碍进行区分，并识别疑似障碍的学生群体。因此，学生工作者不需要掌握有关精神障碍的具体的评估方法和内容，只需要学会区分心理异常与正常即可。

因此，心理障碍的风险评估分为无、疑似、有三个等级，具体见表5-4。

表5-4 心理障碍的风险评估

障碍分级	标准
无	来访者问题属于一般心理问题，基本功能、社会功能较为正常，不存在异常的心理、行为表现，或经精神科医生评估不符合精神障碍诊断
疑似	来访者的基本功能，社会功能受损，存在异常心理过程、异常人格特征的异常行为方式，没有能力按照社会认可的适宜方式行动，但没有经过精神科医生的评估（需要推荐就医）
有	来访者已经经过精神科医生评估，属于精神障碍

对于已经被医院确诊为精神障碍的学生，可以将其标定为有障碍的人群。对于该类人群，学生工作者需要关注的是学生是否稳定就医，是否按医嘱服药，以及医生诊断的变化。

对于没有接受过专业精神科医生诊断评估的学生，可以基于学生的基本功能和社会功能来进行判断。无论是哪种精神障碍，都会出现个体的基本功能和社会功能受损的情况，包括睡眠、饮食、学业、人际、情绪等方面。例如，睡眠过少或过多、暴饮暴食或食欲差、无法正常上课或完成课程作业、人际关系变差或不愿意见人、情绪过于激动或波动过大等。当在这几个方面同时出现问题且持续时间超过两周的学生，可以将其划分为疑似障碍的级别。对于该类学生，学生工作者应该及时转介，督促其前往学校心理中心或精神科进行进一步的评估。

而对于基本功能和社会功能均较为正常的学生，则评定为无障碍等级。对于该类学生可以不需要过多关注。

（二）安全风险的评估

涉及生命安全方面的风险包括了自伤、自杀、他伤、他杀这几类。安全风险是最需要关注的危机问题，危害性高、预见性低、可控性差。生命安全问题是心理危机干预工作中的底线。

安全风险维度的评估，包括无、低、中、高四个等级。不同的安全风险类型，其评估过程类似，因此仅详细介绍自杀风险的评估，其他类型的安全风险评估与之类似。

在评估安全风险等级时，由于需要综合考虑多方面的因素，因此对于一般的学生工作者而言较为复杂。而本书将这些因素进行了区分，分为主要风险因素和调节因素。主要风险因素主要是与自杀风险有关的因素，包括自杀行为、自杀意向/尝试、自杀计划、自杀想法。调节因素包括了障碍因素、认知情感因素、急性因素和保护因素。首先通过主要风险因素评定基础风险等级，之后再根据调节因素的情况来调整来访者的风险等级。保护因素的出现可能降低来访者的风险等级，缺少保护因素或其余因素的出现可能提高来访者的风险等级。（表5-5）

表5-5 安全风险评估内容

风险维度	具体因素	内容
主要风险因素	自杀行为	存在自杀行为，包括已经具体实施自杀行为，如已实施割腕、服药
	自杀意向/尝试	存在自杀意向/尝试，意向包括准备性行为，表达近期内存在自杀的意向（准备性行为包括购置自杀工具、与亲友告别等；自杀的意向包括表示近期有冲动或可能去实施自杀）；自杀尝试，尝试自杀的行动，如拿刀比划手臂、曾经跨出窗台等

续表

风险维度	具体因素	内容
主要风险因素	自杀计划	存在自杀计划（曾经或正在计划自杀，思考或检索具体的自杀方式、事件、地点等）
	自杀想法	存在自杀想法（粗略、模糊的想死的想法）
调节因素	障碍因素	抑郁、双相障碍、精神分裂症/带有伤害性的幻觉、家庭精神病/虐待/自杀史、既往自杀史
	认知情感因素	长期的无意义感/无望感/感觉自己是别人的负担/认知收缩（认为只有死是唯一的方式）
	急性因素	冲动性/自我控制能力、功能性受损、目前持续且自身无法有效应对的压力源
	保护因素	就医服药、活下来的理由（未来的计划/父母/朋友/…）、社会支持

在初始风险等级的基础上，从四个调节因素来进行评估，包括障碍因素、认知情感因素、急性因素和保护因素。若在某个因素上存在较严重的问题，或者在多个因素上存在问题，则需要调高学生的危机风险等级；若存在保护性因素，且在其他因素上没有明显问题，则可考虑降低学生的风险等级。但是对于已经处于高初始风险等级的学生，则无论其调节因素表现如何，都视为高。在结合主要风险因素和调节因素后，最终得出风险分级（见表5-6）。

表5-6　安全风险等级评估

初始风险分级	标准	调整
无	不存在主要风险因素	调高等级：在障碍因素、认知情感因素、急性因素上存在较严重的问题，或在多个因素上存在问题，或缺乏保护因素
低	存在自杀想法，但不频繁	
中	介于低和高之间：存在较弱的自杀意向/尝试，较为模糊或不可行的自杀计划，较频繁的自杀想法	降低等级：存在保护性因素，且在其他因素上没有明显问题
高	存在自杀行为，或有较强的自杀意向/尝试，或具体、可行的自杀计划	

对于不同风险程度的学生，需要采取不同的干预方式，具体如下：

（1）对于无风险的学生，无需过多关注，可在其需要时加以帮扶。

（2）对于低风险的学生，需定期关注，建议其寻求专业心理帮助，如前往学校心理中心进行进一步评估或咨询。可为其推荐可提供帮助的其他资源，如学业指导、就业指导等。

（3）对于中风险的学生，需密切关注，督促其寻求专业心理帮助，如前往学校心理中心评估、咨询或医院精神科、心理科就诊；并主动提供支持和帮助，帮助其应对困难；视学生的意愿，告知家长予以支持。

（4）对于高风险的学生，需即刻采取安全保障措施，联络其监护人予以密切陪护，在监护人未到期间需对学生进行 24 小时陪护，及时送医，或协助监护人送医。

二、学生心理危机的处理与干预

（一）心理危机干预的目标

阿奎莱拉提出危机干预包括两种水平，第一种水平是减轻危机个案的症状，通过让其了解危机产生的原因，承认需要他人支持帮助的必要性，从而帮助个体重建以前的技能，解决危机；第二种水平是发展新的思维和应对方法，从而应对危机带来的新的挑战。这两种水平可以满足危机干预的不同需要。

艾格里拉和麦斯克认为心理危机干预包含了两种水平的目标：最低目标是帮助危机个体解决当下的危机，使其功能至少恢复到危机前的正常水平；最高目标是提高危机个体的心理平衡能力，使其高于危机前的平衡状态。

我国学者樊富珉认为危机的成功解决至少包含三重意义：个体能够把控现状、对经历的危机事件重新认识，以及对未来可能遇到的危机有更好的应对策略。因此危机干预的目标是将危机事件造成的不良影响降到最低程度，具体包括：（1）确保个体的安全，避免自我伤害或伤害他人等危及生命安全的情况；（2）恢复心理平衡和个体的功能水平，帮助其识别自身的问题并寻求解决问题的新方法。

艾维勒认为危机干预主要有三个目标：（1）减少急性的、剧烈的危机和创伤的风险；（2）稳定和减少危机事件或创伤情境的直接严重的后果；（3）促进个体从危机和创伤事件中恢复或康复。

综合不同学者的观点，总结而言，心理危机干预有三个层次的目标：（1）最低目标的核心在于安全，确保危机个体的安全，防止危及自身和他人生命安全的风险和行为，如自杀、自伤或攻击行为等；（2）中级目标的核心在于恢复，帮助危机个体恢复原先的功能水平，帮助其重新面对问题，并采取有效的应对策略；（3）最高目标的核心在于发展，帮助危机个体获得危机后的成长，将危机转化为一次成长的契机，在解决的过程中提升自己应对问题的能力，获得自我的成长。

（二）心理危机干预的流程

1. 学校心理危机干预的常规流程

一般而言，学校首先需要建立完善的心理危机预防和预警体系，以便可以通过多个途径发现潜在或已发生危机的学生。已有的途径包括新生普查、初始访谈、心理咨询、院系、朋辈及医院转介、直接来访等。在这些渠道中发现潜在或已发生心理危机的学生后，由受过专业危机评估及干预培训的院系专业人员或心理中心的相关专业人员进行风险评估，同时在必要的情况下借助精神科诊断，来判断该学生是否属于心理危机人群，即重点关注的危机预警学生，以及进行风险等级评估。

若符合重点关注的危机预警学生标准，则迅速为学生搭建支持网络，联络院系，由院系作为主体，基于不同的风险等级采取相应的危机应对方法，包括家校沟通、医校合作等。对于低风险的个体，在学生可能面临重大压力时主动帮扶；对于中风险的个体，视情况联络家长，建议就医治疗；对于高风险的个体，24 小时密切陪护，及时送医治疗。并在危机处理结束后对学生进行定期随访，跟踪学生的危机预后情况。待危机解除，且学生状况稳定后结束关注。

2. 特殊情况的危机干预流程

特殊情况的危机干预流程与一般常规流程存在些许差别。

（1）对于存在严重心理障碍的学生。通过各个渠道，包括新生普查、初访和心理咨询、院系和朋辈转介或直接来访的，发现疑似严重心理障碍的学生，应请精神科进行诊断评估，并基于精神科的评估采取不同的应对方式。对于可边学习边治疗的，院系需密切注意该生情况，加强日常管理，提供心理辅导，必要时可以邀请精神卫生专家会诊，或陪同学生前往精神科进行评估和治疗；对于需回家休养并配合药物治疗的，在学生监护人来校之前，院系需派专人监护，确保其人身安全，通知学生监护人将其带回家休养治疗，在此期间与其监护人保持联络，及时掌握学生动态；对于需住院治疗的，院系需及时通知学生监护人，将其送至专业精神卫生机构治疗，对于学生监护人无法及时赶到的，院系可在其监护人的知情同意下，帮助办理住院手续。

（2）对于已经实施自杀行为的学生。其所涉及的危机处理流程更为复杂，需要学校多部门的协同合作，不仅需要对危机当事人进行紧急的救治以及事后的心理干预，还需要对涉及的其他相关人员，如家属、同伴、教师、目击者等进行心理危机干预和安抚工作。此外，为了防止该类恶性事件的影响扩大化，还需要安保、宣传、后勤等部门的配合。因此，对于这类恶性事件需要成立专门的危机干预组，指导整体的危机干预工作，各个部门各司其职，协同合作，保障危机事件的顺利应对。

本书参考了马建青教授在《大学生心理危机干预的理论与实务》（杭州出版社 2011 年版）中提出大学生心理危机干预流程，并结合已实施自杀行为学生危机处理的特点加以修改。其他涉及生命安全问题的危机事件，如自伤、伤/杀人等可参照此来进行。具体流程如下：当院系、朋辈或其他渠道发现自杀未遂的学生后，院系危机干预领导小组要第一时间介入，成立危机干预工作组和专家组，包括院系的领导、教师骨干、辅导员、班主任、心理中心人员等，同时通报学校的危机干预领导小组。各类相关人员要尽快赶赴现场，通力合作，各司其职，稳妥处置危机。牵涉的部门包括宣传部、学工部、心理中心、院系、保卫处、教务处、后勤处、医务室等。宣传部负责宣传导向、协调应对媒体，学工部负责协调指导院系工作，心理中心负责危机的评估并提出危机干预的处理意见，院系负责现场监控、通知家长，保卫处负责保证安全、保护现场，教务处处理学生学籍、缓考事宜，后勤处负责保障校园设施和监控管理，医务室负责紧急救治和转诊。

由院系主导，紧急送医，全力抢救。若抢救未成功，学生身亡，学校需做好学生亲属的心理安抚及各项服务工作；配合公安机关调查取证，由公安机关出具相关证明，以备处理善后事宜。由心理中心对相关人员，包括学生所在班级、处理危机现场的人员、家属等开展哀伤辅导工作。

若抢救成功，待学生脱离生命危险，身体状况稳定后，送往精神科进行心理评估。根据精神科的评估进行后续的工作。若适合继续学业的，由家长陪护，签署安全协议，并帮助其积极治疗；同时院系在日常定期重点关注，心理中心根据其需要提供心理咨询服务。若不适合继续学业的，办理休学手续，回家接受治疗。经治疗符合复学条件的同意复学，院系在日常定期重点关注，心理中心根据其需要提供心理咨询服务。若仍不符合复学条件的，继续治疗。（图5-2）

3. 个体心理危机干预的流程

以上是学校层面的危机干预流程，介绍了学校相关的各职能部门的工作职责和内容。下面介绍针对个体进行工作时的心理危机干预流程。詹姆斯（Richard K. James）等在《危机干预策略》一书中提出了心理危机干预的混合模式，涵盖了各种心理危机干预的策略和步骤。该模式简单易行，便于使用和操作，适用于各种心理危机的状况，因此本书对这一工作模式的要点进行梳理和总结，为高校的心理危机干预工作提供参考。感兴趣的读者可以阅

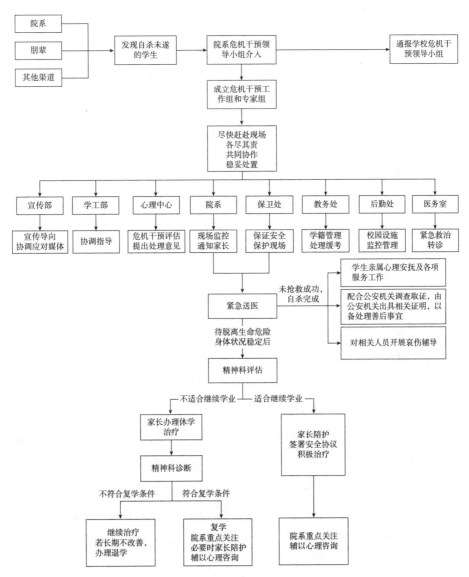

图 5-2 对自杀危机学生的干预流程

读《危机干预策略》（中国轻工业出版社 2017 年版）一书的相应章节做更详细的了解。

（1）首要任务：确保安全。詹姆斯认为确保安全是整个危机干预过程中默认的首要任务。在遭遇心理危机时，学生会产生各种不良的认知、情感、行为、生理等反应，这些反应可能会使学生处在危险之中。例如，情绪崩溃的个体可能无法很好地控制自己的情绪，也没有有效地调整情绪的方法，可能会通过自残的方式发泄情绪；倾向于负面思考的个体可能在遇到失败时认为自己很糟糕，觉得未来没有希望，从而产生轻生的念头。除了正在经历心理危机的个体外，还需要考虑到与他可能有互动的人员的安全，以及干预工作者自身的安全。例如，认为自己遭遇了不公平对待的学生可能会愤怒、生气，甚至产生一些过激的伤害他人的行为。

除了生命安全的问题外，还存在其他的危险状况。有些危机状态下的学生并不想伤害自己或者他人，但是仍然会存在很高的风险。例如，长期不规律的饮食、睡眠同样会导致学生出现各种心理和生理的状况，对生活、学习产生巨大的影响。

提供安全还包括满足危机学生的基本日常需求，如住所、食物等。比如有自杀想法学生在外一夜未归，在找到这名学生后，首要的不是马上进行评估，而是先关心这名学生的身体状态，进食、饮水、保暖、补充一些睡眠，让学生的生理舒适一些后，再开始工作。如果学生的基本生理需求没有得到满足，那么危机很难消除。

安全还包括确保来访者的心理安全。让学生可以信任学生工作者，知道处理危机的教师是跟他站在一起的，可以理解和尊重他，愿意帮助他，不会对自己的做法有评判。信任感和平等关系的建立是推进后续工作的关键。如果学生很难信任别人，那么会对想要帮助他的人存在疑虑，甚至敌意，不愿意袒露自己的真实情况，甚至拒绝沟通。这样的状态是无法开展危机干预工作的。

（2）任务一：预先准备/投入/初次接触。危机干预的第一步是帮助危机当事人做好准备。在很多情况下，危机学生并不一定期望危机干预者的出现，或者因为处在危机状态下，很难感知到我们的存在。例如，目睹自杀现场的个体可能处在惊吓状态，无法对外部的人或环境产生反应。因此，在初次接触中让危机学生知道接下来会发生什么尤为重要，并且要让他们能够快速意识到危机干预工作者是他们可以信任和利用的支持资源。在这个阶段，危机干预工作者有两个目标：一是建立沟通和心理联结，让危机学生感觉到没有威胁，是来为他提供帮助和支持的，愿意尝试跟他一起解决问题；二是澄清危机干预的目的，让学生了解危机干预的过程，接下来可能发生的事情，增强学生的安全感和确定感。

（3）任务二：问题探索，确定危机。在危机干预初期的主要任务之一是从危机当事人的视角来确定并理解危机。危机工作者可以使用共情、真诚、接纳、积极关注的技术进行倾听，发现对个体产生各种影响并导致心理危机的事件，评估个体目前的状况，所受到的影响以及可能导致危机恶化的因素。这项任务强调一定需要从当事人的视角来看待危机。对于每个人而言，同样的危机事件所产生的影响是不同的，存在着个体差异。我们不能站在自己的立场上低估或高估危机事件所带来的心理冲击。

（4）任务三：提供支持。第三项任务是向危机个体提供支持。通过提供支持，让学生感受到被重视和关心，知道有人跟他在一起面对问题，可以提供协助。支持包括以下几个方面。

一是后勤支持。指提供钱物、劳动、服务等物质资源的支持。这类支持往往客观可见，能够帮助其从生活困境中解脱出来。有时，危机个体缺乏金钱、食物、衣物或居住场所，在这些基本的生存和居住条件满足之前，他们几乎不需要心理支持。

二是心理支持积极、无条件地接纳学生，让其感到温暖、被理解、被关心。许多学生在发生心理危机时，会感觉到孤立无援，自己一个人面对。而提供心理支持可以让学生不再孤单，从而更有信心面对危机。

三是社会支持。社会支持指的是激活危机个体的社会支持系统，包括家人、同伴、教师、其他专业人员等。很多发生心理危机的个体是由于社会支持的缺失。一方面是个体自己没有主动寻求这些社会支持，另一方面可能是这些社会支持无效，甚至会加重心理危机。所以危机工作者需要帮助个体建立起社会支持网络，为其提供更多的社会支持资源，鼓励个体充分利用这些资源。工作者本身也是社会支持资源之一。

四是信息支持。信息支持指提供信息、意见、指导、建议、反馈，帮助个体获得解决问题的方法。危机个体可能因为缺乏足够的信息而无法很好地应对危机。在下一步的干预"寻找替代方案"中，提供足够的信息是非常重要的。清楚个体可以在何地、以何种方式，向谁以及能获得何种资源。还有一个非常重要的信息支持是对危机的过程进行心理教育。向当事人介绍危机发生后，心理状态正在发生什么变化，并且即将可能发生什么变化，可以使用何种方法来减轻这些症状。了解这部分信息可以帮助学生对自己的认知、情感、行为有一定的心理准备，会知道可以做些什么让自己可以从危机中恢复。

（5）任务四：寻找替代方案。对于危机状态下的个体，通常思维非常局限，陷在问题里面，不知道要如何应对危机，处于无助、失能的状态。而作为危机干预工作者重要的一项任务就是帮助当事人探索其他合适的选择。寻找替代方案可以从三个角度考虑。

一是情境支持。指找到那些可能会关心危机学生所发生的事情的人。

二是应对机制。学生可能会使用的方法、技能、行为、资源等，用于帮助其度过当下的危机。

三是积极、建设性的思维方式。帮助危机学生改变对当下危机的看法，从新的视角来看待问题，从而减轻学生的应激反应。

有效的危机干预工作者可以为危机当事人想到许多替代方案，但是对于正处在危机状态下的学生不需要很多种解决方案，而只需要有针对性的、有现实操作意义的解决方案。要聚焦于"此时此刻"，快速适应变化，如果一种策略不管用，那么可以尽快替换另一种全新的策略。

（6）任务五：制订计划，重新建立自我控制。处于危机中的学生有一个特点是失去了控制感，一切都处在混乱状态，任何努力都是徒劳的。因此，帮助个体重新建立自我控制，可以让他们能够重新应对困境。建立自我控制感的方式是帮助当事人建立一个问题解决计划，来指导他们如何处理问题。计划包括：一是找到能够立即提供帮助的人、团体和其他转介资源；二是提供应对机制，要积极、具体、可行。这是危机学生可以在当下使用的，可实施和理解的具体的行动步骤。虽然有时需要危机干预者直接提供指导和建议，但是在这个过程中仍需要调动起当事人自身的主动性，与其协商计划，让其觉得自己是有掌控感的，而不是被动地接受。与其共同制订计划的过程也是帮助危机学生重新获得控制感的一种方式，让他们感受到控制感在恢复，以后可以渐渐不需要依靠危机干预工作者等支持人员了。计划是一个短期内能够恢复心理平衡状态的计划，而不是一个长期计划。多数危机干预的计划是以分钟、小时或者天数计算，而不是以周、月、年来计算。

（7）任务六：获得承诺。在危机干预结束前，让危机学生具体承诺做些有用的事情对于顺利应对危机至关重要。承诺的目的是让危机学生能够用明确、积极、有目的的行动步骤来恢复自身的平衡状态。需要注意的是，不能强制危机学生做出承诺，而是应该让危机学生自愿进行，并且真的相信计划可行。如果危机学生对于实施计划的承诺有犹豫或疑问，危机干预者要与其探讨，重新调整计划。强加的承诺是不会起到作用的。

承诺的方式是多样的，可以让危机学生口头总结所制订的计划，或者用书面的方式写下来。这些方式可以让危机学生获得自我控制感以及主动性，他可以清楚地知道接下来要做些什么，并愿意去尝试。

（8）任务七：随访。危机干预后的随访旨在了解危机学生是否保持着危机前的心理平衡状态，一般是危机后的几分钟、几小时或者几天。而在国内高校的实际工作中，可能会跟随危机学生直至离开校园。这项工作可以让危机学生知道仍然有人关心他、支持他。对于那些缺乏其他社会支持系统的危机学生而言，坚持随访尤为关键。

4. 心理危机干预中的转介机制

心理危机干预工作是一个系统性的工作，需要各个部门的协同合作，承担相应的职责和任务，才能妥善处理危机。需要强调的是，学生工作者虽然处在危机干预的一线，但他们并不是全能的，无法胜任所有危机干预工作环节中的任务。

2012 年颁布的《中华人民共和国精神卫生法》第十六条和第二十三条对学校精神卫生工作的职责进行了规定。

第十六条 各级各类学校应当对学生进行精神卫生知识教育；配备或者聘请心理健康教育教师、辅导人员，并可以设立心理健康辅导室，对学生进行心理健康教育。学前教育机构应当对幼儿开展符合其特点的心理健康教育。

发生自然灾害、意外伤害、公共安全事件等可能影响学生心理健康的事件，学校应当及时组织专业人员对学生进行心理援助。

教师应当学习和了解相关的精神卫生知识，关注学生心理健康状况，正确引导、激励学生。地方各级人民政府教育行政部门和学校应当重视教师心理健康。

学校和教师应当与学生父母或者其他监护人、近亲属沟通学生心理健康情况。

第二十三条 心理咨询人员应当提高业务素质，遵守执业规范，为社会公众提供专业化的心理咨询服务。

心理咨询人员不得从事心理治疗或者精神障碍的诊断、治疗。

心理咨询人员发现接受咨询的人员可能患有精神障碍的，应当建议其到符合本法规定的医疗机构就诊。

心理咨询人员应当尊重接受咨询人员的隐私，并为其保守秘密。

《中国心理学会临床与咨询心理学工作伦理守则（第二版)》也对学校心理咨询服务工作的职责进行了界定。

总则

善行：心理师的工作目的是使寻求专业服务者从其提供的专业服务

中获益，心理师应保障寻求专业服务者的权利，努力使其得到适当的服务并避免伤害。

责任：心理师在工作中应保持其服务的专业水准，认清自己专业的、伦理的及法律的责任，维护专业信誉，并承担相应的社会责任。

诚信：心理师在工作中应做到诚实守信，在临床实践、研究及发表、教学工作及宣传推广中保持真实性。

公正：心理师应公平、公正地对待自己的专业工作及相关人员，采取谨慎的态度防止自己潜在的偏见、能力局限、技术限制等导致的不适当行为。

尊重：心理师应尊重每位寻求专业服务者，尊重个人的隐私权、保密性和自我决定的权利。

……

细则

1.12 心理师认为自己的专业能力不能胜任为寻求专业服务者提供专业服务，或不适合与寻求专业服务者维持专业关系时，应在和督导或同行讨论后，向寻求专业服务者明确说明，并本着为寻求专业服务者负责的态度将其转介给合适的心理师。转介时应向接受转介的心理师介绍自己对该寻求专业服务者已经进行的工作，并将转介情况做书面记录。在将寻求专业服务者转介或转诊至其他专业人士或机构时，心理师应在寻求专业服务者知情同意的前提下与接任的专业人士联络以提供必要的信息。

1.13 当寻求专业服务者在心理咨询与治疗中无法获益，或继续咨询与治疗会受到伤害时，心理师应当终止这种专业关系。心理师若受到寻求专业服务者或与其有关人士的威胁或伤害，或寻求专业服务者拒绝按协议支付专业服务费用时，可以终止专业服务关系。

……

1.15 心理师应认识到与心理健康服务领域的同行（包括精神科

医师、精神科护士、社会工作者等）的交流和合作会影响对寻求专业服务者的服务质量。心理师应与心理健康服务领域的同行建立积极的工作关系和沟通渠道，以提高对寻求专业服务者的服务水平。

......

3.1 心理师在心理咨询与治疗工作中，有责任向寻求专业服务者说明工作的保密原则，以及这一原则应用的限度。在专业服务开始时，应告知保密原则及保密的例外情况并签署知情同意书。

3.2 心理师应清楚地了解保密原则的应用有其限度，下列情况为保密原则的例外：（1）心理师发现寻求专业服务者有伤害自身或伤害他人的严重危险；（2）未成年人等不具备完全民事行为能力的人受到性侵犯或虐待；（3）法律规定需要披露的其他情况。

3.3 在遇到3.2中（1）和（2）的情况时，心理师有责任向寻求专业服务者的合法监护人、可确认的潜在受害者或相关部门预警；在遇到3.2中（3）的情况时，心理师有义务遵守法律法规，并按照最低限度原则披露有关信息，但须要求法庭及相关人员出示合法的正式文书，并要求法庭及相关人员注意对专业服务相关信息的披露范围。

......

4. 专业胜任力和专业责任

心理师应遵守法律法规和专业伦理规范，基于科学研究，在专业界限和个人能力范围内以负责任的态度开展评估、咨询、治疗、转介、同行督导、实习生指导以及研究工作。心理师应不断更新专业知识，提升专业胜任力，促进个人身心健康水平以更好地满足专业工作的需要。

4.1 心理师应在自己专业能力范围内，根据自己所接受的教育、培训和督导的经历和工作经验，为适宜人群提供科学有效的专业服务。

......

转介机制的建立能够帮助一线学生工作者清晰自己的工作职责，承担自己所能够胜任的工作，同时提供专业保障，确保心理危机干预工作的顺利开展。马建青教授认为完整的转介机制主要包括以下三个方面。

一是非专业人员向专业人员的转介机制。非专业人员包括了辅导员、班主任、学生骨干、心理委员、学生宿舍管理人员、专业教师、行政教师等。他们在危机干预工作中承担了重要的角色，是心理危机的发现者、报告者、处理者、陪伴者、协调者等。但由于他们未经过系统的危机识别和干预的培训，对于复杂的危机情况缺乏准确的评估能力和处理能力，因此当他们发现一些超出自己能力范围内的危急情况时，应及时转介给学校心理健康教育中心或校医院心理科（精神科），由专职心理咨询师、医生来开展相应的评估和干预工作。

二是心理健康教育中心与校医院之间的转介机制。学校心理健康教育中心主要以处理发展性的心理问题为主，协助处理境遇性危机和成长性危机，而心理障碍相关的心理危机工作超出了心理中心的职责范围，应转介给校医院的心理科（精神科），由医生对学生的心理状况进行临床诊断，并给予治疗意见。

三是学校向综合医院精神科或精神卫生专业医院的转介机制。有些学校校医院不具备开设心理科（精神科）的条件，或者情况紧急时，校医院的心理科（精神科）因门诊开放时间所限或者条件有限，无法提供诊断及治疗服务。因此，学校还应建立与综合医院精神科或精神卫生专科医院的联系与协作机制，建立长期的合作关系，保障危机学生可以得到及时、妥善的转诊治疗。

三、学生心理危机的预后与跟踪

心理危机紧急干预之后，仍需要加强对危机当事人的关注。心理危机干预后，虽然危机当事人的心理状态暂时平稳，但仍存在波动。此外，其生活、学习也需要逐渐回归到正常的轨迹中。而此时，院系作为责任主体，需要对危机当事人进行心理状态、生活及学习状态的追踪，并提供必要的支持，帮助危机当事人能够从危机中顺利恢复到正常的生活中。

（一）危机后院系进行心理关注工作要点

小红（化名）的案例是重度抑郁学生管理案例。

小红系某大学四年级学生，患有重度抑郁，成长过程中父母关系紧张，经常吵架甚至动手。初中曾遭受校园霸凌，家庭和学校的遭遇对其心理健康产生严重的负面影响。在进入大学以前就曾有多次自杀尝试。在大四时因重度抑郁，申请休学一年，休学期间，未去医院诊治；复学后仍有强烈自杀倾向。

对于小红的情况，院系积极采取了各种方法帮扶小红。比如将她的宿舍安排在上课的校区，方便她上课，避免往返途中长时间独处；让她到教师办公室自习，渐渐和办公室里老师、同学熟悉；偶尔拜托她做一些事情，让她觉得自己是被需要的，同时减轻她怕给别人添麻烦的心理障碍；和她成为朋友，让她愿意把心里的想法和过去的事情告诉老师；让她每天在群里打卡学习，增加与同学的交流；鼓励她参加集体活动，感受集体生活的乐趣；在医院诊断为重度抑郁后每天提醒她按时吃药；邀请父母过来看顾；提议让母亲陪读；关注她心理咨询的情况，及时和她以及心理咨询师进行沟通。

危机干预后期，院系不仅要从心理上、还要从学习生活上帮助学生。首先，危机发生过程中，危机学生的社会功能遭受一定程度的损害，在学习生活等方面可能有一些亟待处理的事项，院系危机干预者要帮助危机学生处理这些现实问题，帮助恢复正常生活。危机处理过程中，若危机学生办理了退学手续，院系危机干预工作者应在家长陪同下协同办理退学费、退宿、档案寄送等相关手续。危机学生康复后申请复学时，应向学院提供三甲医院相关治疗的病历证明，经心理咨询师、校医院、专业精神卫生机构评估后，可办理复学手续。康复学生回到校园后，心理咨询师、危机干预人员应定期对其进行访谈，了解其阶段性的情况。对于有自杀未遂史的复学学生，复学后应列入重点关注名单，组织心理咨询师定期进行心理访谈和风险评估，发动朋辈力量关注其日常的学习、生活和心理状况，必要时要求家长进行陪读，确保学生的生命安全。对于家庭经济困难的学生，学院可给予必要的经济援助；对于有学业问题的学生，学院可请班主任、教学科、任课教师关注其学业状态。

危机后期学院在开展心理关注工作时，要秉持以人为本的发展性帮扶思路，注重对重点关注学生的心理疏导，加强人文关怀，发动辅导员、班主任、导师、朋辈力量建立起情感连接，帮助学生平稳康复。学院也要坚持居安思危、未雨绸缪的工作原则，组织关系密切的辅导员、班主任、导师、朋辈同学以及对接心理咨询师完善学生的心理档案，定期将学生的状况与家长进行沟通。学院要发掘危机学生周围的朋辈资源，在尊重和保障学生隐私的前提下，挑选周围值得信赖的学生做好对危机学生的日常关注和陪伴。学院对于危机学生应立足教育，重在预防，有侧重地开展心理健康教育工作，传授心理调适的技能，提高自助的能力与技巧。

（二）危机后院系开展家校沟通工作流程

家庭是学生社会支持的重要组成部分，对于学生心理危机的形成、发展与处理都有重要的影响，家校沟通也是心理危机干预过程中的关键步骤。心理危机干预工作者需要认识到，家庭影响学生的心理健康状况，家庭关系、父母养育方式可能是学生产生心理危机的原因。在大学阶段，父母在学生的社会支持中起重要作用，提供情感和工具性的支持，拥有良好的亲子关系或获得父母更多支持的学生表现出更少的行为问题、更低的抑郁水平，更少体验到孤独感。家庭关系和家庭完整性等因素与自杀意念存在较高关联性，有自杀意念和行为的学生在家庭亲密度方面低于无自杀意念的学生。家庭经济条件不好、家长缺乏责任意识、家长个人心理状况差、父母关系紧张、亲子关系紧张等问题给心理危机后的家校沟通带来困难和挑战，这些问题可能就是危机产生的原因，同时会增加心理危机干预的难度。根据《中华人民共和国精神卫生法》等法规文件要求，学生必须在监护人的陪同下去专科医院进行诊断和治疗，学校、心理咨询师只能提供建议，这给严重心理障碍的危机处理工作增加了难度。

院系开展家校沟通应把工作尽量前置，注重在日常工作中与家长保持联系和沟通，打通家校沟通的渠道，鼓励班主任、辅导员通过各种方式向家长反馈学生的在校信息。在危机后，学院要利用好家庭、学生本人、心理咨询师、医院的资源帮助家校沟通。充分发掘家庭的资源，当家庭具有良好的应对能力、父母主动配合、家长有良好的心理健康意识时，家校沟通才会有成效。充分发掘学生的资源，当学生有自救意识，有改善病情的愿望，有人际关系支持等特点，都有助于问题的解决。院系要用好学校心理咨询师的资源，心理咨询师对学生心理状况的科学评估便于院系与家长沟通中说明危机学生的情况，为家长带危机学生去专科医院就诊提供参考。此外，心理咨询师可同步对家长进行危机干预和心理健康教育，转变家长对于心理健康的认知，提升心理健康的意识，转变亲子交往模式。当前高校开始探索"医校结合"模式，与专业的精神卫生医院合作，可为学生提供专业指导和就医绿色通道，学院可减少家长的顾虑尽快将危机学生进行转介。学院也要改进自身在危机干预中的沟通方式，学院在保证学生安全的基础上应考虑学生的特殊情况和长远发展，多提供支持性的解决方案，家校沟通过程中也要考虑学生及家庭的情况，力所能及地提供支持，帮危机学生及其家庭解决实际困难，如对经济困难生可上报学校学生资助部门争取困难补助等。总之，在家校沟通过程中，学院一定要立足"以人为本"的理念，向家长发出围绕解决危机学生问题的信号，共同推动危机事件的解决。

此外，除了直系亲属的资源之外，学校、院系也应注意利用其他的社会支持网络。虽然学生的监护责任在于其监护人，但是支持学生的社会关系不仅仅局限于"小家庭",还应扩大视野,善于发掘学生社会关系网中其他可利用的关系资源,如学生信任的长辈、老师、同伴、兄长等,帮助危机学生从孤立无援的状态转化为拥有多重保护的社会关系支持网络的状态,助力其度过危机。

| 第六章 |

高校学生心理危机预防与
干预体系的工作保障

第一节　高校学生心理危机预防与
干预体系的队伍建设

高校学生心理危机干预工作来源于高校心理健康教育、心理咨询与治疗，是高校思想政治工作的重要组成部分。高校学生心理危机干预是专业化、职业化要求很高的工作领域，建设一支具有较高心理咨询理论造诣和技术修养及相关经验的专业队伍是科学开展工作、取得工作成效、实现工作目标的关键。高校通过人才引进、人员培训等方式，建立一支专兼结合、专业互补、相对稳定、素质良好的心理健康教育与心理危机干预队伍势在必行。

一、队伍组成和结构

按照心理危机矩阵体系四层工作阵地来分类，高校学生心理危机预防与干预的工作队伍主要包括一级：学校心理中心心理咨询师（以专职心理咨询师为骨干、以兼职心理咨询师为补充的专业团队，相对独立或依托学工部等部门设置的心理健康教育与咨询中心）、校医院医生、宣传部门以及其他各个配合部门；二级：学院辅导员（含分管学生思政工作的党委副书记）、班主任、导师、德育导师等为主的思政工作人员；三级：班级心理委员、专业教师等；四级：生活区域（宿舍）的室长、宿管人员、安保人员等。

表6-1 高校学生心理危机预防与干预体系工作队伍

分级分类	危机前预防	危机前预警	危机时干预
一级：学校	心理中心心理咨询师、校医院、宣传部、其他各部门		
二级：学院	分管思政工作副书记、辅导员、班主任、导师、德育导师、教学管理人员等		
三级：班级	心理委员、专业教师等		
四级：宿舍	室长、宿管人员、安保人员等		

高校外的学生心理危机预防与干预工作协同力量还有精神卫生医疗机构、心理咨询与治疗类型的社会服务机构、心理卫生协会以及心理学会等学术团体、行政主管部门等。学生的父母和亲朋好友等社会支持系统也是必须依靠的重要力量。

中共教育部党组印发的《高等学校学生心理健康教育指导纲要》要求：各高校要建设一支以专职教师为骨干、以兼职教师为补充，专兼结合、专业互补、相对稳定、素质良好的心理健康教育师资队伍。心理健康教育专职教师要具有从事大学生心理健康教育的相关学历和专业资质，要按照师生比不低于1∶4000配备，每校至少配备2名。心理健康教育师资队伍原则上应纳入高校思想政治工作队伍管理，要落实好职务（职称）评聘工作。设有教育学、心理学教学机构的高校，可同时纳入相应专业队伍管理。积极组织开展师资队伍培训，保证心理健康教育专职教师每年接受不低于40学时的专业培训，或参加两次省级以上主管部门及二级以上心理学专业学术团体召开的学术会议。充分调动全体教职员工参与心理健康教育的主动性和积极性，重视对班主任、辅导员以及其他从事高校思想政治工作的干部、教师开展心理健康教育知识培训。

二、队伍准入和培养

高校学生心理危机预防与干预工作队伍具有很强的专业性、学术性和实践性，需要从事该领域工作的管理者、服务者和心理咨询师具有深厚的理论功底和实践操作经验，高校应合理核定队伍编制，健全心理健康教育工作任职资格标准，实行准入制度，完善激励和保障机制。心理危机预防与干预工作专职教师队伍建设应纳入高校师资队伍建设工作中，并加强包括辅导员在内的兼职教师队伍建设，加大师资队伍培训培养力度、强化心理危机预防与干预工作队伍的学习、培训和实践，充分掌握工作规律以便适应新形势下的心理危机预防与干预工作。根据《学生心理健康教育指南》（GB/T 29433-2012）规定，班主任（辅导员）和专职或者兼职心理辅导教师为心理健康教育的骨干力量，以下着重介绍专职心理咨询师队伍和辅导员队伍两支骨干力量的建设培养。

（一）专职心理咨询师队伍

1. 准入要求

《心理咨询师国家职业标准》将心理咨询师职业定义为：运用心理学以及相关学科的专业知识，遵循心理学原则，通过心理咨询的技术与方法，帮助求助者解除心理问题的专业人员。《中国心理学会临床与咨询心理学专业机构和专业人员注册标准（第二版)》对心理咨询的定义是：在良好咨询关系的基础上，由经过专业训练的心理师运用咨询心理学的有关理论和技术，对有一般心理问题的求助者进行帮助的过程，以消除或缓解求助者的心理问题，促进其个体的良好适应和协调发展。这两份国家标准明确了心理咨询师作为该领域的专业人员，其主要功能是通过心理咨询的技术与方法，帮助求助者解除心理问题。在高校学生心理危机预防与干预工作中，其功能可进一步明确为通过个体咨询、团体辅导、电话咨询、网络咨询等多种形式，向学生提供经常、及时、有效的心理健康指导与咨询服务。

从事大学生心理健康教育的教师，特别是直接从事心理咨询服务的教师，应具有从事大学生心理健康教育的相关学历和专业资质。专职教师的专业技术职务评聘应纳入大学生思想政治教育教师队伍序列，设有教育学、心理学、医学等教学研究机构的学校，也可纳入相应专业序列。专兼职教师开展心理辅导和咨询活动应计算相应工作量。

2. 职业素质

高校心理中心危机预防与干预工作人员应掌握心理危机预防与干预的工作要点，了解心理危机预防与干预的常见模式，具备心理危机预防系统机制流程建设，制定简明清晰的预防及干预流程的能力。此外还需具备心理危机预警信息的识别与风险评估的能力，熟悉自杀行为的预警信息及跟进办法，掌握心理危机评估的基本流程、干预中的保密原则和保密界限，把握不同群体、不同情境下心理危机的应对策略以及心理危机事件的具体处理。了解危机处理的基本流程，明确面对不同状况可采取的应急措施和重点应关注的问题，引导各角色在日常生活、工作以及学习中积极发挥具体正向作用。

3. 能力培养

从专业发展不同阶段要求来看，专职心理咨询师需接受进一步专业培训，包括专业理论（包括伦理）和技能学习、督导或接受督导、实习、自我体验（表6-2）。

表 6-2　专职心理师不同专业阶段的继续教育要求

注册阶段	继续教育要求
助理心理师	1. 专业课程：参加有效注册的继续教育或专业培训项目的学习时间不少于 40 学时/年；或一个注册期内累计不少于 120 学时，其中专业伦理培训不少于 16 学时。 2. 督导：接受注册心理师同辈督导不少于 100 小时/年，或接受注册督导师个别督导不少于 30 小时/年，或接受注册督导师团体督导不少于 60 小时/年。 3. 参加其他专业学术活动，如学术会议、专业工作坊、报告论文、发表论文等
心理师	不少于 40 学时/年的继续教育或专业培训项目学习；或一个注册期内累计学习不少于 120 学时，其中一个注册期内接受专业伦理培训不少于 16 学时）
督导师	1. 在一个注册期内接受 16 小时以上专业伦理培训。 2. 以下培训合计满 150 小时：接受与督导训练有关的继续教育或连续培训项目、接受专业继续教育或专业培训、从事专业教学或培训小时数（每 1.5 小时无重复内容的专业教学课程或培训工作可折算为 1 个继续教育学时）、参加其他专业学术活动，如学术会议、专业工作坊、报告论文、发表论文等的继续教育小时数

除了中国心理学会临床心理学注册工作委员会对专业心理师的继续教育要求，高校专职心理咨询师还应按照《高等学校学生心理健康教育指导纲要》要求，积极参与师资队伍培训，保证每年接受专业培训，或参加学术会议。

（二）辅导员队伍

心理助人能力是辅导员九大职业能力之一。高校要坚持把立德树人作为中心环节，把辅导员队伍建设作为教师队伍和管理队伍建设的重要内容，整体规划、统筹安排，不断提高辅导员队伍的专业水平和职业能力，保证辅导员工作有条件、干事有平台、待遇有保障、发展有空间。

教育部《普通高等学校辅导员队伍建设规定》指出，辅导员是开展大学生思想政治教育的骨干力量，是高等学校学生日常思想政治教育和管理工作的组织者、实施者和指导者。在大学生的日常生活和学习中，辅导员是与其接触最多的教师群体，通常是心理危机事件的发现者、处理者和后期干预的关注者。因而，辅导员要把学生心理危机预防与干预工作与日常教育管理工作密切结合起来，充分发挥思想政治工作与心理健康教育工作各自的优势和特点，互为补充，共同促进学生健康成长和发展。院系分管学生工作的党委副书记在学生心理危机预防与干预中主要承担统筹协调各类资源，决策和组织实施心理危机预防与干预计划的职能。因此辅导员应在院系分管学工的党委副书记的协调领导下，具体开展学生危机预防与干预工作。

辅导员职业能力标准将辅导员职业等级分为初级、中级、高级三级。根据三个级别对应的心理助人工作内容、相关理论、知识和能力要求，建立高校辅导员队伍心理危机预防与干预职业素养与能力培训体系（表6-3），开展心理危机预防与干预基本理论、基本方法和基本技能培训，组织讨论式、案例式、模拟式、体验式实践教学，提高辅导员疏导学生心理困惑的能力、开展心理咨询的能力、辅导学生发展的能力、参与应对和处理心理危机的能力。

表6-3　高校辅导员心理危机预防与干预职业素养与能力培训体系

等级	工作内容	能力要求	培训内容
初级	协助学校心理健康教育机构开展心理筛查，对学生进行初步心理问题排查和疏导，组织开展心理健康教育宣传活动	能协助心理健康教育机构完成学生心理筛查的组织实施，能了解大学生的心理特点，熟悉大学生常见的发展性心理问题，掌握倾听、共情、尊重等沟通技能，能够与大学生建立积极有效的师生关系，帮助学生调适一般的心理困扰；能组织开展形式多样的心理健康教育宣传活动，如举办讲座、设计宣传展板等；能组织学生参加陶冶情操、磨练意志的课外文体活动，提高学生心理健康水平	1. 培训形式：入职培训。 2. 课程内容：心理咨询的方法、技巧，心理异常的判断标准、原则，如辅导员心理助人角色认知与工作内容、常见心理障碍的识别与处理、心理助人与谈话技术、危机识别与干预流程、心理案例报告撰写规范等。 3. 团体辅导：积极取向、叙事取向等结构化团体辅导体验

等级	工作内容	能力要求	培训内容
中级	心理问题严重程度的识别与严重个案的转介，心理测验的实施，有效开展学生心理疏导工作，初步开展心理危机的识别与干预、相对系统地组织开展心理健康教育活动	具备三级心理咨询师资质或具有心理健康教育相关专业硕士学位；能对一般心理问题、心理障碍和精神疾病进行初步识别，了解转介到心理咨询中心或精神卫生医院的适用条件和相关程序；能根据工作需要，正确实施各种心理测验量表、问卷，并能在专业人士指导下对结果进行正确解读和反馈；能与求助学生建立良好的信任关系，有效开展心理疏导工作，帮助学生调节情绪；能识别大学生心理危机的症状并进行初步评估，能协助专家开展相关的危机干预工作；能通过培养心理委员、室长、班干部等方法，培养学生自我管理、自我救助和朋辈互助的能力；能有效设计相对系统的院系心理健康教育整体方案，并能指导学生社团开展形式多样的心理健康教育活动	1. 培训形式：日常培训。 2. 课程内容：心理问题、神经症和精神病识别知识、各类测验的功能与适用范围、施测手段、教育心理学基础知识，如心理障碍识别与干预、校园危机识别与干预、谈心谈话方法与技巧、院系心理健康教育整体方案的设计等。 3. 案例研讨：不同类型心理危机干预案例学习研讨。 4. 团体辅导：积极取向、叙事取向等结构化团体辅导模拟与实践. 5. 海外交流：海外高校、专业心理危机预防与干预机构考察交流
高级	总结凝练实践工作经验，深入研究把握心理健康教育的规律，成为心理健康教育专家	具备二级心理咨询师资质，能进行危机评估、实施干预、妥善预后及跟踪回访；能够为学生提供心理咨询服务在具有影响力的学术期刊以第一作者身份发表 5 篇以上心理健康教育相关领域学术论文；能够熟练利用理论和实践经验指导辅导员开展心理健康教育工作；能够为高校辅导员提供有效的心理健康教育培训，能讲授心理健康教育公共选修课	1. 培训形式：主题培训。 2. 课程内容：心理学相关理论、应用心理学相关理论、思想政治教育心理学相关理论，如认知行为、精神分析、积极心理治疗、家庭治疗理论、技术与实践等。 3. 案例督导：指导初、中级辅导员开展心理危机预防与干预工作。 4. 学术研究：主持各级各类心理危机预防与干预课题。 5. 海外交流：海外高校、专业心理危机预防与干预机构考察交流

三、队伍发展和激励

(一)专职心理咨询师队伍

中国心理学会临床与咨询心理学专业机构和专业人员注册系统于2007年正式启动。同年,《中国心理学会临床心理学与咨询心理学专业机构和专业人员注册标准(第一版)》和《中国心理学会临床与咨询心理学工作伦理守则(第一版)》颁布施行,注册认证内容包括个人(临床与咨询助理心理师、心理师和督导师)和机构(硕士、博士培养方案,继续教育,实习机构),第一批注册心理师和督导师产生,为提升心理咨询师职业技能和职业伦理启动了航帆。2016年12月30日,国家卫计委与中宣部等22个部委联合印发《关于加强心理健康服务的指导意见》,提出了"教育部门要加大应用型心理健康专业人才培养力度,完善临床与咨询心理学、应用心理学等相关专业的学科建设,逐步形成学历教育、毕业后教育、继续教育相结合的心理健康专业人才培养制度。鼓励有条件的高等院校开设临床与咨询心理学相关专业,建设一批实践教学基地。依托具有资质和良好声誉的医疗机构、高等院校、科研院所及社会心理健康服务机构建立实践督导体系"。为提升我国高校心理咨询师职业素养注入了一支强心剂。目前我国高校心理咨询师的职业发展路径主要有专业咨询的技术化路径、行政管理的行政化路径(如科员、副科长、科长、副处长、正处长等)、教学授课的教学化路径或学术科研的研究化路径(如助教、讲师、副教授、教授)。

从专业发展来看,根据《中国心理学会临床与咨询心理学专业机构与专业人员注册标准(第二版)》,高校心理咨询师的专业成长要经历助理心理师、心理师和督导师三个阶段。(表6-4)

表6-4 专职心理师不同专业阶段的注册要求

注册阶段	注册要求
助理心理师	1. 2名有效注册的助理心理师、心理师或督导师推荐。 2. 具有心理学/医学/教育学/社会学/社会工作专业/人类学硕士、博士学位，接受有效注册的督导师规律、正式的案例督导时间累计超过100小时，其中个体督导不少于30小时等。 3. 不具备上一条中的学位，但是已获心理治疗、精神医学、临床/医学心理学中级以上职称或心理咨询师三级资格满5年、二级资格满3年并符合以下标准之一：在注册督导师督导下直接接触寻求专业服务者实践（咨询或心理治疗）超过200小时；在注册心理师同辈督导下与寻求专业服务者接触的时间超过400小时；参加注册系统认可的专业培训项目时间超过100小时，且与寻求专业服务者接触的时间超过400小时或者接受注册督导师规律、正式的案例督导（包括集体和一对一个体督导）时间累计超过100小时或者在已经注册的实习机构等单位内接触寻求专业服务者进行心理咨询或治疗实践超过800小时，未卷入专业伦理纠纷或受到任何形式的投诉
心理师	1. 注册为助理心理师超过2年，并在注册督导师督导下与寻求专业服务者直接接触的时间超过250小时。 2. 取得硕士学位2年内在注册督导师督导下与寻求专业服务者直接接触的时间不少于150小时。 3. 取得硕士学位后，接受注册督导师规律、正式的个体督导时间不少于50小时、集体案例督导不少于50小时等
督导师	1. 2名注册督导师推荐。 2. 心理师注册登记后，从事临床心理治疗或咨询实践累计不少于1500小时，从事督导实习工作不少于120小时，且在注册督导师督导下从事督导实习不少于60小时

（二）辅导员队伍

一是以政策支持辅导员在职攻读心理学相关专业学位。明确支持辅导员攻读心理学相关专业第二专业硕士学位，适当增加思想政治工作骨干在职攻读博士学位专项计划心理学相关专业名额，为一线思想政治工作队伍提升心理健康教育专业化水平创造更好保障。

二是以阶梯形培训促进思政辅导员心理咨询专业理论成长。目前国内有关心理咨询方面的培训已有很多，从国家人力资源和社会保障部组织的心理咨询师资格培训，到精神分析、行为主义、认知疗法、家庭系统培训、结构式家庭治疗、焦点问题解决技术、沙盘游戏疗法、意向对话疗法等心理咨询专业技能培训等，有必要针对不同从业时间、从业水平、学术流派提供阶梯形培训项目。对于新入职工作人员，首先应该提供权威的心理助人工作资格认证培训，只有通过认证的才可以上岗。资格认证培训还需要提供如何接诊、参与、影响、干预等方面的基本技能实训，如三人小组谈心谈话实训项目等，一般需要近 50 个学时的现场训练。通过培训项目考核合格的高校辅导员才算基本掌握了心理助人的基础知识。通过上述培训后可以逐渐确定自己喜欢的咨询学术流派，深入学习相关咨询理念。一般这个过程还需要经历两个小的阶段，第一个阶段是选择自己学习流派的探索期，这段时间，如果条件允许需要参加诸多流派的咨询技能的初级培训，以供辅导员了解详情并根据自身情况进行选择，一般经过这个阶段的辅导员已经选定了自己大致的咨询流派。第二个阶段是辅导员根据自己前期的选择，进一步选择该派别并深入学习。由此可知，可以提供由"资格认证→实训项目→各流派探索→选定流派深入培训"四级培训项目安排，来满足辅导员专业理论成长需求。

三是以讲授系统的课程教学训练辅导员心理助人能力。在切实贯彻落实教育部关于在全国实施大学生心理健康教育必修课教育的大背景下，应积极探索以《大学生心理健康教育》必修课为引领，《大学生心理咨询》《大学生成功心理训练》《社会心理学》《朋辈心理辅导》等公共选修课程为辅助，以心理健康教育活动周（活动月）、大学生心理健康日（5 月 25 日）、心理健康讲座、沙龙、读书会、团体心理辅等各种第二课堂心理活动为特色的高校心理健康教育实施模式。例如，新入职且接受完初级心理助人能力培训和认证的辅导员，可以通过开设心理沙龙、心理展台、心理读书会等初级心理课程，在提高自己专业兴趣的同时，提升心理服务影响力；对于有一定专业基础知识和学生工作实践经验的资深辅导员，可以通过开设《大学生人际关系心理学》《社会心理学》等公共选修课以及心理讲座、心理沙龙和团体心理辅导，进一步巩固自己专业知识的同时，影响更多的学生了解心理学基础知识及其初步应用；对于心理学专业水平较高同时有较长时间从事心理咨询的辅导员，可以开设大学生心理健康教育必修课、大学生心理咨询、团体心理辅导以及其他第二课堂心理教育，为更多学生提供更专业的心理宣传教育服务，进一步扩大其专业影响力。

四是以持续的咨询督导实践培养辅导员的临床操作能力。专业的咨询技能和高水平的助人技巧离不开长期坚持不懈的临床心理咨询实践与专业督导，更离不开咨询师本人无时无刻的自我体验，尤其是咨询师本人的个人成长经历。因此，辅导员作为兼职心理咨询师要提升自己的临床操作能力，需要在实际工作中保证一定的临床心理咨询工作时间，如按照咨询的设置每周保证 2~3 个小时的咨询接诊时间，长期坚持下去就能积累更多的实际经验；针对咨询中出现的僵局，辅导员还需要找专业的督导师开展督导，提升咨询技能。

第二节　高校学生心理危机预防与干预体系的政策保障

一、国家层面

从 2001 年教育部印发高校心理健康教育专项文件起，国家多部委出台了多份相关政策专项文件。作为我国思想政治教育工作的重要有机成分，高校心理健康教育工作在思想政治教育的政策文件中往往也有大量篇幅体现，用以指导心理服务工作开展。各类关于高校心理健康教育和思想政治教育的政策文件共同构成了我国高校心理健康教育政策体系。（表6-5）

表 6-5 高校心理健康教育政策文件汇总

出台机构	出台时间	文件名称
教育部	2001 年	《关于加强普通高等学校大学生心理健康教育工作的意见》
教育部办公厅	2002 年	《普通高等学校大学生心理健康教育工作实施纲要（试行）》
教育部办公厅	2003 年	《关于进一步加强高校学生管理工作和心理健康教育工作的通知》
中共中央、国务院	2004 年	《关于进一步加强和改进大学生思想政治教育的意见》
教育部、卫生部、共青团中央	2005 年	《关于进一步加强和改进大学生心理健康教育的意见》
教育部办公厅	2009 年	《关于加强普通高等学校学生就业思想政治教育的通知》
教育部	2010 年	《关于进一步加强和改进研究生思想政治教育的若干意见》
教育部	2011 年	《普通高等学校学生心理健康教育工作基本建设标准（试行）》
教育部办公厅	2011 年	《普通高等学校学生心理健康教育课程教学基本要求》
教育部	2017 年	《普通高等学校健康教育指导纲要》
中共教育部党组	2017 年	《高校思想政治工作质量提升工程实施纲要》
教育部办公厅	2018 年	《贯彻落实〈高校思想政治工作质量提升工程实施纲要〉部内分工方案》
中共教育部党组	2018 年	《高等学校学生心理健康教育指导纲要》
教育部办公厅	2021 年	《关于加强学生心理健康管理工作的通知》

队伍建设与保障一直是心理健康教育政策的支撑重点。高校心理健康教育政策文件对工作条件保障、师资队伍建设和体制体系构建作出机制性安排，体现出心理健康教育工作建设与保障的重要地位。同时，危机预防干预逐渐被置于政策层面更加突出的位置。2001 年教育部文件还未提及任何危机预防干预工作，但之后的政策文件逐步加大对危机预防干预工作的描述比重。由于社会的快速变革，高校学生承受的负担更重，问题形式越来越多样，心理危机问题也日益凸显。从政策文件来看，危机预防与干预工作已经逐步得到高度关注。贵在重视、重在加强、成在保障，高校学生生命安全已

然成为心理健康教育工作中最重要的环节。

国家层面的系列政策文件形成对高校学生心理危机预防与干预工作的科学引导和有效支撑。

一是明确将高校学生心理危机预防与干预工作放在高等教育中的重要位置，统筹考虑，全盘推进。国家层面以"文件下达、行政推动"为方式，以"政策支持和发展引导"为内容的政府扶持发展模式推进制度保障。自上而下，责令"各地教育工作部门和各高等学校要制定明确的政策并予以必要的保证"。在立法层面，《中华人民共和国精神卫生法》颁布并实施。在职业资格认定层面，从 2002 年开始心理咨询师职业资格认证到 2017 年取消，心理咨询服务在行业规范的新一轮提升中实现专业化发展。

二是促进高校学生心理危机预防与干预队伍的完善，不断提升专业化水平。国家出台政策对队伍结构进行规定，对师生比例予以明确，对队伍归属进行界定，对人员资质提出要求，保障了应有的权益，稳定了工作队伍。2002 年，教育部把"机构设置"列为工作督导的重要内容；2005 年，教育部强调"要在学生工作系统设立大学生心理健康教育和心理咨询工作的专门机构"。在政策引导和保障下，各高校普遍建立专业化程度较高的专业机构，配备专职人员。在数量上，"按照师生比不低于 1∶4000 配备心理健康教育专业教师，每校至少配备 2 名专业教师"。在专业能力上，"直接从事心理咨询服务的教师，应具有相关学历和专业资质"。专职人员的数量、质量及职业定位得到了保证。

三是促进高校学生心理危机预防与干预体系的有序运作，机构建制进一步完善。2005 年，教育部提出要"努力构建和完善大学生心理问题高危人群预警机制"；2011 年，对大学生心理危机预防与干预体系建设作出具体部署，高校心理危机干预工作进入有序状态。各高校建立健全了学校、学院、学生危机干预工作网络，明确职责分工，形成了上下联动的工作机制；坚持"预防为主"，建立异常情况报告制度、心理危机快速反应机制；建立善后工作体制，重视对相关人员提供心理援助，最大限度地减少危机事件的负面影响。政策推动下从专业机构设置到立体网格体系，从学生工作部门的单打独斗到各个部门的全员关注，心理健康教育工作机制和心理危机预防与干预体系得以不断发展与完善。

二、高校层面

高校应根据实际情况，研究制定学生心理危机预防与干预工作的意见或实施办法，从以下五个方面具体落实心理危机预防与干预工作，促进体系科学有效运转。

一是成立专门的工作小组。指定主管思政教育工作的校领导负责，心理健康教育和咨询机构、学生工作部门、宣传部门、教务部门、人事部门、财务部门、安全保卫部门、后勤保障服务部门、校医院以及各院（系）、研究生院和相关学科教学研究单位等负责人为成员，负责研究、规划和制定危机事件处置方案，对学生心理危机进行评估，指导大学生心理危机预防工作，参与大学生心理危机干预工作。高校党委会、党政联席会定期听取专门工作汇报，研究部署工作任务，解决存在的问题。设立学生心理健康教育专家组，指导和协助学生心理危机预防与干预工作小组开展工作。专家组和工作小组接受学校心理健康教育指导委员会和学校预防与处置突发公共事件工作指挥中心双重领导。

二是建立健全的工作网络。例如，与"突发公共事件应急处置"机构结合在一起，各级各部门建有明确的职责分工和协调机制，分工负责，齐抓共管，依照预案的有关规定开展工作。设立专门机构负责大学生心理健康教育和咨询，纳入学校思想政治教育工作体系，具体组织协调开展全校学生心理健康教育工作。院（系）安排专兼职教师负责落实，组织学生班委会、党团支部等学生组织积极协助辅导员、班主任和研究生导师开展相关工作。

三是完善相应的规章制度。围绕心理健康教育和咨询机构的规范管理、心理危机预防与干预、心理咨询工作流程、心理健康教育课程教学、心理健康教育从业者职业道德规范等内容，建立健全学校的各项规章制度。

四是制订队伍建设的发展计划。将大学生心理健康教育纳入学校人才培养体系。在对心理危机预防与干预工作专兼职团队进行管理、培训与考核晋级时，应区别于一般教师和一般管理者。在职称晋升上，由于专职心理咨询师的特殊工作性质决定高校在职称晋升上要区别于学校的其他专业，即使不能单序列单列，也要适当倾斜照顾。充实心理危机预防与干预工作兼职团队，如安排思想政治理论课教师担任研究生德育导师、班主任、社会实践指导教师、学生社团指导教师、就业指导教师以及心理咨询教师等工作。

五是划拨体系建设的专项经费。按照生均经费划定专门的经费支持心理健康教育与咨询中心工作，如每年按不低于生均 15 元的标准保证日常工作经费，以保障学校心理健康教育与咨询中心持续正常运行。

第三节　高校学生心理危机预防与干预体系的条件保障

一、硬件设施

一是场所空间建设。高校应保障心理危机预防与干预专项工作经费，并纳入学校预算，配备必要的办公场地和设备。根据行业要求和心理危机预防与干预工作的特点，设立健康教育和咨询场地，主要包括预约等候室、个体咨询室、团体辅导室、心理测评室等，并配备常用心理测量工具、统计分析软件和心理健康类书籍等心理健康教育产品。有条件的高校，可以设立院（系）二级心理辅导站或者宿舍区心理咨询室，为学生提供心理咨询服务。此外，还可以建设校内外心理健康教育素质拓展基地，辐射推动区域和全国高校心理健康教育工作。

二是大数据平台建设。高校以大数据思维为引导，以互联网技术为支撑，构建学生心理健康电子档案平台，并进行从入学到毕业的全过程追踪记录。新生入学后，学校统一导入学生基本信息和心理测评结果，为每名学生构建"心理画像"。学生在读期间，高校可依托大数据技术，观测学生校园生活的动态变化数据，如校园卡的消费情况、宿舍进出情况、图书馆进出情况、借阅书籍情况、校门出入情况、网络浏览情况等，并以多维度数据为基础进行对比分析，及时反馈学生的经济状况、饮食习性、学习状态、作息规律等在校状况，有助于提升学生心理危机辨识度。一旦数据出现异常值，则可以及时判断学生心理危机发展趋势，制订干预方案。有条件的高校，可以开发自动咨询服务智能机器人，帮助心理咨询师和辅导员第一时间对危机人群进行数据跟踪及行为干预。[1]

三是移动终端建设。高校应根据师生的需求和使用习惯，加强心理服务移动终端建设，学生可以通过在线咨询预约平台自主选择心理咨询人员，按照平台上罗列的咨询时间段自行预约心理咨询服务。[2] 另外，内嵌学生日常多维度动态化数据、心理健康信息等大数据信息，实现在线心理测试、心理危机识别、线上心理咨询、线下心理辅导、心理治疗、在线交流等多重功能。

二、内容供给

一是普及知识教育。高校应建立健全心理健康教育课程体系，结合实际，把心理健康教育课程纳入学校整体教学计划，规范课程设置，开发建设线上课程，通过面向全体学生开设心理健康教育选修和辅修课程等形式，有针对性地消除学生心理健康知识盲点，实现大学生心理健康教育全覆盖。此外，还要借助校园文化载体的建设来传递心理危机预防与干预的相关知识，

---

[1] 许欣：《天津市高校心理危机预防与干预体系的研究》，《心理素养》2019年第2期。
[2] 杨咪：《基于大数据的高校学生心理平台构建研究》，《现代交际》2020年第13期。

通过编辑心理刊物、举办心理电影赏析、排演心理剧、组织心理沙龙、开展心理健康知识竞赛等活动,将危机预防与干预和校园文化活动紧密结合,使大学生在校园文化活动中发挥专长、促进交往、增强自信、改善心境,进而明确生活的目的、意义和生命的价值。①

二是营造文化氛围。高校应加强宣传,建设好心理健康教育网站、网页和新媒体平台,组织创作、展示心理健康宣传教育精品,传播自尊自信、乐观向上的现代文明理念和心理健康意识,提高大学生心理保健能力。例如,浙江大学通过举办"心晴四季""5·25心理健康月"等形式多样的心理健康教育系列宣传活动,针对学生的发展性问题,组织开展各种有益于大学生身心健康的文体娱乐活动和心理素质拓展活动,在校内营造共情理解的互爱氛围,帮助学生聚集资源,减少学生心理危机发生时的无助、无望感。指导学生心理健康教育社团开展活动,发挥学生主体作用,积极进行心理健康自助互助。强化家校育人合力,引导家长树立正确教育观念,以健康和谐的家庭环境影响学生,有效提升心理健康教育实效,避免和减少心理危机的发生。

三是加强科学研究。高校要建立科研交流和学术研讨机制,组织专家和相关工作力量积极开展科学研究,加强对学生心理危机预防与干预工作中热点、难点问题的研究,开展科研项目攻关,② 从而为加强和改进大学生心理危机预防与干预提供理论支持及决策依据。

---

① 朱政:《高校研究生心理危机预警和干预体系探析》,《学位与研究生教育》2010年第9期。

② 杨天平:《浙江高等教育强省建设的战略思考》,《浙江师范大学学报(社会科学版)》2012年第1期。

| 第七章 |

高校学生心理危机预防与干预的实践案例

第一节 育德育心有机结合，
知识普及全面到位

一、案例一："素"说学生心语，提升综合素能——浙江大学学生综合素质教育网络平台建设工作案例

（一）案例背景

素质教育作为一种以提高受教育者诸方面素质为目标的教育模式，重视人的思想道德素质、能力培养、个性发展、身体健康和心理健康教育。开展素质教育是培养适应新时代发展人才的重要举措，党和国家始终把提高全民族的素质作为关系社会主义现代化建设全局的一项根本任务。2020年中国共产党第十九届中央委员会第五次全体会议通过的《中共中央关于制定国民经济和社会发展第十四个五年规划和二〇三五年远景目标的建议》将人民思想道德素质、科学文化素质和身心健康素质明显提高作为"十四五"时期经济社会发展的主要目标之一。

"素说心语"栏目深入贯彻落实全国教育大会"在增强综合素质上下功夫,教育引导学生培养综合能力,培养创新思维"的指导思想,培育学生自尊自信、理性平和、积极向上的健康心态,有效提高青年学子的身心素质、人文素养和科学素养,推动思想政治工作传统优势同新媒体信息技术高度融合,引导师生强化网络意识、树立网络思维、提升网络文明素养,传播主旋律、弘扬正能量,守护好网络精神家园。

(二) 内容简介

浙江大学党委学生工作部、心理健康教育与咨询中心、心理与行为科学系和大学生心理素养发展中心通力协作,在"浙大微学工"微信平台上打造了"素说心语"专栏,以"聚力同心"心理微课等作为网络思政工作有机载体,打造素质教育先行地,全面优化网络育人资源。

(三) 实施措施

"素说心语"栏目遵循"内容为王、导向为魂、创新为要"的建设规律,紧密结合时代特点,内容选题立体多维,语言形式兼具专业、生动。平台以开放的姿态,将学生从以往的"灌输式"学习方式,逐渐引导为主动式学习方式,为"互联网+"时代下的思政育人提供了参考范例。

1. 内容为王,发挥学科优势

栏目充分发挥浙江大学学科门类齐全优势,联动心理与行为科学、生命科学、化学、地球科学、环境资源、生物工程、化学工程、经济学和传媒学等多个不同学科背景的教师和学生参与,围绕"微生物""谣言""情绪传染""焦虑蔓延""压力调节""时间管理"等大学生关注的网络热点开展内容科普,提出"人是人体和人体微生物的共同体""不一定是谣言带来了恐惧,更可能是恐惧带来了谣言""焦虑有其独特的意义,我们要学着与焦虑共舞""时间是我们的资源,时间管理实质是我们如何利用时间来实现自我""去爱,去工作,去体会自己被世界温柔相待的感觉"等一系列"网络金句"。

2. 导向为魂，清朗网络空间

栏目聚焦强基铸魂，把高深的科普理论讲鲜活，引导广大学生深刻领悟其中蕴含的丰富内涵、核心要义和实践要求，提升师生网络素养、开展网络文化建设、推进网络文明教育、营造清朗网络空间。新冠疫情期间，为打赢疫情防控阻击战营造良好网上舆论氛围，栏目主动设置"疫情科普+心理素养"议题，充分利用新媒体技术加强策划推送，提高网上科学正能量传播的精准性和有效性。

推文《爱与被爱的瞬间》引导大学生发现生活中平凡珍贵的爱之体验，感受爱是一个流动的概念，给予广大学生更多在风雨中前行的力量；推文《口罩的那些事儿》，呼吁大学生关注疫情防控期间化工人加班加点、责无旁贷、挺身而出的精神，在"不被看见"的地方为一线的抗疫人员提供了击败病毒的"长枪和铠甲"，为人民的健康提供了"坚强的盾牌"，为社会的正常运转提供了"稳定的大后方"，等等。

3. 创新为要，开出心理处方

面对全国疫情防控阻击战期间学生个体不可避免产生的各类担忧、害怕、焦虑、恐慌等应激反应，强调运用积极乐观情绪可以提高自身免疫力的特点，栏目有针对性地打造"心理小微课"增强学生抗疫能力，倾心推出"自我探索与自我悦纳""自我调节与自我管理""自我激励与积极成长"三大板块，坚持育心与育德相统一，加强大学生人文关怀和心理科普，创新开展线上宣传活动、更好地适应和满足当代大学生的心理健康教育服务需求，切实提升学生心理健康素质，让学生的心灵更丰盈、精神更饱满、人格更完善、能力更彰显。

针对疫情期间不断蔓延的恐慌、焦虑情绪，"情绪的力量"这一微课，抓住青年学生情绪感知强烈的成长特点，用拟人化的语言，剖析"喜怒哀乐惧"等不同情绪内在的意义，给出如何处理负性情绪、主动让情绪发挥积极作用的心理处方；针对疫情期间学生居家学习上网课效率低下、学习拖延懈怠、"flag 常立常倒"等现象，"时间管理"这一微课给出"先做重要的事、从能做的事开始、善用 ddl"三个实用的时间管理处方，帮助大学生做好合理安排规划居家生活；针对疫情期间学生学习注意力不集中、网络游戏成瘾加剧的现象，"体验沉浸式学习"的微课，向大家介绍高度专注的"心流"状态，并给出"让学习也变得像游戏般沉浸"的改造处方；针对在大学生中普遍存在的抑郁和焦虑情绪，"从心理健康到心盛"的微课，将视角切换到人们追求幸福的内在需求中，逐步带学生了解积极心理学的发展历史，探索幸福的丰富内涵，并学习获得幸福的途径，从心理健康走向心盛；"让消极思维反刍刹车"微课指出消极反刍思维会加重抑郁，形成恶性循环，损害心理弹性等问题，相应地提出了当学生觉察到自己深受消极反刍思维的困扰时，可运用实证有效的调节方法包括分散注意力、正念和结束未完成事件等，也可以培养自己积极的反刍思维习惯；针对学生在临近考试周时会出现的焦虑、压力，"如何轻松面对压力——SOS 压力管理指南"微课为学生提供了压力管理的 SOS 原则，助力学生运用"学习脑"（也称"理性脑"）来转移注意力，重新认识压力事件的源头，通过理性、逻辑、分析从容应对并战胜挑战，轻松应对压力；针对杭城春分至清明期间的雨季，"也无风雨也无晴：克服雨天忧郁情结"微课，为学生提供了主动在雨天制造愉快体验、在室内进行适度的运动锻炼、根据自身情况合理制定调整学习计划、偶寻当下的雨季之美、期拟之后的晴日计划等小妙招；5 月 8 日世界微笑日来临之际，推出专题推文《今天你微笑了吗?》讲解微笑机制、笑与健康及世界微笑日的起源等内容。

（四）经验启示

1. 加强网络宣传队伍建设：拓宽思政育人"能量场"

"素说心语"平台将进一步发挥平台资源整合优势，形成一支由专业教师、思政教师、心理咨询师和社团指导教师共同组成的平台师资队伍，加强合作联动，给学生输送兼具专业性与生动性的知识内容。进一步探索思政育人的新形式，为学生素质成长发展供能；充分激发教师利用自己的学科优势特长进行教书育人的热情，拓宽教师实施立德树人根本任务的"能量场"。

2. 创设"五育并举"文化品牌：建设素质教育"加油站"

"素说心语"平台将持续以德智体美劳五育并举为重点，以学生需求方向出发的综合素质能力为热点，重点围绕学生自主学习及学业发展能力、社会责任及国际视野拓展能力、职业选择及社会发展能力、文化传承及礼仪素养、科技创新及创业能力、活动策划管理及领导力、语言表达及写作能力等方面，丰富素质教育内涵，建设素质教育"加油站"。

3. 构建网络文化内生机制：打造育人资源"汇集地"

"素说心语"平台将以建设大学生网络思想政治教育主阵地为宗旨，充分结合"大学生素质训练项目"实践训练项目的优势，发挥互动交流的特色，加大素质训练项目中"学生互动、社区互动、院系互动、课内外互动、助人自助互动"等方面的力度，努力营造一种互联网时代"网上自主、全员参与、全过程互动"的网络思想政治教育生态，汇聚各类学生素质教育教学实践资源，构建网络文化内生机制，打造育人资源"汇集地"。

二、案例二："问心"求诸己，朋侪携咨商——浙江大学心理健康课程创设案例

（一）案例项目主题和思路

1994 年中共中央印发《关于进一步加强和改进学校德育工作的若干意见》，明确指出："要通过多种形式对不同层次的学生进行心理健康教育和心理指导"。2018 年，中央教育部印发的《高等学校学生心理健康教育指导纲要》，明确提出要把心理健康教育课程纳入学校教学计划，要求各高校以课程教学为依托，多渠道开展大学生心理健康教育，并特别提出创新心理健康教育手段。

大学生心理健康教育的主要形式包括：以《大学生心理健康教育》主

干课程和因各高校实际情况而异的选修课程；心理健康相关知识讲座、专题报告；心理知识宣传；心理健康第二课堂活动，如心理健康教育方面的社团；心理辅导和咨询工作。大学生心理健康教育课程是对学生进行心理健康教育的主渠道。通过课程教学，学生在知识层面了解心理学、心理健康知识，了解心理异常表现，掌握自我调适基本知识；在技能层面掌握自我探索、心理调适和心理发展技能；在自我认知层面，树立心理健康发展的自主意识，能正确认识自己，能对自己进行客观评价，遇到心理问题时能进行自我调节，能自己探索适应社会的生活状态。

浙江大学心理健康教育与咨询中心为服务大学生身心健康全面发展的需求，通过课堂讲授和其他课堂活动，为实现心理健康教育目标而开展的有计划、有组织的公共课程旨在提高学生面对自我和生活时的应对能力和成长潜能；提高大学生群体应对大学期间适应、人际交往、规划管理、恋爱交友、情绪管理、心理障碍识别处置及自我与生命价值探索等问题的能力。除此之外，还能帮助大学生识别心理问题、心理障碍及心理危机，促进大学生自助、互助、提升心理健康水平，营造积极向上的校园文化氛围。

（二）实施方法和过程

浙江大学心理健康教育与咨询中心从情绪调节与人际交往、自我认知、朋辈互助等维度开设了"大学生心理健康与发展""自我探索与成长""大学生朋辈心理辅导"等心理课程。按照学生心理变化发展规律设置，学生在课程中进行心理测试、分析心理案例、互相讲述成长故事，让心理的活动在行为的活动的基础上得以产生和深化。

"大学生心理健康与发展"课程属于华东五校教学协同中心共同筹备开设的大学生心理健康教育课程，以线上线下相结合的方式进行。在线部分由"华五联盟"高校的心理健康教育实务工作者及相关专业学科教师17人组成的专家团队录制视频慕课。线下部分由浙江大学心理健康教育与咨询中心专职教师担任，带领学生整理课程内容，并引导学生交流分享相关心理主题。针对本科一年级学生大学适应和发展主要议题，课程教学内容主要包括大学适应、个人管理规划、自我探索与自我认识、人际沟通和社会交往、亲密关系与情感、情绪调控、心理障碍识别应对、生命教育等内容。本课程采用线上线下结合的方式进行，线上课程依托超星平台，以慕课形式呈现，共计8.5小时，由学生自行观看视频完成学习；线下课程3.5小时，分三次进行，由开课教师开展课堂讲解、组织小组讨论、举行现场答疑等。

"自我探索与成长"课程从"纵向"（以个体发展时间线理解和接纳当下的我）和"横向"（以当下的人生议题完善当下的我）两个层面来整合性地探索大学生的成长议题，帮助大学生实现自我。课程增设"课前成长故事演讲""课外自我探索实践"和"小组团体实践"，助益自我成长的技能，做到"知行合一见真我"。课程的主要内容包括：通过了解心理诞生的过程，了解个体心智发展的过程及过往经历对一个人的影响；学习自我、自尊等基本概念，悦纳当下的自我，培养爱和被爱的能力；遇到成长问题，学习压力管理，发挥自己的潜能迎接成年和独立生活的挑战；结合当下，放眼未来，赋予自己的人生独特的生命意义。本课程采用体验式学习模式，兼顾到不同风格的学生，通过课程的体验式环节设计促进学生自动完成反馈与调整的学习过程，在体验中促进认知能力的提升。课程要求学生结合个人成长经历，充分参与课堂的互动与探讨。按照感兴趣的成长主题来组成不同的心理成长小组，小组成员共同完成小组任务，自助助人。

"大学生朋辈心理辅导"课程主要运用积极心理学和咨询心理学的基本理念，旨在帮助学生掌握朋辈辅导的基本伦理、基本态度和基本技术，提高朋辈心理辅导者的自我觉察力和胜任力，培养积极助人态度，充分发挥朋辈心理辅导者的自助和互助功能。本课程授课结合知识精讲、案例研讨、互动体验、小组合作等方式，要求学生结合充分参与课堂的互动与探讨，技能练习，并在生活中实践朋辈心理辅导的谈话与处理技能。分小组进行团体辅导活动的体验、设计与实践，小组成员共同完成小组任务，并鼓励在班级、社团等组织中开展实践。

（三）主要成效和经验

自浙江大学心理中心揭牌运行以来，心理中心共开课 7 门，累计开课 80 门次，共覆盖 7007 人次。其中"自我探索与成长"课程，累计开班 5 个，共覆盖 309 人；"大学生朋辈心理辅导"课程，累计共开 6 个班，覆盖 357 人；华东五校教学协同中心共同筹备开设的"大学生心理健康与发展"课程开班一个，覆盖 24 人。这些心理健康课程坚持学习理论与指导实践相结合、书本学习与生活体验相结合，通过案例分析、理论阐释、集中讨论等方式，帮助学生做到知信行统一；课程内容的设置根据学生现实需求与心理动态，参照社会热点与学生问题表现，以问题解决为导向，按模块形式设置不同主题，既满足了心理健康知识的普及需要，也满足了不同学生对心理知识与技能的特殊需要。

1. 落实立德树人任务，树立课程思政理念

2020 年 5 月教育部印发《高等学校课程思政建设指导纲要》，提出要把思想政治教育贯穿人才培养体系，全面推进高校课程思政建设，发挥好每门课程的育人作用，提高高校人才培养质量。作为落实立德树人根本任务的战略举措和全面提高人才培养质量的重要任务，思政课程是高校构建科学合理教学体系的重要内容。《高等学校课程思政建设指导纲要》中指出了公共基础课落实课程思政理念的重要作用，公共基础课要在潜移默化中坚定学生理想信念、厚植爱国主义情怀、加强品德修养、增长知识见识、培养奋斗精神、提升学生综合素质。

"心理健康教育与思想政治教育存在着密切的关系，思想政治教育概念内在地包含了心理健康教育的成分，思想政治教育离不开心理健康教育的积极成果。"① 浙江大学设立的"大学生心理健康与发展""自我探索与成长"

---

① 佘双好：《心理健康教育何以成为思想政治教育的研究领域》，《马克思主义研究》2007 第 3 期。

"大学生朋辈心理辅导"等心理健康课程，将课程思政理念融入了课堂教学建设，作为课程设置、教学大纲核准和教案评价的重要内容。学生在心理健康课程中能够修正自我认知，形成积极的自我；学会掌握时间与目标管理的相关知识，建构适合自己的学习管理策略；学会更好地处理人际关系，对恋爱交友建立积极正向的价值观念；了解大学生心理障碍与心理危机的处理流程，发现积极资源，培育积极品质，促进自我和同学的成长，营造积极向上的校园文化氛围。教师在知识精讲、案例研讨、互动体验中积极引导学生形成正确的价值观，最后也能通过学生的个人成长报告进行个别辅导，预防心理问题，培育积极心理品质，促进学生心理健康。

2. 打破传统"问题—咨询"思路，创设"积极心理"课程

传统心理健康教育主要关注人的消极面和负性情绪，在大学的心理健康教育工作中，教师从学生心理"问题"的角度出发，以心理"辅导""咨询"为手段开展教育教学工作，可能会有忽视培养个体积极心理品质的不足。心理健康教育不仅仅是针对心理出现困扰、寻求心理咨询的学生，更要面对全体学生。当代大学生正处于国家深度改革和科技高速发展的社会背景下，自身正处于树立正确人生观、价值观的重要时期，面临诸如人际关系、未来职业规划、成就感的获得与自我实现等发展课题①。因此，大学生心理健康课程要结合学生实际生活和学业状况，以培养大学生正确的人生观与价值观、塑造大学生的健全人格、培养积极的情绪体验、营造积极健康的校园氛围为目标来设置和开展。构建不同层次、教学方式多样化、全方位的线上线下教学的大学生心理健康课程能够帮助学生塑造积极的心理品质，积极面对人生，这也是大学生心理健康教育课程改革创新的关键。

"大学生心理健康与发展""自我探索与成长""大学生朋辈心理辅导"等心理健康课程在设置过程中充分发挥了积极心理学的作用，用欣赏和开放

---

① 全国十二所重点师范大学联合编写：《心理学基础》(第2版)，教育科学出版社2008年版。

的眼光来引导学生寻找自身的积极品质，考虑到了积极的情绪体验、积极的个人特质和积极的环境在学生的健康心理培养过程中的促进意义。"自我探索与成长"课程中设置了"自我认知""自我接纳""自我觉察"等多个单元维度，让学生了解自我概念与人格，从而悦纳自我、实现自我，做到自我关照，在自己擅长的领域里可以充分获得成就体验，从而在"积极的认知态度"中获得"积极情绪体验"；坚忍的心理品质和积极的心态是相辅相成的，"大学生心理健康与发展"课程中设置的"情绪调控""心理障碍""克服拖延""管理规划"等主题，让学生正确面对成长压力并且做好自我调适心理能力训练，指导学生学会释放消极情绪和压力，学会制定科学的目标和规划，并付诸行动，这样能够形成良性循环，获得良好的效能感，从而培养"积极心理品质"。

3. 发挥朋辈"助人自助"优势，完善心理危机预警机制

朋辈心理辅导原指一种自助式的心理咨询，是指在人际交往过程中人们互相给予心理安慰、鼓励、劝导和支持，提供一种具有心理咨询功能，可以理解为非专业心理工作者作为帮助者在从事一种类似于心理咨询的帮助活动。朋辈心理辅导是一个积极的人际互动过程，是通过人际互动而达到的助人自助的心理成长过程。浙江大学"大学生朋辈心理辅导"课程是面向学生开设的，能够充分发挥大学生的主体作用和主观能动性，有益于学生在自我教育中提升自己的心理素质，提高学校心理健康教育的实效性。不同于朋辈辅导员，大学生自己掌握朋辈心理辅导的技能，一方面可以掌握一定的心理保健知识，学会自我调整心态，塑造良好个性；另一方面，在实际的助人过程中，可以学习如何与人沟通、如何面对问题、分析解决问题，还可以增长社会阅历，这对于学生本身就是一种成长，有助于提升自己、发展自己。由此可见，朋辈心理辅导是一种助人自助心理健康教育模式。

更进一步地说，面对处于心理危机状态的个人或群体，朋辈辅导能起到预防和干预的效果。心理危机预防与干预不只是学生工作部门的事情，而是全校性的工作，需要建立多方面多渠道的关怀系统，尤其需要建立一些融入

学生内部的危机预警机制，共同解决产生危机的具体问题，以达到更好的预防与干预效果。朋辈心理辅导在心理危机预防与干预中便是一支重要的队伍，能起到重要的补充作用。首先，高校朋辈心理辅导有别于大学生之间一般的人际互动，又不同于专业的心理咨询，它融入学生的日常学习和生活中。学习这门课程之后，每一名学生都可以成为自己身边朋友的心理辅导者，相互关怀、帮助解决日常遇到的实际情况和心理困扰。依靠友情关系开展朋辈心理辅导，是能够促进沟通、接纳、引起共鸣的，这是其他人无法代替的。除此之外，朋辈心理辅导受时间、地域、语言等因素的影响较少，所以其工作的开展相对来说是较便捷的。正是基于以上这些特点，朋辈心理辅导者也能及时察觉到存在心理问题的同学，并给予及时的关怀和鼓励，以预防心理危机。

（四）加强和改进的计划

1. 细甄学生个体差异，增强课程内容针对性

"大学生心理健康与发展""自我探索与成长""大学生朋辈心理辅导"等课程虽然已经从不同的角度和维度设置课程内容，但是仍然具有一定的笼统性。因此，在内容选择上，不能仅停留于向学生介绍心理健康基础保健知识，要通过"引导学生正确认识义和利、群和己、成和败、得和失"来帮助学生树立正确的价值观；在教学过程中，教师要充分关注学生的差异性，通过心理筛查，对教育内容进行层次划分，分层次、分类地开展心理健康课程教育，增强高校心理健康教育课程的针对性和有效性。

2. 明确素质教育目标，增强学生课程主体性

相对于心理专业教育开设的"应试"心理课程而言，浙江大学所倡导的高校心理健康教育课则倾向于素质教育，旨在对学生的心理施加有目的、有计划的影响，进而提高其心理健康水平，使其个性获得全面和谐的发展。因此，心理健康教育课程并非以掌握多少心理健康理论知识，也非以学生掌握心理咨询的技术的多寡来衡量学生是否掌握了该门课程，而是让学生在日

常生活中能够潜移默化地受到心理健康教育的影响。

大学生心理行为问题往往不是一时导致的，许多大学生的心理问题是由之前的成长经历、家庭环境等因素所致，也有部分大学生由新生适应阶段的心理问题演化为其他心理问题，致使整个大学阶段都深受其扰。心理健康教育课程要更进一步地体现学生的主体性，要认真总结学生在不同成长时期面临的心理发展课题，根据大学生的不同阶段、不同层次和他们心理发展的特点，以及大学生的实际情况，设置相对应的课程内容。

3. 改善家庭"缺位"现象，提升家校多方凝聚力

家庭对大学生心理健康的应用范围更广，意义更加深远。这是因为学生成长时，大多数时间处于家庭，会伴随着学生的一生。在良好的家庭当中，学生能够与父母进行有效交流，在父母的正确引导下，促进心理向着健康的方向发展，有利于学生更好地成长。高校心理健康课程可以尝试通过开展线上网络课程，帮助家长建立民主平等的亲子关系观念。课程设置的过程中可以让家长同步共商教育对策，让学生家长意识到与孩子进行心灵上的沟通的重要性，帮助家长找到正确的教育方法和沟通方式。除了课堂上的心理学知识，还可通过预留"亲情作业"等方式，增加家长与孩子间的互动，增加家庭教育心理体验和行为训练的途径。

浙江大学心理健康课程大纲见表 7-1 至表 7-3。

表 7-1 大学生朋辈心理辅导课程大纲

周次	授课节次	授课主题	主要内容	备注
1	第 1 节	朋辈心理辅导概述	朋辈心理辅导：起源、发展和开展	讲授，2 学时
2	第 2 节	朋辈心理辅导者优势特质探索	朋辈心理辅导者的素质要求，确认自身优势特质	讲授，2 学时
3	第 3 节	朋辈心理辅导中的伦理问题	朋辈心理辅导的应用、工作原则和工作范围，伦理规范	讲授，2 学时
4	第 4 节	大学生人际沟通朋辈辅导策略	有效沟通理论和技能，大学生人际沟通问题的朋辈帮扶	讲授+小组练习，2 学时

续表

周次	授课节次	授课主题	主要内容	备注
5	第5节	朋辈个体辅导基本理念	朋辈心理辅导的基本理念及运用	讲授，2学时
6	第6节	朋辈个体辅导基本技能	个体心理辅导中的基本参与性技术，演练情境主题下采用的个体辅导技能	讲授，2学时
7	第7节	朋辈团体辅导的设计与应用	团体辅导的概念、类型、作用及理论基础，设计一次性团体辅导	讲授，2学时
8	第8节	大学生常见心理问题的识别与帮扶	帮扶、应对大学生常见心理困扰	讲授，2学时
9	第9节	大学生压力管理朋辈辅导策略	常见的压力问题；压力管理策略，有效减压方式	讲授+小组练习，2学时
10	第10节	大学生常见心理障碍的识别与应对（一）	正常和异常心理的三原则，识别心理障碍（第一类）	讲授，2学时
11	第11节	大学生常见心理障碍的识别与应对（二）	识别心理障碍（第二类、第三类）	讲授，2学时
12	第12节	大学生情绪管理朋辈辅导策略	情绪管理问题，调节认知观念改善情绪	讲授+小组练习，2学时
13	第13节	大学生心理危机的预防与朋辈处理策略	心理危机预防的工作体系，朋辈心理辅导者在危机预防与干预工作体系中的作用与角色	讲授，2学时
14	第14节	朋辈心理辅导者的积极品质开发	发现自我优势	讲授，2学时
15	第15节	朋辈心理辅导者的成长与发展	成为一名具有胜任力的朋辈心理辅导者的常见发展路径	讲授+小组练习，2学时
16	第16节	朋辈课程总结、小组展示、随堂测试	随堂考试：采用在线考试形式，题型为单选题、多选题和判断题。 小组展示：各小组做"团辅实践"的过程、组织、收获与经验反思的展示	课程考核，2学时

表 7-2 大学生心理健康与发展课程大纲

周次	授课节次	授课主题	主要内容	备注
1	第 1 节	扬帆起航	课程性质与特点	线上+线下
1	第 2 节	大学适应	环境适应、人际适应、学习适应	线上课程
2	第 3 节	管理规划	时间管理、目标管理、精力管理	线上课程
3	第 4 节	自我探索	了解自我、接纳与发展自我、作为存在的自我	线上课程
4	第 5 节	克服拖延	"拖延症"现象及其应对方式	线下课程
4	第 6 节	人际沟通	积极沟通、冲突解决、人际交往的过程与偏差	线上课程
5	第 7 节	亲密关系	亲密与孤独、不同纬度看爱情、神经科学与爱情	线上课程
5	第 8 节	情绪调控	情绪概述、焦虑情绪、抑郁情绪	线上课程
6	第 9 节	心理障碍	心境障碍、精神分裂症、网络游戏成瘾	线上课程
8	第 10 节	生命教育	认识生命、感悟生命、珍爱生命	线上课程
8	第 11 节	总结回顾	总结：课程梳理及回顾。讨论："你对自己的学习状况满意吗""你对自己的人际状态满意吗""你对自己满意吗"	线上+线下

表 7-3 自我探索与成长课程大纲

周次	授课节次	授课主题	主要内容	备注
1	第 1 节	安全的联结	原始的心理能力与心理生命的发展：安全的联结	讲授，2 学时
2	第 2 节	分离与分化	分离个体化理论、自我分化理论，分离中成长与发展形成个体的过程	讲授，2 学时
3	第 3 节	家庭三角与心智化	精神分析理论、家庭治疗的理论——家庭三角：父亲、母亲、孩子	讲授，2 学时
4	第 4 节	个体与集体	心理发展理论，个体社会化议题，个体与集体平衡能力	讲授，2 学时

续表

周次	授课节次	授课主题	主要内容	备注
5	第5节	我是谁——自我概念与人格	自我结构概念："心理我、生理我、社会我"；自我分化与青春期的同一性危机；"我"概念的形成与发展的一般性过程	讲授，2学时
6	第6节	自尊的力量	自尊测量量表，特征、影响因素，自尊和自我认识、自我评价的关系	讲授，2学时
7	第7节	悦纳自我	概念化自我和观察性自我，关系框架理论，个人痛苦的思维基础及个人应对策略工作表	讲授，2学时
8	第8节	超越梦想——自我实现	需要层次理论，自我实现，自我实现的意义、自由与责任	讲授，2学时
9	第9节	人际关系与心理健康	人际关系的基本概念、类型，人际关系与心理健康	讲授，2学时
10	第10节	亲密关系的建立	亲密关系的形成、类型、作用，亲密关系与个人成长	讲授，2学时
11	第11节	亲密关系的经营	维系亲密关系的因素和技巧，应对亲密关系中的矛盾和冲突	讲授，2学时
12	第12节	成长压力与自我调适	身心调适：想法、情绪、身体、行为	讲授，2学时
13	第13节	直视骄阳谈生论死	生理生命、社会生命、精神生命，死亡焦虑	讲授，2学时
14	第14节	必要的丧失与哀伤处理	面对"丧失"，际会未来	讲授，2学时
15	第15节	心理弹性	四个层面的保护因素	讲授，2学时
16	第16节	你的生命树	生涯探索	讲授，2学时

第二节　育人体系多维立体，
积极引导卓见成效

一、案例三：聆听情绪，遇见自己——浙江大学"5·25心理健康活动月"系列宣传案例

（一）案例背景

心理健康教育是提高大学生心理素质、促进其身心健康和谐发展的教育，是高校人才培养体系的重要组成部分，也是高校思想政治工作的重要内容。为深入学习贯彻习近平新时代中国特色社会主义思想，紧紧围绕立德树人总体要求，回应高校"培养德智体美劳全面发展，具有全球竞争力的高素质创新人才和领导者"的人才培养目标，浙江大学在教育教学工作中，高度重视学生心理健康教育，坚持育心与育德相统一，促进学生心理健康素质与思想道德素质、科学文化素质协调发展，助推学生健全人格的养成。

（二）内容简介

每年的5月25日是全国大学生心理健康日，"5·25"为"我爱我"的谐音，设立初衷在于"爱自己才能更好地爱他人"。浙江大学以"5·25心理健康活动月"为契机，将举办"5·25心理健康活动月"作为加强大学生心理健康教育的重要抓手，进一步推进《高等学校学生心理健康教育指导纲要》落地落实。通过举办系列活动，提醒大学生关爱自我，了解自我，接纳自己，关注自己的心理健康和心灵成长，提高自身心理素质，进而爱别人，爱社会。活动在学校党委学生工作部、党委研究生工作部和心理健康教育与咨询中心的共同组织下，在各院系（学园）和学生社团的大力支持下，

于 5 月集中开展全国大学生心理健康教育活动,通过心理辅导专题讲座、团体心理辅导活动、心理沙龙、心理剧大赛等学生喜闻乐见的形式,加强人文关怀和心理疏导,培育学生自尊自信、理性平和、积极向上的健康心态,促进大学生心理健康素质与思想道德素质、科学文化素质协调发展。

(三) 实施举措

浙江大学把"5·25 心理健康活动月"作为心理健康宣传教育工作的重要载体,深入开展大学生心理健康教育,普及心理健康知识与理念,实施心理素质教育,举办心理健康文体活动,解决学生心理问题,帮助学生健康成长、全面发展。具体工作中,坚持心理"一个讲坛"、实施育人"三大计划",围绕"心晴四季"四个阶段,推进机制"五化格局",将身心素质作为教育工作的关键一环,扎实做好心理健康教育工作。

1. 坚持一个讲坛——"会心"讲坛

普及现代心理健康知识和文明理念,是促进大学生心理健康的重要环节。浙江大学自 2014 年起举办"会心"讲坛,邀请国内外著名心理学家面向大学生普及现代心理健康知识和文明理念,分别举办"围城内外爱情的甜蜜与烦恼""爱情陷阱与幸福密码""完美旅程成为你自己""奔跑流汗VS 虚度人生"等主题讲座,走进大学生身边日常、关注学生心理困惑,倡导健康生活方式和心理保健意识,培育学生健全人格。2019 年举办了浙江大学"5·25 心理健康活动月"开幕式暨"放飞梦想,积极成长"大学生心理健康教育主题讲座,将"会心"讲坛融入"5·25 心理健康活动月"中去。讲座邀请了南京大学社会学院陈昌凯老师作为嘉宾,陈昌凯老师深入浅出地剖析了拖延、强迫、内向及敏感等普遍存在于当代大学生生活日常的现象,并以积极心理学引导学生,强调以心理层面的积极取向思考问题,有助于自身和谐健康地幸福成长;以积极心态面对生活,生活给予的反馈则成为正面倾向,建议学生建构出良性循环的较佳个人成长状态,以积极视角、积极思维关注生活中积极的部分,实现幸福开心成长。

2. 实施"三大计划"，提升身心素质

高校教育应将育心与育德相统一，培养德智体美劳全面发展的人才。浙江大学立足于此，实施"三大计划"，助力学生综合素质发展。开展美育塑"心"计划，成立大学生美育中心，以"掌握艺术技能，提高审美素养，激发情怀创造，促进人格完善"为目标，坚持开展文体活动和文艺活动，其中包括《我和我的祖国》大合唱、姚剧历史剧《王阳明》、昭觉彝族文化专场演出、"美丽心世界"心理短剧大赛等。推进体育健"心"计划，明确"增强体质，掌握技能，培育习惯，塑造人格"的目标，开齐开足体育课、要求学生使用 App 跑距锻炼，帮助学生在运动中增强体质、健全人格、锤炼意志。推行健"心"计划之"快乐蜗牛"跑团，鼓励学生从学习科研压力中"走"出来，充实课余生活、发展身心健康。强化辅导关"心"计划，以团体心理辅导为切入点，面向研究生举办团体心理辅导师训练营，面向本科生心理委员举办全覆盖团体心理辅导。由辅导员心理健康工作室牵头组织主办"种花种草种心情""FREE HUG""我的情书"等系列工作坊，加深朋辈辅导体验、提升心理帮扶水平。"种花种草种心情"旨在通过活动礼赞生命，传递生活的美好。美丽的花使人心情愉悦，插花过程使人心境平和，每一个作品又被作者赋予了独特的内涵，插一束鲜花，种一种心情。种草也是如此，通过制作精美的微景观盆栽作品，感受植物所具有的艺术与生命力。"FREE HUG"译为自由的、免费的拥抱，指拥抱街上陌生人的举动，活动内涵在于拒绝冷漠、传递人文关怀。学生在拥抱中得到慰藉和释然，内心的压力得到了舒缓，也体会领悟了怎样更好地认识和关爱自己和他人。"我的情书"活动则通过笔尖的滑动，让情绪自然流淌，在书写中悦纳自己、拥抱生活。

3. 巩固"心晴四季"常态，营造校园良好氛围

在实施三个计划的过程中，结合四学期制度和相应的心理情况季节性特点，学校全年分阶段、有重点地构建师生心理健康常态——"心晴四季"常态，通过"春华""夏芒""秋实""冬蕴"贯穿全年的四季主题活动的

开展，将情绪管理与人际交往、压力管理与生涯指导、5·25 心理健康活动月、新生适应与自我成长、学业指导与生命教育等主题融入日常心理健康教育活动中（表7-4），不断优化学生个性心理品质，增强心理调适能力，提高心理健康水平。培育和发展独特的积极校园心理文化，引导师生树立现代健康观念。"心晴四季"心理健康教育活动成果展是大学生心理健康教育的一项重要活动，活动前期在全校范围内广泛征集年度内优秀的"心晴四季"项目参评参展，而后通过为期半月的展示，对近一年的"春华""夏芒""秋实""冬蕴"主题活动进行总结，此外，在"5·25"当日，通过举办以心理健康教育与文化美育教育的相结合的优秀心理健康项目会演，如"守护花开"心理健康讲座，"一生只做八件事"悦空间心理读书沙龙，"奔跑吧青春"追光者夜跑，"性格 VS 恋爱"心理辩论赛，"烦恼漂流瓶""意志力训练营"等活动，共同演绎和探讨一场永不褪色的青春话题，对一年来浙江大学"心晴四季"心理健康教育活动成果进行呈现，展现出求是学子朝气蓬勃、昂扬向上的精神风貌，也更广泛地传播自尊自信、理性平和的文明理念和乐观豁达、积极向上的生活态度，促进学生心理健康素质和思想道德素质、科学文化素质协调发展。

表7-4 "心晴四季"活动主题列表

阶段	月份	活动主题
"心晴四季"之春华	3—4	"情绪管理与人际交往"
"心晴四季"之夏芒	5—6	"压力管理与生涯指导""5·25 心理健康活动月"
"心晴四季"之秋实	9—10	"新生适应与自我成长"
"心晴四季"之冬蕴	11—12	"学业指导与生命教育"

4. 围绕"五化格局"，创新机制特色

围绕"组织科学化、工作网络化、队伍专业化、活动立体化和服务全面化"五大方面，做好中心强统筹。浙江大学心理中心作为专业注册系统督导点和注册实习机构，曾 4 次荣获中国心理卫生协会"大学生心理健康教育工作先进集体"，2016 年牵头成立了浙江省高校心理咨询工作联盟。课堂大汇聚，学校将心理健康教育汇聚教学四课堂：在第一课堂开办心理健康通识课；在第二课堂举办情绪智能 EQ 提升班、意志力训练营等校内实践；在第三课堂举办心理帮扶志愿服务团、用户心理体验研究等校外实践；在第四课堂举办海外生涯增能计划、海外励志成长计划等对外交流。医校大协同——联合学校四级心理健康网络、校医院门诊、省市专科医院、浙江大学附属医院及地方医院等形成浙大式医校联动协同生态。

（四）经验启示

举办大学生心理健康教育月活动，是落实《高等学校学生心理健康教育指导纲要》的重要抓手，是加强大学生心理健康教育的重要举措。浙江大学"5·25 心理健康活动月"，把学生的心理健康教育作为整体教育工作中的重要一环，通过举办心理健康教育月活动推动工作探索与创新，取得了一定的实效，同时也总结和收获了一套行之有效的经验方法。

1. 加强通力合作，统筹推进工作

心理健康是"树人"的核心，浙江大学历来重视学生的心理健康工作。在实施过程中，党委学生工作部、党委研究生工作部和心理健康教育与咨询中心共同承担着心理育人的工作，三方通力协作，通过开展各项具体工作，如"心晴四季"、"会心节"、心理剧大赛等常规活动，更有心理沙龙、专题讲座、团体辅导等不定期开展，普及心理健康知识，传授心理调适技能，指导大学生树立正确的心理健康理念，促进大学生优良心理素质的养成。5 月是学校的大学生心理健康教育月，通过统筹结合大学生心理健康教育月活动与育人工作，坚持育德与育心统一，创新教育活动的内容和形式，进一步提高吸引力和感染力，增强教育活动的科学性和实效性，切实引导学生积极应对压力、有效管理情绪、提升心理效能，从而培育学生自尊自信、理性平和、积极向上的健康心态，把扎实做好心理健康教育工作融入立德树人的根

本任务中去。

2. 重视宣传工作，营造良好氛围

"5·25心理健康活动月"坚持育德与育心统一，精心组织，以院系为有力抓手，广泛发动、深入动员，重点开展"心晴四季"心理健康宣传教育活动、"心晴四季"优秀心理健康宣传教育项目主题活动展和辅导员心理健康教育工作室系列活动，如"给你一个爱的FREE HUG"之朋辈互助主题体验活动、"走进你心里"之辅导员心理助人系列工作坊等。结合以"展现青春活力，激昂青春梦想"为主题的文体活动，并通过举办优秀心理健康项目汇报展演，邀请广大师生参观主题宣传展，体验主题体验活动，切实增强活动的参与度与影响面，全面营造心理健康教育的良好氛围。

3. 坚持学生主体，重视活动长效

在推进心理"一个讲坛"、实施育人"三大计划"，围绕"心晴四季"四个阶段，推进机制"五化格局"的工作过程中，学校充分重视突出学生主体作用，通过创新教育活动的内容和形式，提高吸引力和感染力，增强教育活动的科学性和实效性，切实引导学生积极应对压力、有效管理情绪、提升心理效能，从而培育学生自尊自信、理性平和、积极向上的健康心态。此外，心理健康教育工作是持久的、长期的工作，需要在一次次活动的开展后加强经验总结和迭代改进，不断提高水平，突出长效；通过"5·25"心理健康教育系列活动的举办，不仅是在当下对学生的心理健康教育产生积极影响，也在其中努力探索加强大学生心理健康教育的长效机制，把行之有效的专题活动转化为促进学生成长的长效工作。

二、案例四：沙中世界，心之畅游——浙江大学学生团体沙盘游戏心理辅导模式推广工作案例

（一）案例背景

习近平总书记在全国高校思想政治工作会议上指出："高校思想政治工

作关系高校培养什么样的人、如何培养人以及为谁培养人这个根本问题。要坚持把立德树人作为中心环节，把思想政治工作贯穿教育教学全过程，实现全程育人、全方位育人，努力开创我国高等教育事业发展新局面。"① 这对高校积极探索思想政治教育工作的多种形式和提高教育效果、不断创新高校思想政治教育工作指明了新方向，提出了新要求。

反观高校思政工作的服务对象，"90后""00后"学生价值观趋向多元，他们崇尚自由开放，强调公平正义，敢于挑战权威，他们认同主流价值观，又具有强烈的自我意识，这种自我意识与集体意识处于冲突并存的状态，他们自我意识强烈，但独立意识、平等竞争思想也延伸出更精致的利己主义和个人主义思潮，与传统集体主义、团队精神产生了冲突。当然这些并不能完全概括学生的所有思想特点，但给思政工作带来了机遇和挑战。

面对新形势和学生的思想特点，采用充满趣味性、有深度的心理辅导方式将更有利于开展工作，团体沙盘游戏正是契合的方式。它是多人同时参与的沙盘创作方式。在进行团体沙盘游戏时团体成员能够无意识地表达内在的动力和冲突，在互动过程中促进团体成员之间的沟通与合作，促进个体在交往中通过观察、学习、体验，从而认识自我、探讨自我、接纳自我，并最终帮助每一个成员都能够获得自愈能力，促进人格成长。

既有的研究表明，团体沙盘游戏能够降低大学生的焦虑程度，而且能够促进他们改善应对方式，从而提高他们的心理健康水平；团体沙盘游戏还可以促进大学生了解自我、提升自信心，增强个体沟通能力，提升人际交往能力，提升团队凝聚力，增加成员对组织的归属感的承诺度。类似的研究结论还有很多，因此，团体沙盘在促进大学生自我整合和团队建设方面具有较强的可行性，非常符合高校学生团体的教育要求，教育教学效果明显，是一种深入浅出、持续有效的心理教育方法。

---

① 《习近平谈治国理政》第二卷，外文出版社2017年版，第376页。

（二）内容简介

浙江大学建设有三个沙盘室，总计可以容纳45人的团体。浙江大学辅导员心理健康工作室作为统筹推广主体，联合浙江大学心理健康教育与咨询中心和二级心理辅导站共同推广。工作室成员首先取得了"国际表达性艺术分析学会"认证的团体沙盘游戏引导师资格证书，然后通过在二级心理辅导站推广开展沙盘游戏活动，对辅导员开展培训，以得到进一步拓展和推广。目前，已经开展几十次团体沙盘游戏，取得了良好的效果。

活动采用单次或多次、有主题、有规则、结构化的游戏形式，游戏的实施则引用洗心岛教育团体沙盘引导师认证培训中的培训内容。采取以班级为单位开展或是进行主题活动招募的方式开展，根据学生自愿参与的原则，在沙盘游戏室内举行。

（三）实施措施

以单次操作的沙盘游戏活动为例，具体实施过程共分为五个部分，首先是引入，然后介绍游戏规则，进行游戏操作，最后是总结分享和活动反馈。

（1）引入部分。引导师介绍什么是沙盘游戏、如何开展团体沙盘游戏，介绍活动的主题和目的，进行简单的破冰，带领成员们感受沙子。

（2）引导师介绍游戏规则。有民主制和特权制两种游戏方式，在沙盘游戏开始前引导师会确定一种游戏方式，然后针对这种游戏方式介绍具体的规则。

（3）进行沙盘操作。在这个过程中，引导师的任务是陪伴和守护，维护沙盘游戏的进行，引导旁观者表达，每一轮按照选取—操作—分享—调整—讨论的过程进行。

（4）进行活动总结。进行几轮后，活动进入总结收尾环节，引导师邀请成员给自己的沙盘取一个名称（根据现场用时情况而定，非必要）；请成员们围绕沙盘顺时针走一走，选择一个自己最舒服的角度站定；请成员们分享自己的感受和看法；引导师进行最后的总结。

（5）进行活动反馈。请各位成员填写活动自评表、活动感想反馈卡，然后交给引导师。

（四）经验启示

探索团体沙盘游戏体验与高校思想政治教育工作中的重点难点相结合，开创心理辅导与思政教育相结合的模式创新，能够体现出隐性与显性的思想政治教育效果，这对不断探索高校思想政治教育创新模式具有积极启示作用。

1. 采用寓教于乐的创新形式，打造育人特色

游戏的方式能够引发学生的兴趣，在过程中较为放松，进入无意识状态，达到沉浸式体验的目的。沙盘游戏体验活动的特色在于可以把思想政治教育工作融入团体沙盘游戏体验中。例如，可以通过多样化的主题设置，如理想信念、生命价值观、人际交往、职业生涯规划、考试焦虑、社交焦虑等主题，引导学生在沙盘体验中客观地认识自己和他人，学会理解他人和换位思考。

2. 运用潜移默化的心理投射，提升健康水平

大学生正在经历着一个迅速走向成熟却未真正成熟的阶段，于是矛盾与冲突便会经常困扰他们。面临这些心理问题时，他们会与老师有距离感，不愿找老师倾诉，对心理咨询没有正确的认识而不愿接受心理咨询。其实大学生非常需要表达的机会。团体沙盘游戏能够为大学生提供一个充满团体成员的支持的、创造性的、自由与受保护的心理空间帮助他们排解压力。游戏的情境和形式本身能够帮助大学生宣泄内在心理冲突，缓解心理压力。沙盘的投射性能帮助大学生更全面地认识自我，理解他人的内在心理状态，而团体活动的形式给了大学生更多的相互沟通、互助互利的机会。这对于疏导情绪、改善认知、塑造健康人格、增强自信心、培养学生合作意识及提高心理健康水平等，都具有积极的影响。

3. 走近学生发现问题，为开展学生工作创造契机

如果辅导员可以取得沙盘游戏引导师的资质，在开展沙盘游戏过程中，可以仔细观察到每一名学生的表现和反应，有的学生进入沙盘室就表现得特别好奇，迫不及待去摸沙子，玩沙子，观察沙具，有的学生会表现得有些防御和隔离，如不愿用手碰触沙子，挑选沙具的时候比较随意，不愿多观察和尝试。在游戏过程中，有的学生会表现得有攻击性，比如拿有攻击性的动物（蜘蛛、大猩猩）；有的学生会表现出对抗性，比如拿对抗性的沙具（坦克、大兵）。在摆放过程中，也会展现出不同的性格特点：有的学生比较随大流，缺乏主见；有的学生控制欲比较强，喜欢占主导地位；有的学生沉默，有的学生亢奋，有的学生压抑情绪，有的学生释放天性；等等。辅导员可以结合学生学习和日常生活中的表现，有重点地关注和帮助那些需要帮助的学生。

4. 形成可复制的工作模式，促进在辅导员群体中的推广应用

沙盘游戏活动，重在进行游戏引导，重点是学生的体验，而不是进行分析。用沙盘游戏的方式催化个体的团结与协作，让学生体会团体的内部力量，将沙盘世界与现实世界有机地联系起来，促进学生对现实困扰的认知与思考。由于不是心理治疗，引导完成后不进行沙盘分析，所以开展的难度不大。对此感兴趣的辅导员可以参加相关的培训和学习，依托本校心理健康教育中心、学工部的平台和资源，建立沙盘游戏室，尝试和探索团体沙盘游戏活动，不断积累经验，创新心理健康教育和思政工作新方法。

三、案例五：以美塑心，以乐育人——浙江大学医学院杏林艺术团活动案例

（一）案例背景

2015年10月，中共中央办公厅、国务院办公厅印发《关于全面加强和

改进新时代学校美育工作的意见》，指出要弘扬中华美育精神、提高学生审美和人文素养，将美育纳入人才培养全过程。美育是审美教育，也是情操教育和心灵教育，不仅能提升人的审美素养，还能潜移默化地影响人的情感、趣味、气质、胸襟，激励人的精神，温润人的心灵。医学生作为特殊的大学生群体，承担着"救死扶伤"的重任，要求他们必须具备强大的抗压能力、审美能力、创新能力以及人文情怀。浙江大学杏林艺术团深入贯彻新时代美育工作意见，积极开展各类校园文化活动，丰富学生的课余生活，营造积极、健康、向上的学习生活氛围，同时结合专业特色，将美育融入医学培养的各个方面，展现医学生的良好精神风貌，培养创新意识、提高实践能力和审美情趣。

（二）内容简介

浙江大学杏林艺术团于 2006 年初在浙江大学医学院团委指导下顺利建立起来，是由一批具有一定文艺基础并热爱艺术的在校大学生组成的学生团体，是大学生进行艺术实践的园地，是实施文化素质教育的重要阵地。杏林艺术团结合全面育人的迫切需要，将美育贯穿于德智体劳各个方面，不断构建"五育融合"的育人体系，实现"以美塑心，以乐育人"。在杏林艺术团历届成员的努力下，建立了完备的组织架构，下设合唱团、舞蹈团、器乐团、语艺部和模特礼仪队以及三个行政管理部门：组策部、宣传部、外联部，负责艺术团日常事务的管理及分配。杏林艺术团紧紧围绕学校中心工作，引领学生树立正确的审美观念、陶冶高尚的道德情操、培育深厚的民族情感、激发想象力和创新意识，培养德智体美劳全面发展的求是之子。

（三）活动开展

在"以美塑心，以乐育人"宗旨的指导下，浙江大学杏林艺术团面向校内外开展各类文艺演出活动。立足校园通过开展形式多样、内涵丰富的校内文艺演出活动，如历年迎新晚会、交谊舞会、歌手大赛、医学艺术节，营造出浓郁的校园文化氛围；走向社会参加浙江省红会文艺志愿活动、浙江省全国爱国卫生月志愿活动等活动中，展示出医学生良好的精神风貌，扩大学校的社会声誉和知名度，用精彩艺术人生，绽放校园文化魅力。

1. 以美塑心——培养健康心理素质

一是举办班级交谊舞会，促进人际关系。许多一年级学生刚进医学院，分配班级时，很难适应新环境，从而产生不良情绪。为解决群体心理问题，每年秋冬学期杏林艺术团会举办"杏林舞会"，主要参与对象是新分班的班集体，由专业交谊舞老师对班级学生进行赛前培训，自行编创完整的舞蹈，最后以班级为单位的表演形式共同展现舞蹈。在比赛筹备的过程中需要班级成员大量的集体训练，并且会拍摄班级定妆照。通过系列舞会活动，加强了同学之间的交流和互动，让不善交际的同学快速融入新集体，促进人际关系，提高班级凝聚力。

二是开设艺术实践课程，缓解心理压力。在学业压力影响下，学生的焦虑情绪和心理问题日益增多，长期的心理压力会抑制学生的健康发展，产生严重的心理疾病，而艺术实践活动可以让学生在进行艺术欣赏和艺术创作时将不良情绪宣泄出来，并使情感得到升华。杏林艺术团开设了舞蹈、声乐、吉他等各类艺术培训班，总计报名人数达1000余人，这能让越来越多的学生参与到艺术实践中去，实现普及性艺术教育。充满活力的艺术实践让学生深切地体会到艺术所带来的真、善、美，用艺术特有的方式进行情感交流，极大地丰富了学生的精神生活，缓解紧张的学习生活所带来的心理压力，提高学生的心理抗压能力，为未来走向社会岗位做好充分的准备。

三是开展各类文艺活动，提升心理自信。杏林艺术团不断开拓校园文化传播新阵地，促进医学生身心健康发展。在疫情期间，举办"声生不息"线上十佳歌手大赛，通过云端营造活跃、和谐的校园文化氛围，为医学生提供展现个人魅力的平台；为2020届毕业生拍摄"青春不散·医路同行"毕业MV，展示医学生乐观积极、敢于拼搏、锐意进取的精神风貌；举办"凝心聚力·逐梦二一"师生联欢晚会，为医学院全体师生打造一个释放激情和压力的狂欢之夜，增强师生的感情交流。经统计，仅 2020 年开展线上线下文艺活动共计 20 余项、线上直播晚会 3 场、歌唱比赛 2 场、路演活动 4 场、交谊舞及各类艺术培训 28 场，累计覆盖 5000 余人次。当学生走上各类舞台时，首先需要战胜自己的自卑心理，敢于面对观众，使他们正确地认识自我、实现自我，最终全方位超越自我，这是一个自我完善的心理过程，因此，提供艺术展演平台，让学生有意识地将"理想的我"与"现实的我"统一起来，建立自信心，克服心理障碍。

2. 以乐育人——培养全面发展人才

席勒曾说过，"有促进健康的教育，有促进认识的教育，有促进道德的教育，还有促进鉴赏力和美的教育。这最后一种教育的目的在于，培养感性和精神力量的整体达到尽可能和谐"。美育可以使人的感性和理性达到和谐统一，要使感性的人成为理性的人，那么就要首先让他成为审美的人，因此，要将德智体美劳五项教育融合，构成人才培养教育有机联系的完整体系，使学生具有美的理想、美的情操、美的品格和美的素养，成为全面发展，并具有国际视野的优秀人才。

一是举办"医学礼仪风采大赛"，实现以美启智。医学生作为未来的医务工作者，他们的行为举止会对患者的心理和健康产生较大的影响，尊重患者、言行得体的医务工作者必然会增强患者对医务人员的信任，减少医患矛盾，使患者快速地战胜病魔。在医学专业的第三年，医学生需要去医院见习，初次踏入社会，走进医院与患者沟通的医学生难免会有些胆怯。为提升医学生的自信心，在工作中做到讲礼仪，善沟通，特举办医学礼仪风采大赛，让医学生走上岗位时，谈吐得体、尊重患者、体谅患者，以展示浙江大学医学生的良好形象。

二是举办"爱国心，求是情"合唱比赛，实现以美辅德。合唱比赛作为校园文化建设中不可缺少的一种艺术表现形式，需要成员之间的团结协作，声音的高度和谐统一，这有利于提高班级凝聚力，促进思想和意志的统一，培养学生之间的合作意识。因此，杏林艺术团每年在研究生新生入学时，会举办新生合唱比赛，以各附属医院、系所为单位，准备两首曲目，其中必选曲目为校歌，并在比赛中设置了校史、党史的问答环节，让新生快速了解浙大精神，增强对学校的归属感，对党的爱戴。通过在合唱中渗透爱国主义教育、社会主义世界观、人生观、价值观等，用学生喜闻乐见的方式进行德育，不仅使思想政治教育变得新颖，而且也让学生更深刻地理解德育的意义，提高德育质量，促进学生全面协调发展。

（四）经验启示

1. 坚定践行以美育人，促进学生心理健康

大学生艺术团具备一定的专业性和积极性，每年都会有不同专业的热爱艺术或者有艺术基础的学生加入大学生艺术团，在组织举办各类活动上，常需要多层面地去协调，从活动筹备到结束，大家齐心协力才能完成任务。在这个过程中艺术团成员也经常面对各种困难，舞台现场发挥、学业任务压力等因素时常让他们陷入焦虑、不自信等心理障碍中，所以必须加强团队的心理教育，提高大家的心理素质，经常组织思想教育活动，通过户外拓展活动以及心理沟通等措施，提升学生自信心，排除各种压力，迎接好培训安排，创造出优质活动成果。

2. 积极发挥专业力量，助力校园文化建设

大学生艺术团是校园文化建设力量的重要组成部分，其自身的影响力吸引大量不同专业学生的加入，在专业教师的指导下，学生感受艺术文化教育，掌握艺术表现能力，形成一股专业的校内文化建设力量。在校园里，连续性地以各类艺术活动的形式向广大师生传达校园文化内涵，渗透性地在校园师生集体中引起校园文化共鸣，为校园文化的建设起到直接的传播作用。

3. 充分结合学生特色，实现艺术精准培养

不同学科的学生组成的艺术团体，在培养中时刻需要面对个性化的培养问题。为了能够快速培养学生艺术能力，提升团体特色，必须在培养中不仅

要以健康、规范为目标，更要以学生特长为培养基准点，积极探索创新性培养道路，在实践中根据学生自身对各类艺术形式的掌握及领悟设置分类，分批培训教学，充分利用学生专业课程闲余时间，在对学生常规化的训练中挖掘其自身潜力，树立艺术团中的优秀学生典型并逐步影响团队。

4. 加强对外活动交流，拓宽艺术文化视野

艺术是无界限的，要想真正让大学生艺术团体有长足的发展就需要不断接受外部的新思想，新形式的影响，在自我更新的过程中，不断创新艺术活动。探索多种行之有效的实践渠道，结合艺术团特色，对外加强联系、沟通、合作，形成共建机制，组织相关的交流演出活动和访问学习活动，培养艺术团的实践能力，提高团员的专业技术水平；在校园内，艺术团进一步加强与校内其他学生组织及院系的交流与合作，为学校的文艺氛围营造一个和谐的大环境，校外进一步加强同外校相同类型组织的交流与合作，相互学习，取长补短。

第三节　预警管理降低风险，
压力疏导及早及时

一、案例六：探问心灵"第一站"——浙江大学二级心理辅导站建设案例

（一）案例背景

习近平总书记在全国高校思想政治工作会议上指出，要坚持不懈促进高校和谐稳定，培育理性平和的健康心态，加强人文关怀和心理疏导，把高校建设成为安定团结的模范之地。中共教育部党组印发《高等学校学生心理健康教育指导纲要》的通知中具体指出，高等学校学生心理健康教育的总

体目标为："教育教学、实践活动、咨询服务、预防干预'四位一体'的心理健康教育工作格局基本形成。心理健康教育的覆盖面、受益面不断扩大，学生心理健康意识明显增强，心理健康素质普遍提升。常见精神障碍和心理行为问题预防、识别、干预能力和水平不断提高。学生心理健康问题关注及时、措施得当、效果明显，心理疾病发生率明显下降。"

立足高等学校学生心理健康教育的总体目标，浙江大学为更及时、有效地回应学生心理健康教育需求，进一步完善大学生心理健康教育工作网络和工作机制，拓展心理健康教育的内容、途径和方法，实现心理健康教育与大学生思想政治教育的有机结合，在现有心理中心的基础上，自2012年起逐步推动设立学院（系）、学园心理辅导站，即"二级心理辅导站"建设。

（二）内容简介

二级心理辅导站由各相关单位（学院、系、求是学院各学园）根据本单位德育工作的总体部署和发展情况，在条件成熟的情况下申请设立并开展工作，由党委学生工作部评估、确认并给予经费支持。各二级心理辅导站主要支持和配合心理健康教育与咨询中心的各项工作，并在学院（系）、学园层面持续开展学生心理健康教育工作。相关工作包括针对本单位学生的心理特点和需求，开展有特色的心理健康教育宣传活动，如开设心理健康教育课程、举办心理辅导讲座、心理辅导沙龙以及其他各种形式的心理卫生知识宣传教育活动；针对本单位学生的心理援助需求，开展个别心理辅导和团体心理辅导，识别和转介严重心理问题的学生；结合"需要特别关心学生"工作，开展"需要特别关心学生"的心理辅导和危机干预工作；指导本单位的班级心理委员开展工作，推进大学生朋辈心理辅导活动；开展大学生心理健康教育相关领域的调查研究工作，提高心理健康教育工作水平等。

（三）实施举措

二级心理辅导站根据学院（系）、学园不同的情况，分阶段、有计划地逐步推进开展。从 2012 年起，在至少拥有一名国家二级心理咨询师以负责日常工作的规划和实施，同时配套有合适的工作用房，便于稳定持续地开展个别心理辅导的条件下，综合各学院（系）、学园申报及党委学生工作部评估情况，在丹青学园、云峰学园、蓝田学园、建筑工程学院、化学工程与生物工程学院、生物系统工程与食品科学学院、机械工程学院、光电科学与工程学院、环境与资源学院、公共管理学院等设立了第一批二级心理辅导站。第二批新增国际联合学院、光华法学院、软件学院、计算机科学与技术学院、医学院 5 个二级心理辅导站。后又有经济学院、管理学院、能源工程学院、信息与电子工程学院、生命科学学院、药学院等 6 个学院在设立条件较为成熟的情况下，为更好地适应和满足学院学生心理健康教育服务需求，进一步完善学生心理健康教育工作机制，申报设立心理辅导站。

各二级心理辅导站自设立之日起，借助原有工作基础，扎实推进心理健康宣传教育、心理辅导、危机干预和"需要特别关心学生"、学生朋辈辅导等心理健康教育工作，同时注重工作创新，通过论文、课题等形式开展心理健康教育相关理论和实践研究。开展九年来，所设立的二级心理辅导站中共有国家二级心理咨询师数量 27 人、国家三级心理咨询师 7 人、二级心理辅导站工作人员有 64 人，下设学生社团 5 个，开展心理健康宣传教育项目 50余项，团体心理辅导活动百余场，累计服务学生逾万人。（表 7-5）

表 7-5　二级心理辅导站建设情况

项目	具体情况
二级心理辅导站	15 个
国家二级心理咨询师	27 人
国家三级心理咨询师	7 人
二级心理辅导站工作人员	64 人
学生社团	5 个
学生社团成员	83 人
心理健康宣传教育项目	55 个

续表

项目	具体情况
个别心理辅导累计服务学生	9403 人次
团体心理辅导次数	120 次
团体心理辅导累计服务学生	3491 人次
心理委员培训合格人次	832 人次
心理健康教育工作的理论和实践研究统计（论文、课题及其他）	8 项

第一批挂牌设立的二级心理辅导站经过较长时间的打磨，在组织领导、工作实施方面都有了一定的积淀，工作成效显著。例如，丹青学园，在2012 年末申请成立"丹青心灵驿站"，并积极主动地开展相关工作。组织领导上，丹青学园党委副书记支持、领导心灵驿站全年工作开展，学园心理健康教育工作负责教师组织、运营心灵驿站具体工作，学园内二级咨询师积极配合心灵驿站的建设。除此以外，还建立了学园心理健康社团——"阳光心旅社"，协助教师组织日常心理健康教育活动。丹青学园阳光心旅社现已成为丹青学园八大学生组织之一，是丹青学园下设以各类活动为平台开展心理健康教育和服务工作的学生组织，负责学园心理方面的活动，品牌活动有丹青心理短剧大赛、新生情绪管理训练营等；日常工作中则面向全园提供专业的心理预约和咨询服务，维护心理咨询室的运作，将心理健康教育深入学生当中。工作实施上，丹青心灵驿站组织开展心理微故事创作大赛，征集心理故事、视频、原创心文、漫画等作品，通过优秀作品传递正能量，积极引领大家关注心理健康、追寻美好人生，激励大家探索自我、丰厚心灵；心理短剧大赛中，参赛队伍通过场景还原、音乐剧、深情朗诵等多样表现形式，以独到的视野解析了当代大学生的心理；注重新生心理健康工作开展，丹青学园与校心理健康中心合作举办"心理适应与成长"心理健康教育讲座，帮助新生更好、更快地适应大学生活，更理智、更坚定地规划自己的未来。此外，针对丹青学园学生构成多为新生的情况，辅导站在心理健康教育基础

性工作的开展过程中，特别注重扎实做好学长组培训、新生心理测试、心理委员组织培训等新生心理健康教育。经过较长时间的发展，丹青心灵驿站已形成明晰化、常规化的规章制度，日常化、常态化的心理服务。

第二批二级心理辅导站自 2018 年启动，在建设过程充分吸收前期建设经验体会，同时注重打造特色亮点，做到依据院（系）、学园实际情况量身定制，兼顾全校心理健康教育资源整体布局。例如，计算机科学与技术学院以"沙盘游戏"为特色打造"开心小站"，小站配备有齐全的"沙盘游戏"设备、温馨的环境、面向全校师生开放。建立之初，为增强心理辅导站的实用意义，特别邀请了学校心理中心专职心理咨询师举办"探索自我"体验式沙盘工作坊，帮助学院一批辅导员了解、掌握沙盘游戏的基本概念和工作流程，以便更好地将沙盘游戏运用在学生团队建设和学生个体成长中，为培养学生的自信与人格，发展想象力和创造力等方面发挥积极作用。此外，根据学院需求，心理辅导站在线上充分利用学院微信公众号平台，设置"悦览""悦影""留声机"等特别栏目，为师生推荐心理类书籍、电影、歌曲，借此带去视觉、听觉享受及精神慰藉。线下开设了主题丰富、形式多样的心理健康宣传教育项目，如以"自我成长，拥抱自我""仰望星空，脚踏实地"等为主题的心理电影沙龙；"正念解压与自我提升""正确认识导学关系，助力提升心理健康"等为主题的心理培训讲座；"健康身心，从你我他做起""实践探索未知的自己"等主题心理委员培训活动等。心理团辅活动方面，学院面对学生开展了"如何构建积极的自我"团辅活动，包含"自我认知""自信心提升""抗逆力提升""积极情绪训练""感恩训练""乐观训练"等细分主题，每个主题都是一次性团辅，学生可以根据自身兴趣和需求选择，院系心理委员可以全程参加各个主题的团辅，在教师指导下学习之后可以在班级内开展活动。团辅活动除面向学生开展外，也考虑到了在心理健康建构过程中家庭关系的重要作用，面向学生家长，特别是来校陪读家长开设了亲子关系工作坊，通过连续 8 次课程，帮助家长了解如何构建积极的关系。在充分汲取第一批二级心理辅导站建设经验的基础上，计算机科学与技术学院在探索具有学院特色的心理健康教育模式上走向了深入，进一步把基层心理健康教育工作做细、做实、做活。

（四）经验启示

心理健康是大学生成长成才的重要基础，心理素质是大学生综合素质的重要构成，二级心理辅导站的设立正是为了扎实做好心理健康教育工作。各院（系）、学园以二级心理辅导站为依托，紧密联系学院内教师与学生，完善危机预防与干预制度，进行困难学生心理辅导，开展心理健康教育活动，宣传心理健康知识，逐步探索出了制度建设常规化、健康教育朋辈化、心理服务日常化、教育模式特色化等可推广运用的经验。

1. 制度建设常规化

通过各项制度的建立以及全年计划制定，二级心理辅导站的工作达到了常规化的效果。各项工作在前期工作经验的基础上，形成科学、有序的规章制度，在今后的工作中有章可循，工作思路更加清晰明了，工作效率也得到提高。

2. 健康教育朋辈化

二级心理辅导站建设过程中，部分院（系）、学园将学生社团作为心理健康教育组织架构中的重要组成部分。学生社团的组建日益成熟，不仅提高了参与学生的积极性，也将学生心理健康教育的工作更有效地落实到学生当中，扩大影响力，让更多的学生受益于院（系）、学园各项心理健康教育工作。

3. 心理服务日常化

心理健康教育是一项长期而又细致的工作，需要在日常工作中不断地积累经验。在二级心理辅导站建设中，作为工作人员的辅导员之间互相交流学习，分享经验。平日工作中，具备二级心理咨询师资格的教师给予辅导员专业的指导，提高了辅导员心理咨询方面的专业化水平。在针对辅导员的心理健康教育工作中，全面落实"预防为主，及时干预"的工作目标。平日生活中，辅导员给予学生细致的心理咨询帮助，遇到学生存在心理问题，及早发现，尽快干预，评估问题，采取针对性的措施。

4. 教育模式特色化

各院（系）、学园所包含的基本情况不同、工作现状不同，这决定了二级心理辅导站的建设过程中不能千人一面，而要基于院系学生所需所想量身定制。在第二批二级心理辅导站的建设过程中，除传统心理健康教育活动外，更加注重探索具有学院特色的心理健康教育模式，通过活动内容、形式的创新让心理健康教育活动真正地能在院（系）、学园扎根。未来的工作中，各二级心理辅导站将与心理中心密切合作，针对学业问题、人际关系等主要心理危机诱发因素，更充分地利用辅导站工作平台，更深入地结合学生专业学习特点和学生成长诉求，开展心理健康护航工作。在和学生接触最密切的院（系）、学园等基层单位，探索出具有学院特色的心理健康教育模式，真正从"心"出发，深入实施健康中国战略，加强高校心理服务体系建设，进一步落实立德树人的根本任务，为培育学生自尊自信、理性平和、积极向上的健全人格作出贡献。

二、案例七：网络化架起咨询服务"连心桥" ——浙江大学心理服务系统建设案例

（一）案例背景

浙江大学心理健康教育与咨询中心（简称心理中心）揭牌以来，面向全校师生的咨询服务时间大幅增长，接待的来访者数量也逐步增加。传统的预约和案例管理工作，由来访者进行电话或者现场预约、心理咨询师咨询完毕手动建档、中心手动存档和统计。对来访者而言，预约只能在限定的工作时间内进行；咨询管理流程，耗时且难以精确分类处理；对心理咨询师而言，无法提前获知来访者求助信息，进行针对性的准备；对案例管理工作而言，纸质记录不便于统计和分类。心理中心则需要花费大量时间和人力用于

来访者的预约接待和来访者信息的统计。来访者、心理咨询师和心理中心三者并没有在同一个平台工作,沟通和管理成本较大且效率低下。

信息化时代,网络已成为大学生获取信息、沟通交流、休闲娱乐和工作生活的重要媒介和工具。作为学生服务机构,高校心理咨询中心需要加强网站建设,通过搭建网络平台对学生进行宣传教育,为学生提供更加方便快捷的服务,并管理学生的咨询信息。

(二)内容简介

浙江大学心理服务系统自 2011 年启动建设工作,通过开发包含秘书管理子系统、来访者预约子系统、心理咨询师管理子系统和管理员子系统在内的心理咨询预约和案例管理系统,搭建来访者、心理咨询师和心理中心共享的网络信息平台,打造了包含"预约—咨询—建档—存档—统计"的一体化工作流程。该系统于 2012 年初正式上线,截至 2018 年,平稳运行 6 年多,在系统内共有 5206 名学生完成了 17085 次心理咨询;共有 26 位心理咨询师完成 354 次督导咨询;共有 77467 人完成了心理测试 77497 次。

近年来,为适应浙江大学创建"双一流"大学的发展目标,进一步推进心理健康教育与咨询工作的专业化、规范化发展,心理中心积极拓展规范化的心理咨询服务业务流程,打通多渠道心理辅导的线上业务模块,建设了包含初始访谈、个体咨询、团体咨询、重点个案、督导预约、心理测试、培训项目、数据统计等业务在内的网站二期工程。通过这几大业务模块形成一套心理咨询业务流程的整个生命周期的闭环,做到流程清晰能灵活调整、心理咨询师责任明确可追溯、数据安全能挖掘统计。2019 年,浙江大学心理服务系统 V1.0 获得中华人民共和国国家版权局计算机软件著作权等级证书。

(三)实施举措

1. 网络平台建设

2011 年 9 月至今,经过 10 多年的砥砺奋进,心理中心线上服务平台

（www.xlzx.zju.edu.cn）已渐趋完善，逐步发展为兼具内部管理和外部联动，前端友好且后台智能的"十字型"数字化系统架构。浙江大学智能心理服务系统，旨在为心理中心的常规服务和延伸工作提供有效的平台支持，增进心理中心整体工作的科学性、系统性和协调性。它实现了心理中心各项工作的有机组合，主要包含四大板块：（1）友好前端，体现为主页门户、培训系统和考试系统；（2）咨询服务，体现为初始访谈、个体咨询、团体咨询和咨询督导四个方面的专业性工作；（3）院系联动，体现为新生测试访谈和重点个案系统；（4）智慧后台，体现为案例查询、数据分析和上报以及工作量的录入和统计。目前，门户网站的点击率逾45万，第二代心理服务系统的操作点击量逾10万。

（1）门户更新，智联互通。为服务好新一代的大学生，增加中心门户网站的用户体验度，中心于10周年之际，推出了新一代的门户网站。网站板块设计新颖，符合当代互联网设计美学，突出了核心工作，加强了宣教功能，联通了各项服务。门户网站主要包括八大板块，其功效主要体现在：

第一，心理健康教育的信息传递。"重点提示"栏目主要是用来发布心理健康教育有关的活动、会议、培训、咨询安排等通知，截至2017年11月，已有355条重点提示。"信息快报"栏目主要用来公布每个工作月的心理咨询数据动态、心理健康宣传、培训、交流等活动的新闻稿，展示心理中心风采，截至2017年11月，共有267条信息快报。

第二，心理健康教育知识普及。"心理百科"栏目主要用来宣传普及心理健康知识，下设共有8个子栏目：心理知识、咨询师手记、心理课感悟、来访者心语、学习爱论坛、心理测验、案例分析、趣味心理。"心理知识"子栏目的文章来源主要是浙江大学心理咨询师撰写的科普文章，以及部分国内心理专家的文章；"咨询师手记"子栏目的文章主要由浙江大学心理咨询师在心理咨询中的感悟体会，希望可以由帮一个人变成能帮助更多具有类似问题的人；"心理课感悟"子栏目的文章来自心理中心专职心理咨询师开设的"积极心理学"和"大学生心理健康教育：理论与方法"的课程作业，经学生同意后，挑选具有启发和典型意义的文章发布在心理中心的网站上；"来访者心语"子栏目的文章来自接受心理咨询的学生所写的体会，心理咨询师在征得学生的同意后发布在网站上；"学习爱论坛"子栏目的文章来自专职心理咨询师针对"学习爱——恋爱中的男生女生"南北论坛活动现场观众的提问。截至2017年11月，共计发布了311篇文章。

第三，在线解惑——咨询留言。为了给浙江大学师生提供便利，心理中心开辟了多途径的咨询求助方式，除了面询外，心理中心网站也提供在线留言咨询的方式。截至2017年11月，网站上共有咨询留言152条，主题涉及学习问题、人际交往问题、恋爱与情感问题等。

（2）体系专业，衔接优化。围绕心理中心内外两类专业工作体系，搭建了"咨询服务"和"院系联动"两大系统组块。两个组块都是高校心理中心的常态核心工作，咨询服务为院系联动提供专业源泉，院系联动服务学生和学校又是咨询服务的目标所在。该组块内容均属于浙江大学内网系统，以保证信息的相对安全，并在主站上放置相应链接入口，方便学生使用。

第一，咨询服务脉络完整，层次清晰，初访—咨询—督导环环相扣。咨询服务系统共包含四个方向的子系统，主要满足从咨询工作门户—初访，到咨询工作顶层监控—督导的全流程管理。采取角色权限控制信息层级，来访者拥有自己的电子咨询服务记录，可以自行预约、取消咨询服务。心理咨询师拥有自己的电子咨询档案袋，可以查看、调整和处理咨询记录。管理员可以监控和调节所有的咨询资源，包括人员、时间和地点，系统可根据实际咨询需求调整咨询资源的安排，有效实现了咨询资源的满额运转和来访人员的分级管理。其中，初访系统还可实现咨询前的预警功能，通过心理中心结构化的排班制度形成了对预约人员危险等级的每日监控和分层分流；个体咨询系统基本实现了"学生心理档案"功能，每个来访者的咨询服务使用情况在一个分标签页面中均可显示，有效提高了工作效率；团体咨询系统基本满足了团体辅导"招募—筛查—入组—访谈—签到—记录"的全流程工作需求；督导系统主要为心理咨询师提供职业发展所必需的督导资源和督导记录查询功能，有注册需求的心理咨询师可以很容易地得到自己的督导时数等信息。

第二，院系联动便捷有效，沟通及时，测试—访谈—重点个案跟进层层递进。心理测试作为一种科学工具能够帮助心理咨询师发现问题，也能够帮助使用者了解自己，现在更是广泛应用于高校的新生心理健康筛查。目前，心理测试量表繁多，褒贬不一，且收费不一，所以为了方便浙江大学师生并保证心理测试的科学性以及测试数据的安全性，2012年心理中心自行设计心理测试系统的框架，并委托网络公司开发设计，2013年系统完成进入测试阶段，性能稳定后于2014年正式用于新生心理测试。测试量表包括情绪评估、人格测验等。

第三，心理测试访谈系统。为了提高心理测试访谈工作的工作效率，对访谈数据进行有效分析和运用，心理中心于2017年4月自行设计心理测试访谈系统的框架，并委托网络公司开发设计，2017年10月系统完成进入测试阶段，于2017年11正式启用，用于研究生和本科生的新生心理测试后的访谈工作。在目前的心理测试系统的基础上，主要增加心理测试数据筛选和分类、心理访谈的安排和数据录入、重点关注学生的持续跟踪等，并会在接下来的时间实现心理测试系统与心理咨询预约管理系统的数据互联，更有效地开展心理咨询服务工作。

（3）配套齐全，分析有道。除了门户、咨询和测试访谈这些服务工作，每个阶段服务的人员培养以及服务质量的跟进同样重要。考试系统、培训系统和后台统计系统必不可少。

考试系统于2014年12月正式运用于心理委员的在线学习和考试。随着系统的完善，目前逐渐拓展应用于心理委员课程建设以及其他助人队伍的培养。该子系统由管理员从专业和实际需要的角度配置题库，院系管理员配合导入考生名单。考生可以选择在线练习和模拟考试等，并在完成考试之后可以查看成绩和打印考试合格证书等，是心理中心专属的心理培训考场。

培训系统主要运用于督导点工作的流程管理，是心理中心对外培训和督导工作的门户和管理平台。学员可以登录系统查看当前培训项目，报名审核通过后还可以根据项目要求提交反馈和建议。实现了培训项目的数字化管理。

心理中心管理者最需要知道的就是心理中心整体的工作运转，以及不同层级工作人员的工作质量和数量。为此，上述所有系统的数据库和对这些数据的统计分析就成为整个智能系统的隐蔽核心。目前，后台能够有效提供月度、年度常规数据导出，以及基本的图表分析。

2. 咨询服务

心理中心承担面向全体在册学生的心理咨询服务。面对高校内部大批量的咨询需求，经过历年数据分析，借鉴国内外经验，目前心理中心主要提供聚焦的且以症状缓解为主的短程心理咨询，限定每个来访者第一次到访后一年内可以享受 8 次免费的咨询服务。问题类型以一般心理问题为主，涵盖了大学生常见的各项议题：学业、人际、亲密关系、压力管理、个性与自我发展等。多校区管理模式下，心理中心也在各校区设立了多个心理咨询服务点。咨询服务人员由一支具有心理学、教育学、医学等学科背景的专职、签约和实习心理咨询师为师生提供咨询服务。服务从初始访谈开始，形式主要以个体和团体进行，同时辅助 Free Talk 服务。

（1）智慧门户：初始访谈。所有新来访者均需首先预约初始访谈，也只需要预约初始访谈。初始访谈的过程包含线上和线下两部分。在线上，学生预约时已经提供了较为全面的测量和个人史信息，初访协调员在接待初访之前已经通过测试信息和预约信息对来访者的求助问题和基本背景有所了解。但心理工作的特殊性要求我们与当事人充分沟通，方可作出评估，准确可靠的判断仍然需要线下的沟通，同时在线下初访协调员对来访者做初级的心理咨询教育工作，澄清误区，提升认识。线下工作在 15—20 分钟。初访结束后，根据对来访者症状和咨询需求的评估，来访人员按照如下方向进入分级分流：1 心理科诊断和治疗；2 心理中心咨询；3 无须咨询。部分保密例外的个案进入重点个案系统。截至 2020 年底，心理中心共接待初访 3300 人次。

（2）核心服务：心理咨询。心理咨询分为个体咨询和团体咨询两类。初访后适合进入心理中心咨询的来访者，会由初访协调员根据学生需求安排咨询。个体咨询在安全、舒适的环境中进行，来访者在心理咨询师的协助下理解自身，开发潜能，获得调适。每次咨询一般 45 分钟。截至 2020 年底，心理中心共提供个体咨询服务 26050 人次。咨询服务接受所有人员的伦理监督，心理中心提供伦理投诉渠道。团体咨询是在团体情境下提供心理帮助与指导的一种咨询形式，由心理咨询师根据团体成员问题的相似性组成小组，通过共同商讨、训练、引导，解决成员共同的发展或共有的心理问题。一般每次 90—120 分钟。团体分为中心特色团体和院系定制团体，中心特色团体主要根据心理咨询师的擅长开放具有咨询功能的长程团体，院系定制团体则根据院系学生工作中的困境和需求，提供问题解决取向的功能性团体，长短程皆可。截至 2020 年底，团体咨询服务已逾上万人次。

（3）交流空间：Free Talk。Free Talk 是心理中心的服务特色之一，时间安排在周末和节假日（寒暑假除外）的13:30—16:30，地点在紫金港校区小剧场 B 座 205，每次由心理中心的专职心理咨询师主持，内容包含自由交谈和冥想减压练习两部分。在校师生无须预约，可以在13:30—15:30来这里与心理咨询师交流、探讨自己的各种想法、心情和困惑，分享自己的经验和收获，也可以在15:30—6:30参加冥想减压练习，与同学、老师一起享受心灵的宁静时刻。同时，该服务也承担着协助学生接触了解心理中心，接近心理咨询等服务的功能。

（四）经验启示

1. 用户体验友好化

心理服务系统在新一代的网站门户设计中，将互联网设计美学作为一个重要因素融入其中，模块设计上，突出心理健康教育信息传递、心理健康教育知识普及、在线解惑咨询留言等核心工作，加强了网站的心理宣教功能，做到用户体验友好化。

2. 咨询服务规范化

心理咨询中心在个体咨询、团体咨询上都有着明晰的工作流程，网络心理服务系统运行中基本实现了流程匹配，个体咨询系统拥有"学生心理档案"功能，每个来访者的咨询服务使用情况在一个分标签页面中均可显示，有效提高了工作效率；团体咨询系统基本满足了团体辅导"招募—筛查—入组—访谈—签到—记录"的全流程工作需求。配套的督导系统则为心理咨询师提供职业发展所必需的督导资源和督导记录查询。

3. 智慧管理数据化

在心理咨询服务的人员培养以及服务质量的跟进方面，网站建立了考试系统、培训系统和后台统计系统，使得心理中心管理者可以借助准确数据、图表分析，及时掌握心理中心整体的工作运转情况。

总体来说，心理服务系统建设过程中始终坚持"三化"提升，即用户体验友好化、咨询服务规范化、智慧管理数据化，搭建起了有技术、有温度的心理服务网站平台。未来随着心理咨询服务需求的转变，信息化技术水平的提升，浙江大学心理服务系统仍会更新迭代、与时偕行，为提高全校师生的心理素质，营造健康、积极、向上的校园氛围，创建浙江大学独特的校园文化，提供强有力的技术保障。

第四节　咨询服务精准科学，
协同联动形成合力

一、案例八：聆听心声，共建平台——浙江省高校心理咨询工作联盟深度合作促发展

（一）案例背景

2016 年，在浙江省教育厅宣教处的大力支持下，由浙江大学发起成立

了浙江省高校心理咨询工作联盟（简称联盟），联盟会长单位为浙江大学，副会长单位由中国美术学院、浙江工业大学、浙江工商大学、浙江师范大学、宁波大学等高校组成。在浙江省内各大高校心理健康工作队伍的共同努力下，联盟聚焦于辅导员心理助人能力，着眼于解决实际问题，扎实推进了多项卓有成效的工作，持续推进浙江省高校心理健康教育规范化、专业化发展。

（二）内容简介

联盟进行平台建设、坚持合作共赢、引领行业规范。心理健康教育是提高大学生心理素质、促进其身心健康和谐发展的教育，是高校人才培养体系的重要组成部分，也是高校思想政治工作的重要内容。心理咨询教师在高校思政工作体系中，不仅承担着"治病救人"的救助者角色，更发挥着"心灵导师"的领路人作用。面对当前高校学生心理问题的纷繁复杂、层出不穷，高校心理咨询教师队伍参差不齐、储备不足等现象，联盟立足全省高校心理咨询工作现状，重点着眼于心理咨询工作实务的提升。以规范高校心理咨询、心理测量和危机预防与干预工作为目标、以促进心理咨询工作交流为核心、以提升心理咨询队伍的专业能力和伦理规范为抓手，打造一支专业化的心理咨询工作队伍，促进全省高校心理咨询工作健康发展。在实际工作中做到四个结合，即科学性与实效性、普遍性与特殊性、主导性与主体性、发展性与预防性相结合，开展一系列工作和活动。

（三）实施举措

1. 搭建工作交流平台

联盟不断整合资源、发挥专业优势，举办全省高校心理咨询工作论坛、开展跨校交流、组建师资库，为全省高校心理咨询工作者提供活动平台、交流平台和师资平台，进一步提升高校心理咨询工作者的工作视野，切实提高心理咨询工作者的业务水平。

2. 修订完善管理文件

联盟切实加强对全省高校学生心理健康教育与咨询工作的统一领导和统筹规划，在充分调研的基础上，制定心理健康教育的工作规划和相关制度。结合中共教育部党组《高等学校学生心理健康教育指导纲要》文件精神，在充分征求各高校意见的基础上，完成《浙江省高等学校学生心理健康教育和咨询工作建设标准（修订版）》文件的出台，切实推动浙江省高校心理健康教育工作标准化建设。

3. 开展育人队伍培训

联盟将高校心理育人队伍进行专兼职及支撑人员的分类，针对不同类别的心理育人队伍深入研究，制定不同的专业能力提升方案。有针对性地开展高校辅导员心理助人能力培训，组织心理专家以及实践工作者，定期对学生心理健康教育心理育人队伍的工作开展评估、培训、督导，提升心理育人队伍工作水平。

4. 重视育人研究工作

联盟结合心理工作实务，推动开展心理育人科学研究，开展心理健康问题的早期识别与干预研究，逐步形成具有中国特色的高校心理健康教育与咨询服务体系及工作模式，利用科学研究成果有效提高全省高校学生心理健康水平，促进研究成果的转化及应用。

（四）经验启示

1. 勇于创新，活跃育人氛围

在浙江省高校心理咨询工作联盟成立大会暨浙江省首届高校心理工作者心理情景剧会演上，来自全省82所高校分管心理工作的领导、辅导员、心理咨询教师等450多人出席了本次大会。这是浙江省高校八个片区的心理工作者经过精心准备为大家送上的一场视听盛宴。这在全国尚属首创，通过会演让全省高校心理工作者从幕后走向舞台，充分展示自我，塑造助人形象，形成积极向上的心理工作氛围，以艺术化的方式呈现了心理育人的特色与亮点。该活动得到了浙江省教育厅及各高校的一致好评，新华社、浙江新闻等媒体进行了报道。

2. 跨界合作、承担社会责任

2018 年 9 月，举行首届浙江省学校—医院心理健康高峰论坛暨 C9 高校"双一流建设与心理健康工作"研讨会，商讨中国心理健康事业的发展路径，促进学校—医院有效联动机制的建设，实现跨界合作，开展跨校交流，助推高校双一流建设。本次研讨会浙江省教育厅、浙江省高校心理咨询工作联盟各成员单位代表、浙江省心理卫生协会心身医学专业委员会委员和 C9 高校联盟心理中心负责人等相聚一堂，省内外 65 家单位的教师、心理咨询师、医生和社会工作者共计 280 人参加了论坛。会后不少单位积极构建学校—医院合作方案，促进高校心理育人体系的深入完善。

2020 年伊始，新冠疫情席卷全国，联盟第一时间与浙江督导点、浙江大学协同作战，迅速拉起一支心理咨询师志愿者队伍，开通了"浙江省新冠抗疫心理支持热线"，为全国人民提供疫情期间的心理支持服务，得到广泛关注，取得了很好的社会效益。

3. 重视科研，鼓励优秀成果交流与推广

联盟开展浙江省高校心理健康教育课题立项、结题工作，紧跟学科前沿，开阔学术视野，推进高校心理咨询队伍专业能力建设，引导从业人员积极开展工作研究、提升工作方法，切实提高从业人员的研究能力和工作水平，促进高校心理健康教育更有针对性和操作性。联盟在浙江省委教育工委的指导下，开展与高校心理健康教育工作相关的课题立项工作，共有 58 项课题通过立项评审，优秀课题优先推荐申报省厅课题。开展浙江省高校心理健康教育工作优秀论文评选工作，其中优秀论文一等奖 10 人、二等奖 15 人、三等奖 24 人。联盟鼓励高校心理作者在具体工作中对优秀论文成果进行交流与推广应用。

4. 分层培训，育人效果突出

针对专兼职心理咨询师，联盟联合中国心理学会临床心理学注册工作委员会浙江省督导点开展案例督导。督导师均为注册工作委员会认证的注册督导师，累计开展五期案例督导培训项目，提供督导90小时，受训人员上百人。为加快专职心理咨询师队伍快速成长，联盟特地开展了全省高校首届实习心理督导师培养项目。受训人员反馈，专业的督导是心理咨询师队伍专业化规范化发展的必由之路，实习督导师的督导更是快速培养浙江省心理咨询师专业队伍的创新探索！目前浙江省高校心理咨询师队伍的专业化发展势头喜人，越来越多的心理咨询师通过了注册系统的专业认证，为自己的工作增加坚实的专业背景。针对辅导员，联盟首创"高校辅导员心理助人能力"培训项目，以更好地促进辅导员推进心理育人工作。该项目包括网络学习、网络考试、面授培训，采取线上线下相结合的培训方式。

二、案例九：心意常青，助人常行——以浙江大学常青藤心理服务团队、研究生心理互助会、心理帮扶志愿服务团为例

（一）案例背景

面对高校普遍存在的心理健康教育资源缺乏和学生日益增长的心理辅导需求之间的矛盾，朋辈心理辅导既能减轻学校开展学生心理辅导的工作压力，又能满足学生多样化、多层次的发展性心理需求。朋辈心理辅导是指年龄相当者对周围的同学或朋友所给予的心理辅导活动，其主要任务是通过思想沟通帮助学生解决一般性心理问题，如适应问题、学习问题、人际交往问题等，使其不良情绪或心灵创伤得到宣泄和安抚，从而提高学生个人心理素质。

由于朋辈辅导是由受过培训的非专业人员提供心理辅导的帮助过程，相对专业心理咨询而言，又被称为"准心理咨询"。朋辈辅导的优势在于作为同龄人，通常具有类似的价值观、生活方式和发展需求，可以及时发现周围同学的心理状况，给予及时准确的心理辅导，在学生群体中更深入、更广泛

地开展宣传教育工作，是一种实施方便、推广性强、见效快的心理辅导模式，是学校心理健康教育中不可或缺的力量。

常青藤心理服务团队、研究生心理互助会、心理帮扶志愿服务团等学生组织是以"助力传帮带"为宗旨，以心理健康教育为导向，以提升大学生心理素质为目标，为同学提供朋辈心理互助的爱心服务综合性平台。在专业心理咨询师的培训和指导下，朋辈心理服务团队通过学习心理助人理论知识和技能，结合当代大学生的心理特点，开展多种心理健康教育宣传和心理援助活动，使学生在轻松愉快的环境中获得心理帮扶、解决心理问题、普及心理知识。在这一过程中，助人者自身也可以体会到助人实践中所获得的成就感，提高自身心理素质，促进自我实现。

朋辈心理服务团队作为浙江大学开展朋辈帮扶的优秀心理社团代表，作为学生与学院、学校和浙江大学心理健康教育与咨询中心的纽带，参与到心理健康教育和心理危机预防与干预的各环节中，能够协助学校心理健康教育工作教师为处于成长期、存在心理疑惑的学生提供心理帮助。通过举办一系列趣味性强、参与度强的品牌心理帮扶活动，朋辈心理服务团队对解决学生在成长过程中遇到的学习、情感和生涯规划等共性心理问题行之有效，且具有朋辈间沟通便捷、信息获取直接、危机干预灵活等优势。

（二）项目简介

朋辈心理服务团队一般下设爱心工作部门、推广策划部门、综合管理部门三个部门，各部门间职责明确、配合默契。一方面，为社团成员提供实践平台，重视成员间交流与学习氛围的营造，开展包括以"自我探索"和"人际沟通"等为主题的团体辅导活动，如"风吹画""生命树"，以及心理学和心理咨询技术讲座，如"房树人""沙盘游戏"，在共同成长的基础上，逐渐成为心理自助者和助人者。另一方面，积极开展朋辈心理互助活动，推动校园内外"自助助人"的良性循环，以"幸福日志——快乐生活养成计划""早起征集令——健康生活养成计划""好习惯合伙人——心愿墙征集活动""浙里心发现——校园趣味定向越野比赛"为代表的活动，广受学生好评。

团体心理辅导是朋辈心理服务团队的核心活动，它不仅为学生心理健康发展提供安全网，更是学生成长路上的"心灵陪伴"。团体心理辅导是指在团体情境中采用"体验式学习"模式，借助游戏活动，引导学生在活动中体验、自我察觉和反思，释放学生的创造力、内在感觉和记忆，通过分享讨论，促进团队成员的交流与思考，帮助学生获得适应和成长，为学生提供心理帮助和指导。实践证明，发展性团体辅导不仅能使参与者认识自身潜能，增强自信心，磨炼战胜困难的毅力，激发想象力与创造力，提高分析解决问题的能力，还能增进学生的集体参与意识与责任心，改善人际关系。

朋辈心理服务团队提供的朋辈团体心理辅导培训，是在专业心理咨询师的督导下，根据求助对象问题的相似性组成团体，通过共同探讨、训练和引导，促进团体成员共同发展，帮助他们解决存在的心理问题。朋辈团体辅导主要以生动活泼、学生喜闻乐见的活动或游戏为主，具有较高的趣味性和潜移默化性，省时、省力，影响面广，可应用性强，可以在不同团体中进行活动复刻。

团体心理辅导的功能与目标有三个层次：矫治、预防和发展，且预防、发展重于矫治。也就是说并非在出现心理问题后才需要进行团体心理辅导，而是通过辅导，一方面帮助学生掌握有关知识和社会技能，学会用有效合理的方式满足自己的需要，提高人际交往水平，学习自主地应对由挫折、冲突、压力、焦虑等带来的种种心理困扰，减轻痛苦、不适的体验，防止心理疾患的产生，保持正常的生活和学习状态；另一方面协助学生树立有价值的生活目标，认清自身的潜力，承社会责任，发挥个人潜能，解决个人成长和发展的相关问题。

朋辈心理服务团体所提供的爱心团辅类型包括情绪管理类、人际沟通类和压力管理类，均是学生在校园阶段最需要的心理辅导，符合大学生对心理健康教育的迫切需求。团体心理辅导一般由几个环节组成，如专业心理讲座、团体游戏、成员互动交流、模拟体验等，以学生的实际需求为立足点，根据团队心理辅导的具体目标和要求进行个性化方案设计。团体辅导的人数不宜过多，一般控制在 10—30 人，在实施过程必须安排一位领导者负责筹划、组织和指导，领导者是团辅活动的核心人物，一般由专业的心理老师或经过专业培训的学生来担任。在团体心理辅导中使用一些技术，包括讲解、讨论、幻灯片、闭路电视、请人讲演和座谈等，为参加者提供一个交流的机会，通过示范、模仿和训练等方法，为心理互助提供一个信任的社会情境。

朋辈心理服务团体积极开展心理健康教育宣传活动，定期举办朋辈心理读书会、推理大赛和青藤驿站活动，一系列活动成为学生思想碰撞和人际交往的桥梁，成为学校心理中心在学生群体中有效普及心理健康理念和宣传心理健康咨询的一个纽带。此外，朋辈心理服务团体主动承办心理委员培训，对各班心理委员进行心理学基础知识、咨询技巧、常见心理问题等方面的培训，加强各班心理委员的团队辅导能力，辅助建立健全以班级心理委员为主的基层心理援助和危机预防与干预机制。

（三）实施措施

朋辈心理服务团体开展朋辈心理帮扶活动至今，以丰富的心理健康活动为载体，为学生心理健康教育宣传和心理咨询工作付出了巨大努力，为浙江大学学生心理健康教育贡献了重要力量，团队活动成效显著。

1. 广泛服务学生

浙江大学学生多、校区分散，学生心理健康需求与学校提供的心理服务之间存在数量不对等、信息不对称等问题，而朋辈心理服务团体开展的品牌活动可以满足广大学生对于心理健康服务需求的个性化要求，感染力强、影响范围广、效率更高。

朋辈心理服务团体的成员来自不同的班级、院系和年级，与学生联系紧密。他们本身就是学生，所以他们了解不同学生群体的心理需求，可以及时观察和反馈学生中普遍存在的心理问题，从而根据实际开展针对性强、时效性高的心理健康宣传教育。同时，朋辈心理服务团体设立了公众号，建有团体辅导、青藤日记、推理大赛等专栏，对每一次举办的心理健康教育宣传活动进行推广，分享给更多的学生，扩大活动影响力。通过建立青藤心语栏目，为学生普及更多心理专业知识，传递温暖、正确又积极向上的价值观，助力学生的健康发展。

2. 灵活开展工作

大学生心理问题较为复杂，既具有共性，也具有差异。心理问题具有不同的层次，从一般的适应性问题到严重的心理障碍或精神疾病都有可能发生，但是对于大多数学生而言，他们所遇到的更多是较为简单的发展性问题，如协调宿舍人际关系、对待失恋问题或者激发学习动力等。作为学生心理咨询工作中的重要补充力量，朋辈心理帮扶可以通过轻松愉快的方式帮助学生解决一般心理问题，虽不及心理辅导的专业性，却能产生心理辅导所不及的效果。

一方面，朋辈心理帮扶不受时间和地点的限制，可以在生活中随时为周围有心理困扰的学生进行心理辅导，灵活开展工作。无论是在教室、食堂还是操场，任何场合都可以成为心理体验与分享的互助场所；无论是一对一互动还是团体心理辅导，都能成为有效的朋辈心理辅导技能。另一方面，朋辈心理辅导具有较高的同辈认同感、方便易性，可以最大限度地调动学生的积极性，活动号召力和感染力强，推行的各项心理健康教育宣传活动适用面广、学生接受度高，有利于全方位开展心理健康教育与扶助体系。

3. 实施助人自助

朋辈互助具有自发性、义务性、亲情性和友谊性，大学同学间在年龄、生活背景、学习内容等方面具有相近性，可以对心理问题感同身受，为快速建立心理帮助关系、实施助人自助提供了有利条件。通过参与朋辈互助，帮助他人解决心理问题，同时能够解决自己可能存在的发展性困惑，提高反省自己、提升自我心理调节的能力，有利于发挥学生自我教育、自我管理、自我服务的作用，激发学生自我成长的潜力。朋辈心理服务团体协助学校心理中心开展各类大型活动和心理辅导，有利于形成"自助—助人—互助"的良好心理教育机制，不仅可以给学生提供有效的心理帮助，在朋辈互助过程中产生双向积极影响，更有利于学生进行自我消化、自我完善、自我更新和自我帮助，充分发挥学生在学校心理健康教育中的主体作用。因此，开展朋辈心理辅导活动，不仅可以助人，也能提高自己的自助水平和各项能力。

4. 走向社会，服务群众

面向社会，朋辈心理服务团队通过线下、线上相结合的方式，为有需要的群体提供团体心理辅导，在社区、医院、学校等群体中开展团体心理辅导，切实改善居民、学生与教师、病人与家属的心理健康状况，有效扩大心理帮扶活动影响面，让心理健康帮扶惠及更多的人群。

走进社区，朋辈心理服务团队为社区老年人开展"正念""有效沟通"等主题的团体心理辅导，有效帮助老年人改善睡眠质量、促进老年人与子女之间的沟通与理解。在疫情特殊时期内，朋辈心理服务团队则以"情绪调节""哀伤处理"等主题科普推文、线上咨询、热线援助的形式，为疫区人民进行远程心理援助，累计服务疫区群众 100 余名，科普推文阅读人数累计超过 10 万余人次。

走进医院，朋辈心理服务团队与浙江爱在延长炎症性肠病基金会保持着长期合作关系，为炎症性肠病患者设计、开展了团体心理辅导，帮助其积极面对疾病、改善亲子与医患关系，服务炎症性肠病患者及其家属 300 余人。

走进学校，针对基础教育学段的学生，朋辈心理服务团队与诸暨市关心下一代工作委员会合作，去往诸暨市浣东中学，调研中小学心理健康教育状况；对于留守儿童特殊群体，朋辈心理服务团队在浙江开化、贵州湄潭及云南省景东县为留守儿童开展团体心理辅导，帮助他们增强人际交往能力。针对省内其他高校，则与院校相关心理社团合作，如应中国美术学院艺心协会的邀请，朋辈心理服务团队志愿团来到中国美院象山校区开展"心心相艺"成长发展团辅活动，进行了以卡特尔 16PF 人格测试为主题的团辅内容，通过填写并分享自己的性格特征、两人组队无沟通自由绘画、正念冥想等团辅活动，促进学生关系联结的加强和对自身情绪的觉察。

面向更广大群众，于 2020 年 10 月到 11 月间，朋辈心理服务团队联合浙江省心理咨询与心理治疗行业协会开展在《心灵花园》栏目开展心理科普电台直播，就"'尾款人'如何睡个安稳觉"这一睡眠主题，与听众分享了睡眠分期、睡眠不好的表现、为什么会睡不着、梦和睡眠的联系、常见但容易被忽视的睡眠疾病等睡眠心理问题，收听人数超过 5000 人次。此外，朋辈心理服务团队还在杭州各消防队流动开展团体心理辅导，累计服务人数超过 350 人。

在三年的蓬勃发展中，朋辈心理服务团队的工作获得了学校及社会各界的认可，获得了联合国 SDG 课程设计大赛精品课程称号、浙江省"互联网+"大赛三等奖、浙江省青年志愿服务项目大赛铜奖、浙江大学"至美公益项目"一等奖学金及最佳人气项目、至美公益项目加速奖、浙江大学暑期社会实践活动"十佳团队"等多项荣誉，相关活动得到了新华网、中国应急信息网等媒体的多次报道，也曾作为师生团队代表参加团省委"双百双进"公益团队座谈会，逐渐发展为了校内、省内一支不可或缺的专业心理服务公益团队。

（四）经验启示

作为浙江大学朋辈帮扶的优秀组织，作为浙江大学学生和学生健康心理中心之间的沟通桥梁，朋辈心理服务团体在朋辈心理帮扶工作中具有丰富的可借鉴的工作经验。

1. 提高帮扶队伍素质，严格团队人员选拔

朋辈心理辅导人员的自身素质对帮扶活动有效性至关重要，在学生自愿申请的基础上，通过层层选拔，一批有信念、有品质、素质高的学生加入朋辈心理服务团体，他们既了解学生群体的心理特点和心理需求，可以及时观察和反馈同学中普遍存在的心理问题，又热心于心理健康教育工作、有一定领导力、沟通力和团队合作精神，在培训后掌握了心理健康知识和理念、心

理辅导技能，能成为学院及心理辅导中心与全体同学之间沟通的"信息通道"。所以，提高心理服务团体的个人素质，严格选拔合格的朋辈心理辅导员，综合考虑具有良好个人品质的学生，如善于倾听、积极向上、有耐心、乐于助人等特质，通过发挥团体内在自主性，实现循环式的成员培训和延续，由高年级的、有经验的学长带领低年级的、无经验的新成员，以此分担学校心理中心的培养任务，形成循环发展模式。

2. 强化辅导准专业性，保证心理服务规范

加强朋辈帮扶队伍的专业性和规范性，有利于扩大心理帮扶活动的影响力。将朋辈心理辅导人员自身素质的提高和后期的培训相结合，加强培育专业化的朋辈心理辅导队伍，培训内容包括工作职责和规范、心理咨询的理论与实务、团队辅导活动设计等基础知识与技能，特别是访谈技能培训和危机预防与干预的培训，帮助朋辈心理辅导人员正确掌握心理咨询过程中的交谈技巧，学会认真倾听、尊重学生的价值观，利用开放性问题引导学生打开内心世界，尽量表达自己的理解、关怀和支持，以支持学生充分表达心理困惑。加强危机预防与干预的培训可以帮助朋辈心理辅导人员提高信息辨别能力，善于从交流过程和学生日常生活状况中快速收集信息，分析学生的心理状况。例如，学生社交账号发布的内容是否存在敏感信息、学生在学习和生活中是否存在异常行为、学生在交流过程中是否有极端情绪表现等，一旦发现异常，应及时了解详细情况，及早进行应危机干预，对于超出自己能力范围的事件需要及时上报学校心理中心，寻找专业心理老师的帮助和指导。在经费划拨、朋辈辅导员的培训等方面加强组织与管理，以保障发挥朋辈心理辅导的优势，使朋辈心理辅导在高校心理健康教育工作中的重要作用不断得到发挥。聘请专业的心理健康教育专家，对团体成员和心理委员进行系统培训，使学生在开展心理服务前能获得专业的指导，保证朋辈心理帮扶的"准专业性"。搭建心理知识学习交流平台，长期进行专业督导，帮助朋辈心理辅导员及时处理所遇到的个人成长问题和工作困惑，增强其学习意识和对心理工作的责任感。

3. 创新朋辈辅导模式，重视心理健康教育

朋辈辅导模式的拓展和创新，需要与学生发展相适应，采用手段多样、形式多样的各类活动来开展心理健康教育工作。一是利用宣传媒介，搭建朋辈结对网络平台，重视"线上+线下"联动辅导，如线上电话热线服务、微信公众号、校园横幅和海报等宣传心理健康理念、普及心理健康教育知识。二是结合学生心理特点和时事热点，开展各类心理辅导类文娱活动，让学生在轻松愉快的环境中获得心理知识，如推理大赛、心理健康知识竞赛、青藤驿站等，以贴近学生生活的各项文娱活动，调动学生对学习心理健康教育知识的积极性。三是开展团体心理辅导训练，以素质拓展训练、心理运动会等心理学训练活动让学生在模拟情境中，深入理解自身心理问题困扰与感受，改变不成熟的成长偏差及行为，形成正确的认知观念和心理健康理念。

4. 统筹发挥学科优势，积极拓展校内外平台

朋辈心理服务团队依托心理学科，统筹发挥专业优势，引入多位学科专家共同培育，打造特色品牌。不仅提供了丰富的课程资源，还满足了学员校内外实践的需求，使思想政治教育与专业教育同向而行。朋辈心理服务团队不仅为全校研究生心理委员提供培训，聘请公共卫生学院指导老师，并与农学院、生工学院、丹青学园、云峰学园等院系对接，开展心理团辅训练；同时，走向校外，与浙江省心理咨询与心理治疗行业协会、中国美术学院、诸暨市关工委等单位建立合作，为心理团辅师提供专业督导和实践训练，为平台的长远发展提供了坚实的保障。

主要参考文献

一、中文参考文献

1. 曾红:《应急与危机心理干预》,人民卫生出版社 2012 年版。

2. 段鑫鑫、程婧:《大学生心理危机干预》,科学出版社 2006 年版。

3. 顾瑜琦、孙宏伟:《心理危机干预》,人民卫生出版社 2013 年版。

4. 鸿钟:《应激与心理危机干预》,暨南大学出版社 2008 年版。

5. 马建青:《大学生心理危机干预的理论与实务》,杭州出版社 2011 年版。

6. 马建青:《心理卫生与心理咨询论丛》,浙江大学出版社 2005 年版。

7. 施剑飞、骆宏:《心理危机干预实用指导手册》,宁波出版社 2016 年版。

8. 杨德森:《行为医学》,湖南科学技术出版社 1998 年版。

9. [美] 理查德·K. 詹姆斯、伯尔·E. 吉利兰:《危机干预策略》,肖水源等译,中国轻工业出版社 2017 年版

10. 纪骁纹:《心理咨询情境相关因素对大学生心理求助意愿和行为的影响》,硕士学位论文,南京师范大学心理学系,2013 年。

11. 江光荣、夏勉:《心理求助行为:研究现状及阶段—决策模型》,《心理科学进展》2006 第 6 期。

12. 廖友国:《中国人应对方式与心理健康关系的元分析》,《中国临床心理学杂志》2014 年第 5 期。

13. 佘双好:《心理健康教育何以成为思想政治教育的研究领域》,《马克思主义研究》2007 第 3 期。

14. 孙时进、高艳:《团体心理辅导:理论与应用的多维度思考》,《思想理论教育》2006 年第 3 期。

15. 汪亚珉:《创伤后成长:灾难与进步相伴而行》,《首都师范大学学报(社会科学版)》2009 年第 4 期。

16. 王秭程等:《高校新生学业"伪适应"现象探析与应对》,《长江丛刊》2020 年

第 33 期。

17. 许欣:《天津市高校心理危机预防与干预体系的研究》,《心理素养》2019 年第 2 期。

18. 杨咪:《基于大数据的高校学生心理平台构建研究》,《现代交际》2020 年第 13 期。

19. 杨天平:《浙江高等教育强省建设的战略思考》,《浙江师范大学学报(社会科学版)》2012 年第 1 期。

20. 姚莹颖、陈精锋:《我国大学生心理求助的研究现状及教育对策》,《校园心理》2017 年第 2 期。

21. 原家祥:《唐山市某高校不同年级大学生心理健康状况对比观察》,《科技信息》2013 年第 22 期。

22. 张伟、吕玉军:《南京高校学生身心健康水平调查》,《中国健康教育》2013 年第 12 期。

23. 张云飞:《呼唤生命教育》,《社会》2003 年第 3 期。

24. 郑丹凤、王涛:《"三全育人"视域下高校心理健康教育工作探析》,《学校党建与思想教育》2021 年第 1 期。

25. 朱政:《高校研究生心理危机预警和干预体系探析》,《学位与研究生教育》2010 年第 9 期。

二、英文参考文献

1. Bitsios, P., Karademas, E., Mouzaki, A., et al, *The student counselling centre at the university of crete*, *greece*, Bjpsych Int, Vol. 14, No. 4, 2017.

2. Brammer, L. M., *The Helping Relationship: Process and Skills* (3rd ed), Upper Saddle River, NJ: Prentice Hall, 1985.

3. Brodsky, B. S., Malone, K. M., Ellis, S. P., et al, *Characteristics of Borderline Personality Disorder Associated with Suicidal Behavior*, Arlington: The American Journal of Psychiatry, 1997.

4. Bronfenbrenner, U., *Developmental ecology through space and time: A future perspective*, In P. Moen, G. H. Elder, Jr., K. Luscher (Eds), *Examing lives in context: Perspectives on the ecology of human development*, Washiongton, DC: American Psychological Association, 1995.

5. Calhoun, L. G., &Tedeschi, R. G., *Posttraumatic growth: Future directions*, In

R. G. Tedeschi, C. L. Park, L. G. Calhoun (Eds.), *Posttraumatic Growth*: *Positive Change in the Aftermath of Crisis*, Mahwah, NJ: Lawrence Erlbaum Associates, Inc. 1998.

6. Caplian, G. , *Principles of Preventive Psychiatry*, New York: Basic Books, 1964.

7. Carver, C. S. , *Resilience and Thriving*: *Issues*, *Models*, *and Linkages*, The Journal of Social Issues, Vol. 54, No. 2, 1998.

8. Ellis, A. E. , *Reason and Emotion in Psychotherapy*, New York: Lyle Stuart, 1962.

9. Erikson, E. , *Childhood and Society* (2nd ed.), New York: Norton, 1963.

10. Fine, R. , *Psychoanalysis*, In R. J. Corsini (Ed), *Current Psychotherapies*, Itasca, IL: F. E. Peacock, 1973.

11. Holmes T. H. , et al, *The Social Re-adjustment Rating Scale*, Oxford: Journal of Psychosomatic Research, 1967.

12. James, R. K. , Cogdal, P. , Gilliland, B. E. , *An Ecological Theory of Crisis Intervention*, Kansas City, MO: Paper presented at the American Counseling Association convention, 2003, April.

13. Lazarus, A. , *The Practice of Multimodal Thepray*, Baltimore: Johns Hopkins University Press, 1989.

14. Park, C. L. , Cohen, L. H. , Murch, R. L. , *Assessment and Prediction of Stress-related Growth*, Journal of Personality, 1996.

15. Steve Fink, *Crisis Management*: *Planning for the Invisible*, New York: American Management Association, 1986.

16. Vogel, D. L. , Shechtman, Z. , Wade, N. G. , *The Role of Public and Self-stigma in Predicting Attitudes towards Group Counseling*, The Counseling Psychologist, Vol. 38, No. 7, 2010.

责任编辑：池　溢
封面设计：胡欣欣
版式设计：王欢欢

图书在版编目（CIP）数据

高校学生心理危机预防与干预体系研究/邬小撑,郭文刚 主编. —北京：
　人民出版社,2023.9
（高校思想政治工作研究文库）
ISBN 978－7－01－025986－4

Ⅰ.①高…　Ⅱ.①邬…②郭　Ⅲ.①大学生-心理干预-研究　Ⅳ.①G444

中国国家版本馆 CIP 数据核字（2023）第 179126 号

高校学生心理危机预防与干预体系研究
GAOXIAO XUESHENG XINLI WEIJI YUFANG YU GANYU TIXI YANJIU

邬小撑　郭文刚　主编

人民出版社 出版发行
（100706　北京市东城区隆福寺街 99 号）

中煤（北京）印务有限公司印刷　新华书店经销

2023 年 9 月第 1 版　2023 年 9 月北京第 1 次印刷
开本:710 毫米×1000 毫米 1/16　印张:18.5
字数:264 千字

ISBN 978－7－01－025986－4　定价:68.00 元

邮购地址 100706　北京市东城区隆福寺街 99 号
人民东方图书销售中心　电话 (010)65250042　65289539